中日联合江南地区民俗调查报告辑

福田亚细男
主　编

冯莉　何彬
执行主编

学苑出版社

编委会

（按姓名笔画排序）

主　　编：福田亚细男

执行主编：冯　莉　　何　彬

编　　委：小林忠雄　王　恬　　刘晔原　　刘铁梁

　　　　　陈勤建　　桥谷英子　菅　丰

编委会成员简介

福田亚细男　　（日本）国立历史民俗博物馆名誉教授

冯　莉　　　　中国民间文艺家协会理事，《民间文化论坛》执行主编，编审、研究员

何　彬　　　　南京农业大学教授，（日本）东京都立大学名誉教授

小林忠雄　　　（日本）加能民俗之会会长，原北陆大学未来创造学部教授

王　恬　　　　浙江省民间文艺家协会副主席兼秘书长，研究馆员

刘晔原　　　　中国传媒大学教授，博士生导师；中国民间文学出版大系专家组专家，歌谣组组长

刘铁梁　　　　北京师范大学文学院教授，山东大学人文社科一级教授；中国民间文艺家协会顾问，北京市文史研究馆馆员

陈勤建　　　　华东师范大学终身教授，上海市非物质文化遗产保护专家委员会副主任

桥谷英子　　　（日本）东洋文库研究员，新潟大学名誉教授

菅　丰　　　　（日本）东京大学东洋文化研究所教授

编辑说明

本书是一套反映 20 世纪末至 21 世纪初中国江南地区民俗学研究的资料性文集。1989—2010 年，由福田亚细男教授主持，中日两国学者联合就中国江南地区民俗生产、民俗变化动态过程开展了 6 期村落田野调查，这是中日学术交流史上首次由中日民俗学者共同完成的村落民俗调查与民俗志书写的科学实践。

6 期调查报告分别于 1992 年、1995 年、1999 年、2001 年、2006 年、2011 年印刷，仅在小范围作成果分享，并未正式出版。本次为全球首次公开出版，将 6 辑报告统一规格，并定名为《中日联合江南地区民俗调查报告辑》。本书共汇集 56 位学者的调查报告 120 余篇，记录了当时的村落民俗风貌，为现今的研究提供了大量珍贵的资料。

本套书收录原调查报告分 6 辑，分别为：

1992 年《中国江南民俗文化——中日农耕文化比较》

1995 年《中国浙江民俗文化——环东海农耕文化民俗学研究》

1999 年《中国浙南民俗文化——环东海农耕文化民俗学研究》

2001 年《中国江南村落民俗志研究——上海近郊村落民俗》

2006 年《中国江南沿海村落民俗志——浙江省象山县东门岛和温岭市箬山》

2011 年《中国江南山区民俗文化及变迁——浙江省江山市廿八都和龙游县三门源》

因本套书收录的 6 辑报告时间跨度较大，为最大限度呈现报告所对应的文化时代，保留了当时报告的写作用词风格，尊重中日用字及符号的差异，未作硬性统一。因原 6 辑报告时间延续性较长，且实际印刷行尺寸不一，本次出版为了更好呈现原报告内文及提供良好阅读体验，对以下几方面进行了调整：

1. 总书名及分册名。本次出版将原 6 册报告汇编，定名为《中日联合江南地区民俗调查报告辑》。分册标题页将原报告日文标题翻译为中文，并在背面呈现原报告标题、年份等信息。

2. 本次出版新增总序，由主编福田亚细男教授作序、彭伟文教授翻译。

3. 特设编委会，负责出版过程中组织、协商等事宜。本书作者众多，原报告

无作者介绍，此次未一一增补，仅对编委会成员增加介绍。

4. 原报告每辑的开头均有一篇介绍研究经过和调查地概况以及研究组织的文章，仅有日文，本次出版以原样呈现为基本准则，保持原有形式，不再另行翻译。

5. 版式。原报告包含扉页、前言、目录、正文、发行印刷信息等内容。每本报告因年代不同，并非同一尺寸。本次出版为了最大化呈现原报告结构，保留原分册标题、版本等信息，并将开本尺寸、内文版式作了统一。因尺寸的修改，对内文作重新排版，并修正原有报告版式断行、错行等问题。

6. 目录。原报告每辑仅有日文目录，本次增设中文目录。

7. 摘要。本书每篇文后有相对应的摘要，中文报告摘要为日文，日文报告摘要为中文。其中，第一辑中周星《话说泰山石敢当》一文无对应摘要，该文原计划由小熊诚撰写文章摘要，后写作时拓展成长文《石敢当小考——围绕周星论文的要旨及其评论》，原报告按独立文章处理呈现。此两篇文章遵照原报告处理，本次出版不再另补充摘要。

8. 注释。原报告均为文后尾注，为了方便阅读，本次出版统一将尾注改为页下注，原注释内提示内容根据实际页码进行了调改。

9. 图片和表格。由于中文与日文在出版规范上的差异，我们并未将两方文章图表名、注作硬性统一，仅编排序号在原报告基础上作了全书统一。因时间跨度大，许多内文图片没有电子文件，现书中所用图片均为扫描原报告后加工使用，特说明。

10. 内文以最大限度呈现原报告内容为原则，涉及的人物、地域划分等信息均以写作时间为准，不做修改。仅在内文出现明显错误、严重影响阅读、引起歧义等处做修改，如多字、少字、错字、别字等。

总　序

1. 长达20年的共同研究

1992年到2011年20年间陆续刊行的6册中日合作江南调查报告书，这次得到了在中国复刻出版的机会。这是我一直以来心怀愿望，但又觉得无法实现的事，能够得偿所愿，实在是令人欣喜。日本和中国的民俗学研究者一起进行20余年的长期调查研究，在中日间漫长的学术交流史上，恐怕都无法见到第二个同样的例子。参与过这个共同调查研究的各位，理应引以为荣。

这个长期进行共同调查研究的计划，并非从一开始就是如此。首先，中日两国的研究者一起进行田野调查，这本身就没有先例。只要完成一次这样的调查，就已经值得赞许。日文和中文这两种日常语言之间的差异，首先就是一个既存的障碍。仅仅是研究者之间的沟通就已经极为困难，这一点在最初就已经预想到了。接下来的问题是，进入中国的村落社会之后，对当地人进行以访谈为主要方法的调查，其困难又更进一层。尤其是对日本方面的研究者来说，这是一个严重的问题。当然，在日本也有不少对中国社会、中国文化进行研究的学者，一直以来都使用中文进行研究并到中国访问。但是，民俗学研究者则大多专注于对日本的调查研究，完全没有在中国进行调查研究的经验。在明知道会有这些困难的情况下，构想中日共同实施的调查研究，并在实现后持续20年之久，其原因要从它的起点说起。

2. 民俗学学术交流的开始

日本的民俗学是作为一国民俗学成立的，其视野限定在形成于日本列岛，并在这里发展的生活文化。对其进行细致的调查研究，促使对日本的既有理解得到了修正，取得了很多成果。在这些积累的基础上，国立历史民俗博物馆在1981年成立。虽然这家博物馆是作为对日本历史进行研究和展示的博物馆而设立的，但并不只是一直以来那种通过文字资料究明历史的传统日本史学，还对等地加入

了考古学与民俗学，是一家以历史学、考古学、民俗学三学科协作为目标的博物馆。并且，在设立之初，它就不是以展览为中心的博物馆，而是以研究为中心，展示研究成果的博物馆。同时，它还有一个定位，就是供大学的研究者共同使用的大学公用机构。

在这座日本最早的以三学科协作为目标的博物馆，民俗研究部被认为是重要构成部分，按计划配置有共计13名民俗学研究者。当时，在日本设有民俗学课程的大学非常少，而有专任教师的大学则更少，即便有也不过是一两名而已。从这一点就可以看出，国立历史民俗博物馆的民俗研究部，对民俗学来说是多么重要的存在，它无疑是当时日本代表性的民俗学研究机构。

在国立历史民俗博物馆民俗研究部工作的研究者，对自己是日本代表性民俗学研究机构的一员这一点，也有充分认识。尤其是担任第一任民俗研究部长的坪井洋文，这种意识特别强烈，怀有巨大的使命感。他认为，国立历史民俗博物馆必须代表日本和世界各地的民俗学研究者进行交流，承担起发展民俗学的责任。早在1985年，坪井先生就已经到中国贵州省东部的黔东南苗族侗族自治州进行过民俗调查。当时，得到了贵州民族学院和贵州省民间文艺家协会的大力支持。在黔期间还通过座谈会、演讲等形式进行了学术交流。次年，坪井先生获得日本政府文部省支给的科学研究费补助金（海外学术调查），在贵州省西北部的威宁彝族回族苗族自治县进行调查。1987、1988年又进行了再调查。

这些在贵州省的调查，部分原因是受到当时日本研究趋势的影响。在日本，很早就有关于日本人和日本文化源头的讨论，当时吸引了很多人的学说之一，是向中国西南的少数民族寻求根源。关注日本民族起源的人们造访云南省和贵州省，希望发现这些地方的民族和日本之间文化上的共通性和类似性，以证明日本文化的故乡在那里。但是，这是将文化中的个别要素抽取出来，寻找其表面类似性的做法。坪井先生的调查包含了对这些现象的批判，以深入地方，把握和理解民俗的整体样貌为目标。我也参加了这一系列调查，和坪井先生一起行动，有着相同的使命感。

中国西南和日本之间有很远的距离，在两地之间，是汉族居住的广大地区。那种无视汉族文化的根源论显然存在是有问题的。日本人自古以来就备感亲近的中国江南地区，在中国历史上有重要地位，没有对这一地区的理解，当然就不可能理解中国文化。我们认为，应该首先放下简单的根源论，或放弃表面的比较，

把握和理解包括汉族在内的中国民俗文化。对于最初的研究区域，我们首先想到了江南地区。而且，理所当然地要考察中国的民俗文化，中国民俗学研究者的帮助是必不可少的。实际上，我们希望共同进行研究，并且摸索了这种可能性。

以上，就是出于日本方面的考虑进行江南调查的前提。

3. 共同研究的构想

我第一次造访北京，是在1985年3月。那是一次私人旅行，在京期间，对北京师范大学进行了为期一天的访问，和中国民俗学代表性研究者钟敬文先生见面。安排这次见面的，是此前到国立历史民俗博物馆访问交流的张紫晨先生。当天，王汝澜先生到我入住的宾馆来迎接，带我到北京师范大学。面对不懂汉语的福田，王先生亲切地用流畅的日语进行交谈，帮了略感紧张的福田大忙，使其后内容充实的会谈得以实现。在北京师范大学，以钟敬文先生为首，张紫晨、刘魁立、王汝澜以及其他几位研究者参加了这次会谈。仰赖于王先生准确的翻译，谈话的内容很充实。

在这次会谈之前不久，日本研究者已经开始到中国访问，进行研究交流，但到访的日本研究者大多是研究中国民间文艺学的。日本的民俗学者到中国访问、研究交流，还几乎没有过。中国研究者关于日本民俗学的信息，也大多来自研究中国民间文艺学的日本研究者。就这一点而言，恐怕可以说，这次会谈几乎就是日本民俗学研究者和中国民俗学研究者进行的最早的会谈。钟敬文先生对日本的民俗学研究状况有非常强烈的兴趣，问了各种各样的问题。同时，双方还互相确认，今后有必要更多地进行中日民俗学的学术交流。

几个月后，福田又再次见到了钟敬文先生和张紫晨先生、刘魁立先生。1985年6月，国立历史民俗博物馆相关人员30多人访问了中国，其中包括民俗研究部的成员。整个访问团在文化部的安排下，访问了北京、大同、太原、西安。在北京，访问者们与中国社会科学院和中国民俗学会的相关人士见了面，进行了亲切的交流。这次会面并没有讨论深入细致的交流计划，但是借此机会，确认了中日民俗学研究者今后进一步交流的纲领。其具体化，则留待下次机会再进行。

1987年7月，坪井洋文和福田访问了北京。这次是私人旅行，但目的是和中国民俗学的代表性研究者见面，讨论中日民俗学研究者今后的交流计划。二人

连日和中国民俗学研究者会面，访问民俗学研究者所属的机构或团体。其中最重要的一次，是访问北京师范大学。在这里，两人和钟敬文、张紫晨两位先生进行了会谈，就具体的研究交流计划进行了讨论。说到研究交流，一般的印象是研究者互相访问，举办研究会或研讨会，进行学术报告，但坪井和福田准备的计划并非如此，而是中日民俗学研究者一起在中国江南地区展开民俗调查，共同讨论其成果，共同将研究成果整理出来并刊行报告书。对于这一提案，钟敬文先生表现出极大兴趣，赞成对其加以具体化。对研究计划进行具体化的实际工作，由张紫晨先生和福田协商推进。那以后，两人保持紧密联系，完成了研究计划的拟定。研究的必要经费通过申请日本政府文部省的科学研究补助金（海外学术研究）解决，由福田撰写具体研究实施计划，坪井洋文先生作为研究代表提出申请，研究题目定为"日本与中国的农耕文化比较研究——中国江南地区的民俗调查"。由于研究代表坪井先生在 1988 年 8 月去世，福田代替其成为代表。

4. 调查研究的开始和经过

很幸运，我们的研究计划顺利入选，1989 年开始了为期 3 年的研究项目。由于日本的会计年度是从 4 月到翌年 3 月，故研究时间为 1989 年 4 月到 1992 年 3 月。我们根据预计获批的研究费金额制定研究计划，和中国方面的研究者互相联系，开始了准备工作。但是，获批的研究费相对于申请金额被大幅缩减。因此，我们相对于申请时的研究计划，缩小了研究对象区域和研究团队规模，缩短了调查日程。变化最大的是，原计划以江苏省、浙江省、福建省为调查对象，收缩为江苏省和浙江省，从第二年起，进一步将对象地区限定在浙江省。

由于种种原因，调查的实施是从 1990 年 3 月开始的。中日双方各 9 名研究者组成调查团，加上 5 位长年在江苏省和浙江省从事民俗学研究的学者作为协助研究者，又请了两名日语熟练的北京师范大学民俗学专业研究生加入。这样大规模的一行人，全部都以相同的日程参加了调查。当时道路状况不好，路上需要很多时间，但长时间挤在小型巴士上，让大家变得亲近起来，在调查研究方面加深了相互了解，也得到了促进相互交流调查资料的机会。

第一期调查在 1990 年 3 月、1991 年 3 月，以及 1991 年 10 月（只有日本方面的研究者参加）共实施了 3 次，于 1992 年 3 月顺利刊行了研究成果报告书。1990 年 12 月，中国方面的 10 位研究者访问日本，在国立历史民俗博物馆举行了

研究成果讨论会，并在千叶县佐仓市、茨城县牛久市以及冲绳县读谷村进行了民俗调查。尤其是在冲绳，对读谷村的两座村落进行了调查，收获了很多成果。在第一期调查期间，中日双方都提出，这种合作关系仅止于这次共同调查实在可惜的看法。尤其是中方代表张紫晨先生，表达了特别强烈的意愿。日本方面的意愿也很强烈，遂决定计划第二期调查。因为这是就进行中的共同调查的下一步计划提出申请，中日间的联系和协调也很顺利。和1991年的第一期同样，以"环东海农耕文化的民俗学调查"为题申请了文部省科学研究费（国际学术研究）。此外，第二期计划的规模相比第一期缩小了，研究对象限定在浙江省的3个地方，研究团队的规模也有所缩小。尤其是在研究团队方面，计划调查中国西南少数民族的民俗，而不是江南地区的中日研究者分离出去，另外申请研究费实施调查。由于中国方面的代表张紫晨先生去世，中国民间文艺家协会的林相泰参加进来，担任中国方面的代表。

就这样，在研究实施的过程中构思下一次的研究计划，以申请科学研究费并获得立项为前提，中日研究者进行协商，或是和准备调查的地方的研究组织、团体商议，进而通过地方文联等向设定为对象调查点的市县或镇的政府机关联系申请，毫不懈怠地进行准备。研究计划也不是纸上谈兵，而是有可操作性的内容和可预见的研究成果。正因为如此，实现了长达20年的6期调查研究，研究计划几乎连续性地得到立项通过，这是一般情况下不可能做到的。全部6期的调查研究概要整理出来如下表所示。此外，随着我离开国立历史民俗博物馆，对接单位也先后改为成新潟大学和神奈川大学，但研究团队基本维持不变。

期次	研究时间	调查地区	成果报告书（刊行年月）
Ⅰ	1989年—1991年（3年）	江苏省苏州市常熟市白茆乡；浙江省金华市金华县曹宅镇，兰溪市姚村；丽水市山根村、敏河村、堰头村	《中国江南民俗文化——中日农耕文化比较》（1992年3月）
Ⅱ	1992年—1993年（2年）	浙江省湖州市小梅村、东明村；嘉兴市桐乡县利星村；宁波市奉化市崎山，余姚市河姆村；象山县溪东村；温州市永嘉县廊下村、花坦村，吴坑村，瑞安市东溪村，苍南县田贡村、碗窑村	《中国浙江民俗文化——环东海农耕文化民俗学研究》（1995年6月）

续表

期次	研究时间	调查地区	成果报告书（刊行年月）
Ⅲ	1996年—1998年（3年）	浙江省丽水市碧湖镇、灯塔村、黄桂村，景宁畲族自治县西岸底村、惠明寺村，青田县洲头村，温州市瓯海区黄坑村、周岙村，永嘉县廊下村、小溪村、蓬溪村	《中国浙南民俗文化——环东海农耕文化民俗学研究》（1999年3月）
Ⅳ	1999年—2000年（2年）	上海市松江区张泽镇、车墩镇	《中国江南村落民俗志研究——上海近郊村落民俗》（2001年2月）
Ⅴ	2002年—2005年（4年）	浙江省象山县东门岛、温岭市箬山	《中国江南沿海村落民俗志——浙江省象山县东门岛和温岭市箬山》（2006年3月）
Ⅵ	2007年—2010年（4年）	浙江省江山市廿八都镇、龙游县三门源村	《中国江南山区民俗文化及变迁——浙江省江山市廿八都和龙游县三门源》（2011年3月）

5. 研究成果及意义

在20年间分6期实施的中日联合江南地区民俗调查，其最大的成果就是进行长期的连续性共同调查这件事本身，应该说这是有学术意义的。必须说，中日两国的民俗学研究者以特定的田野调查地为对象，全员按照同一日程实施调查，这就足以令人吃惊。虽然调查本身是基于各位研究者自己负责设计的调查计划进行的，但在对同一对象按照同一日程进行调查过程中，实现了调查信息的相互交换和调查着眼点的共享。一起进行田野调查的中日研究者，作为研究者相互信任、互相指导，增加了调查内容的深度。由于日本和中国一样使用汉字，所以会有轻易地认为同样的文字所指事象相同的倾向。但是，从民俗的层面看来，相同的文字所表示的内容，在日本和中国大不相同的现象有很多。日本的研究者有带着日本式的汉字理解进入调查，以日本的汉字记录调查结果的倾向。在这次共同调查中，这样的错误得到了纠正。这种理解，随着一次次调查不断加深。同样的，中国学者对日本民俗的理解，可以说情况亦是如此。

日本民俗学一直是以建立在田野调查上的研究作为基础的。这种形式在当时应该对中国学者有很大参考意义。因为在那之前，在特定地区进行数年的连续调查这种方式，中国学者还未采用。对这种在同一地区长达数年的持续调查，中国学者最初似乎感到困惑，但逐渐理解了它的有效性，对同一地区进行调查研究的时间设定也开始长期化。尤其是第五期和第六期，分别在同一地区进行了 4 年的调查，对该地的民俗传承进行了广泛而深入的把握，成果报告书的篇幅就说明了这一点。

这种为期数年的长期调查，首先将第一年定位为预备调查，在对象地区实施广域的调查，即对多个调查地进行 1—2 天的短时间访问，把握概况，对其结果进行检讨；第二年对调查对象地点进行精选，花较长时间进行正式调查。在调查地，我们和当地人也成了"老朋友"，调查得以融洽地推进；在最后一年，参加者各自将调查的经过写成报告论文，刊行研究成果报告书，但在这一过程会出现不少有疑问的地方，因此会进行以确认这些问题为中心的补充调查。在 3 年或 4 年的研究计划得到批准的第一期、第三期、第五期、第六期，第一年设定为预备调查，第二年和第三年设定为正式调查，最后一年则设定为补充调查。这种预备调查、正式调查、补充调查的三阶段式调查，在日本也比较少使用，在中国的民俗调查中应该也没有先例。通过三个阶段让调查逐步深入这种方式使江南调查得以成功实现，今后也可能会在日本和中国成为民俗调查的基本方式。

此前，无论在日本还是中国，都没有对民俗调查对象区域有明确意识地加以把握。在日本，民俗调查的结果被冠以"民俗志"之名刊行一事古已有之，但民俗传承的单位是模糊的。这种倾向一直持续到 20 世纪 80 年代。在我们的江南调查中，调查对象基本设定为村。经过预备调查，确定具体的村为调查对象。按照中国的行政区划，市、县之下是镇或乡，镇或乡之下设村。在村里组织有村民委员会，设有村民委员会主任等职。村以聚落作为基础，看似可以作为村落加以把握，但并不能说就一定是历史上形成的村落。这一点在当地是有自觉认识的。设置村民委员会的村被称为"行政村"，相对的，以聚落作为基础的组织被称为"自然村"加以区别，这样的现象广泛存在。由于我们的调查是在行政机关的许可和支持之下进行的，必然是以"行政村"作为调查单位。但是，在每个调查地，"行政村"以外都还有"自然村"。一个"行政村"包含多个"自然村"是很常见的，相反的情况也不少。我们努力将"行政村"和"自然村"两者都纳入视

野，在其相互关系中对民俗加以把握。这一视角，不仅对中国的民俗研究，对日本的民俗调查研究应该也会带来很多启发。

1990年之后的20年，是中国社会经济迅速发展、生活剧烈变化的时期。"改革开放"给中国带来了巨大的变化，尤其是在位于沿海区域的江南地区更为显著。我们的调查就是在这个时期进行的，当然也目睹和记录了这些变化。在1990年开始的第一期调查中，到达调查地时往往会有大量村民出来围观我们，人山人海。但是，这种现象很快就消失了。沉下心来稍微一想，甚至会因为很少能见到人而感到冷清。我们看到了解放后变成工作间或杂物间的祠堂逐渐恢复原有功能的现象，也看到了此前一直被藏起来的族谱，同时，看到新编纂的族谱的机会也多了起来。因为第四期的调查地是上海近郊的农村，我们访问了变化很大，整齐排列着新建筑的聚落。

此外，这20年也是中国对民俗的认识和态度发生巨大变化的时期。第一期调查得以实现，也是因为有了这种变化，虽然当时民俗仍然被认为是封建制度的残渣，是应该被消灭的东西。但是，从第二期开始，民俗作为人们自古继承至今的生活文化得到认可，被视作有价值的存在。同时，伴随着都市的急剧发展，在这些地方消失的，被称为传统的生活空间、事物成为观光对象。因在经济上稍微有些落后而得以保存下来的市街、村落，作为古镇、古村受到瞩目并得到保护，进而被修缮和改造，以吸引更多观光客。我们的调查对象区域也包含了很多这样的古镇、古村。此外，在日本被称作无形文化遗产，在中国被称作非物质文化遗产的事物受到关注，来自国家的保护事业得到大力推行，民俗学研究也深入参与其中。我们的调查也开始将古镇、古村以及非物质文化遗产保护纳入视野，这些现象对地方产生的影响以及带来的变化也成为我们的课题。可以说，这6册成果报告书也承担了将变化的江南地区民俗记录下来，留给后世的重大任务。

6. 感激之情

对于中日联合江南调查这一由日本和中国的民俗学研究者共同进行的长期民俗调查，虽然我们自认为取得了巨大成果，自诩为中日双方的民俗学研究发展做出巨大贡献，但毋庸置疑，持续实施这一共同调查，并非只靠研究者的努力就能够实现。

首先必须感谢的，是在各个调查地接受我们的访谈，和我们聊了很多的人

们。他们当中有一多半是亲身经历过半世纪前日本侵略的人。听说在最初接受调查的时候，有人发出了"我们曾经深受日军之苦，为什么要帮日本人？"的疑问和反对的声音。其中，还有人对我们坦言自己在日军的空袭中失去了父母。他们就是这样一边心存芥蒂，一边配合我们的调查。我们也就父祖辈的侵略行为进行了真诚的反省，并清楚地表达了我们的反省之意。当地的人们一边克制着心中的不快，一边亲切地接待我们，积极地配合我们的调查，令人不胜感激。在6期的调查中麻烦过非常多的人，每次翻看当时的照片，都会一一想起当初麻烦他们的情景，那都是令人怀念的老朋友。

其次要感谢的，是使调查得以实施的各个机构和团体。能够从日本到中国，和中国民俗学研究者进行共同调查，完全是因为得到了很多人以及机构和团体的理解与支持。不能忘记这一点。同意实施调查，给日本民俗学研究者发出邀请函的国家教育委员会、中国文联、北京师范大学、华东师范大学、中国社会科学院民族文学研究所等相关单位，以及为安排调查地不辞劳苦的来自中国民间文艺家协会、江苏省社会科学院、浙江省文联、浙江省民间文艺家协会、华东师范大学的各位人士，还有接受委托在具体调查地认真准备的江苏省常熟市，上海市松江区，浙江省湖州市、桐乡县、宁波市、余姚市、奉化市、象山县、温岭市、金华市、兰溪市、衢州市、江山市、开化县、龙游县、丽水市、景宁畲族自治县、青田县、温州市、苍南县、瑞安市、永嘉县的人民政府外事办公室、文联、民间文艺家协会，在此向这些机构和团体的各位表达诚挚的谢意。尤其是对在浙江省的调查中一直帮助我们的浙江省文联、浙江省民间文艺家协会的陈德来、王恬、程士庆，感激之情，无以言表。此外，还要感谢在调查地亲切地接待和配合我们的村民委员会、文化馆的各位人士。无论在哪里，都是人数超过20人的团员连日到访，搅扰得当地喧嚣不宁，有赖于各位的妥善处理，调查才得以顺利进行。

最后，必须感谢担任翻译的人们。日本方面的学者大都不懂中文，没有翻译将一筹莫展。同时，中国方面的学者也很难听懂当地的方言。因此，我们的调查必须依赖众多的日语翻译和方言翻译。在日语翻译方面，很多来自不同机构的人都加入团队承担了翻译工作，尤其是浙江省农业科学院的朱富云先生、浙江工业大学的徐萍飞女士，给了我们很多帮助。第五期、第六期得到了很多日语专业学生的帮助，但仍然是在徐萍飞女士的指导下实现的。方言翻译则仰赖于各地民间文艺家协会或文化馆的各位人士。全赖有各位准确的翻译和解说，我们才能进行记录。

调查就是这样在很多的机构和团体，以及众多的个人支持之下才得以实施的。通过这6期调查，不仅民俗学和民俗学者的中日合作关系得以发展，加深了相互之间的理解；在普通人当中也实现了中日间的相互理解，并产生了友谊。在中国学者访问日本进行调查时，可以说也同样如此。

这6册研究成果报告书都曾只有少量印刷，即便是专业研究者也很少有机会得到。感谢学苑出版社决定将这些有纪念意义的报告书一次性复刻刊行。不仅是研究者，很多对中国江南地区民俗抱有兴趣的人，也可以很容易地读到了。印刷这些汉文和日文混合的报告书，是一项比预想更困难的作业。向妥善处理这些问题，将这些报告书完美地刊行出来的学苑出版社各位人士表示衷心感谢。

福田亚细男

2022年4月

（彭伟文 译）

総　序

1. 20 年に及ぶ共同研究

　この度、1992 年から2011 年までの20 年間に刊行した日中共同江南調査報告書 6 冊が機会を得て中国で復刊されることとなった。願ってはいながらなかなか実現しないことと思っていたことがここに見事に達成できたことを本当に嬉しく思う。日本と中国の民俗学研究者が共同して20 年に及ぶ長期にわたり調査研究したことは恐らく長い日中の学術交流の歴史のなかでもほとんど例を見ないことだと思われる。この共同調査研究に関係した皆さんはそれを誇りとしなければならない。

　当初からこのような共同調査研究を長期に続けるという計画ではなかった。先ず日中の研究者が共同してフィールドワークをするということ自体が未経験のことであった。それが一回でも成功すればそれだけで賞賛に値するものだった。日本語と中国語という日常言語の相違が先ず障害として存在した。研究者間のコミュニケーションだけでも困難を極めることは最初から予想されていた。さらに中国の村落社会に入って地元の人たちから主として聞き書きという方法で調査することの困難性はそれ以上に大きな障害として浮かび上がっていた。これは特に日本側の研究者にとっては深刻な問題であった。もちろん日本においても中国社会・中国文化を研究する、いわゆる中国研究者は少なからずおり、中国語を駆使して中国を訪れ研究してきた。しかし、民俗学研究者の大部分は日本での調査研究に専念し、中国での調査研究経験は皆無であった。そのことが分かっていながら、日中共同の調査研究を構想し、さらにその実現後に20 年に及んで継続したのには、その出発に理由があった。

2. 民俗学における学術交流の開始

　日本の民俗学は一国民俗学として成立し、日本列島で形成し、展開してきた生活文化に視野を限定し、緻密な調査研究を行い、それまでの日本理解に訂正を迫る成果を挙げてきた。その蓄積を基礎に1981 年国立歴史民俗博物館が設

立された。この博物館は日本歴史を研究し展示する博物館として設立されたが、従来の文字資料で明らかにされるオーソドックスな日本史ではなく、考古学と民俗学も対等に加わった歴史学、考古学、民俗学の三学協業を目指した博物館であった。しかもその設立にあたっては、展示を中心とした博物館ではなく、研究を中心とし、研究成果を展示する博物館であり、また大学の研究者が共同利用して研究する大学共同利用機関として位置付けられた。

　民俗研究部は、日本で初めての三学協業を目指した研究博物館の一翼を担う存在として位置付けられ、計画では全部で13名の民俗学研究者が配置されることになっていた。当時、日本では民俗学を教える大学はごくわずかであり、しかも専任教員がいる大学はさらに少なかった。いるとしても1名か2名であった。それから見れば、国立歴史民俗博物館民俗研究部が如何に民俗学にとって大きな存在か分かるであろう。間違いなく、日本を代表する民俗学研究機関であった。

　国立歴史民俗博物館民俗研究部に赴任した研究者は自分たちが日本を代表する民俗学研究機関の一員であることを十分に自覚していた。特に、初代の民俗研究部長に就任した坪井洋文さんにはその思いは強く、使命感に燃えていた。国立歴史民俗博物館が日本を代表して世界各地の民俗学研究者と交流し、民俗学の発展を担わなければならないと考えた。すでに坪井さんは1985年に中国貴州省東部の黔東南苗族侗族自治州を訪れ民俗調査を行っていた。その際には、貴州民族学院や貴州省民間文芸家協会からの大きな支援があり、滞在中には座談会や講演を通しての学術交流を行った。これは翌年には日本政府文部省の科学研究費補助金（海外学術調査）の交付を受けての貴州省の西北部の威寧彝族回族苗族自治県での調査、さらに1987・88年度の黔東南自治州での再調査となった。

　この貴州省での調査は当時の日本における研究動向に影響された面があった。日本では日本人と日本文化のルーツが古くから論じられてきたが、当時多くの人びとが惹きつけられた説が西南中国の少数民族にそのルーツを求めるものであった。日本民族の起源に関心を持つ人びとが雲南省や貴州省を訪れ、その地方の少数民族と日本との間の文化の共通性や類似性を発見し、日本人の故郷をそこに設定しようとしていた。しかし、それは文化の個別要素を取りだして表面的な類似

性を見つけることであった。それへの批判を込めて、地域に深く入って民俗の全体像を把握し理解することを目指したものであった。この一連の調査には福田アジオも参加し、坪井さんと共に行動し、使命感を共有するにいたった。

　西南中国と日本との間には大きな距離があり、その間には言うまでもなく漢族が居住する広大な地域がある。漢族の文化を無視してのルーツ論には問題があることは明白である。日本でも古くから人びとが親しみを感じている長江（揚子江）から南の江南地方は中国の歴史において重要な地方であり、そこの理解なくしては中国文化の理解は不可能であることは言うまでもない。私たちは、安易なルーツ論を批判し、また表面的な比較を止め、漢族も含めた中国の民俗文化を把握し理解することが先ずなされるべきだと考えるにいたった。その最初の研究対象地域として江南地方が浮かび上がった。そして当然のことながら、中国の民俗文化を考察するには、中国の民俗学研究者との協力は不可欠であり、むしろ共同して研究することが望ましいと考えることになり、その可能性を模索した。

　以上は、日本側の事情による江南調査への取り組みの前提である。

3. 共同研究の構想

　福田アジオは1985年3月に初めて北京を訪れた。これは個人的な旅行であったが、滞在中の一日北京師範大学を訪れ、中国の代表的民俗学研究者である鐘敬文さんにお会いする機会を得た。これを設定してくれたのは、その前に国立歴史民俗博物館を訪問し交流をしていた張紫晨さんだった。当日は私の泊まっているホテルまで王汝瀾さんが迎えに来て、北京師範大学までご案内下さった。中国語の出来ない福田に優しく流暢に日本語で話しかけて下さった王さんは緊張気味であった福田を助けて下さり、その後の面談を内容あるものにした。北京師範大学では、鐘敬文さんはじめ、張紫晨、劉魁立、王汝瀾その他何人かの研究者が出席し、王さんの適切な通訳で、内容ある面談となった。

　しばらく前から日本の研究者が中国を訪れ、研究交流することは始まっていたが、訪れる日本人研究者は中国を研究する研究者であり、分野的には口承文芸の研究者であった。日本の民俗学研究者が中国を訪問して研究交流することは未だほとんどなかった。日本の民俗学についての情報も中国の口承文芸を研

究する研究者からのものであった。その点では、これが日本の民俗学研究者が中国の民俗学研究者と面談するほぼ最初の例であったと言えるかも知れない。鐘敬文さんは日本の民俗学の研究状況に非常に強い関心を持っていて、種々質問をされた。そしてこれからも日中民俗学の学術交流を重ねることの必要性を互いに確認した。

　それからわずか数ヶ月後に福田は再び鐘敬文さんはじめ張紫晨さんや劉魁立さんとお目にかかることとなった。 1985年6月、国立歴史民俗博物館の関係者30名余りが中国を訪問することになり、その中には大勢の民俗研究部の人間も含まれていた。旅行全体は文化部の世話で北京、大同、太原、西安を巡るものであったが、北京では民俗学研究者は社会科学院で中国民俗学会の関係者と会い、親しく交流した。この会合は踏み込んだ交流計画を検討するのではなく、これを機会に日中の民俗学研究者の一層の交流を図るという総論的な確認をするものであった。その具体化は次の機会に委ねられた。

　その2年後の1987年7月に坪井洋文さんと福田は北京を訪れた。これはやはり個人的な旅行であったが、北京で中国の代表的な民俗学研究者に会い、日中の民俗学研究者の今後の交流計画を具体化することを目的としていた。北京で連日民俗学研究者と会い、また民俗学研究者の属する機関や団体を訪れて交流した。そのなかで最も重要な訪問が北京師範大学を訪れたことである。そこで鐘敬文さん、張紫晨さんと面談し、具体的な研究交流計画について協議した。研究交流というと一般的なイメージでは、研究者が相互に訪問して、研究会やシンポジウムを開いて研究発表をすることであったが、坪井と福田が準備していたのはそれとは異なった。日中の民俗学研究者が合同して江南地方で民俗調査を行い、その成果を共同で検討し、共同で研究成果をまとめて報告書を刊行するというものであった。この提案に対して、鐘敬文さんは大変強い関心を示し、その具体化に賛同した。実際の研究計画の具体化は張紫晨さんと福田との間で協議して進めることになった。これ以降、二人は緊密な連絡をとりあい、研究計画を練り上げた。研究に必要な経費は日本政府文部省の科学研究費補助金（海外学術研究）を申請することにし、その具体的な研究実施計画を主として福田が作成し、坪井洋文さんが研究代表者となって申請した。研究題目は「日本と中国との農耕文化の比較研究—中国江南地方の民俗調査—」とした。

なお、研究代表者の坪井さんは1988年8月に亡くなったので、替わって福田が代表を務めた。

4. 調査研究の開始と経過

幸いなことに私たちの研究計画は1989年度からの3年間の研究として無事採択された。日本の会計年度は4月から始まり翌年3月までであるので、研究期間は1989年4月から1992年3月までであった。認められた研究費の交付予定額にもとづいて具体的な研究計画を作成し、中国側研究者とも連絡を取り合い、準備を始めた。これはこれ以降どの期の研究でも同じであったが、認められた研究費は申請額に対して大きく減額された。そのため、申請した研究計画よりも研究対象地域を狭め、研究組織を縮小し、調査日程も短縮するなどの対応をすることになった。最大の変更は、研究計画では江蘇省、浙江省、福建省を調査対象とすることとしていたが、それを江蘇省と浙江省に絞ったことである。そして2年度目からはさらに対象地域を浙江省に限定することになった。

1989年度は諸般の事情で調査の実施が年度末の1990年3月とななった。日中双方各9名の研究者が調査団を組織し、加えて江蘇省と浙江省で長年民俗学研究に従事してきた研究者5名が研究協力者として加わり、さらに日本語に堪能な民俗学専攻の北京師範大学の大学院生2名に参加を求めた。この大規模な一行が全員同一日程で調査に取り組んだ。当時は未だ道路事情が良くなく、移動に多くの時間を要したが、そのマイクロバスの長時間の缶詰状態は互いを親しくし、調査研究についての相互理解を深め、また調査資料についての情報交換を促す機会となった。

第一期の調査は、1990年3月、1991年3月、そして1991年10月（日本側研究者のみの参加）の3回実施し、1992年3月にその研究成果報告書を無事刊行した。また1990年12月には、中国側研究者10名が日本を訪れ、国立歴史民俗博物館で研究成果検討会を開くと共に、千葉県佐倉市、茨城県牛久市および沖縄県読谷村で民俗調査を実施した。特に沖縄では読谷村の2村落で調査を行い、多大の成果を挙げた。第一期の調査期間中に、この協力関係を今回の共同調査で終わらせるのは惜しいという意見が日中双方から出された。特に中国側代表の張紫晨さんがそのことを強く表明された。日本側でもその意見は

中日联合江南地区民俗调查报告辑

強く、第二期の調査を計画することになった。共同調査が進行中での次の計画の立案であったので、日中間の連絡調整も支障なく進み、1991年に第一期と同様に文部省科学研究費（国際学術研究）を「環東シナ海（東海）農耕文化の民俗学的研究」の題目で申請した。なお、第二期の計画では、一期よりも規模を小さくして、研究対象は浙江省の3地域に絞り、研究組織も小規模にした。特に、研究組織では、江南地方ではなく、西南中国の少数民族の民俗調査を構想する日中の研究者が分離して別に研究費を申請して、研究を実施することとなった。また中国側の代表者であった張紫晨さんが死去したため、中国民間文芸家協会の林相泰さんが加わって、中国側の代表を務めることになった。

このようにして、研究の実施期間中に次の研究計画を構想して、科学研究費を申請し、採択されることを前提に、日中の研究者が協議し、また予定している地方の研究組織や団体と相談し、さらに調査対象地域として想定した市県や鎮の政府機関にも地元の文聯などをとおして打診をし、準備怠りなく進めた。研究計画も、絵に描いた餅ではなく、実施可能な内容で研究成果も予測できるものであった。そのため、普通にはあり得ない、20年間に六期にわたり、ほぼ連続して研究計画が採択されることになったものと考えられる。全六期の調査研究の概要を整理して示せば、ほぼ以下の通りである。なお、研究代表者福田アジオの国立歴史民俗博物館からの転出に伴い、窓口は新潟大学、神奈川大学と変わったが、研究組織の基本は維持された。

	研究期間（年度）	調査地域	成果報告書（刊行年月）
I	1989年度～1991年度（3年間）	江蘇省常熟市白茆郷、浙江省金華市曹宅鎮、蘭渓市姚村、麗水市山根村、敏河村、堰頭村	『中国江南の民俗文化―日中農耕文化の比較―』（1992年3月）
II	1992年度～1993年度（2年間）	浙江省湖州市小梅村、東明村、桐郷県利星村、奉化市畸山、余姚市河姆村、寧波市渓東村 永嘉県廊下村、花担村、温州市呉坑村、瑞安市東渓村、蒼南県田貢村、碗窯村、	『中国浙江の民俗文化―環東シナ海（東海）農耕文化の民俗学的研究―』（1995年6月）

前頁表の続き

	研究期間（年度）	調査地域	成果報告書（刊行年月）
Ⅲ	1996年度～1998年度 （3年間）	浙江省麗水市碧湖鎮、灯塔村、黄桂村、 景寧畲族自治県西岸底村、恵明寺村、 温州市黄坑村、周吞村、永嘉県廊下村、小渓村、蓬渓村	『中国浙南の民俗文化―環東シナ海（東海）農耕文化の民俗学的研究―』（1999年3月）
Ⅳ	1999年度～2000年度 （2年間）	上海市松江区張沢鎮、車墩鎮	『中国江南村落の民俗誌的研究－上海近郊村落の民俗―』（2001年2月）
Ⅴ	2002年度～2005年度 （4年間）	浙江省象山県東門島、温嶺市箬山	『中国江南沿海村落民俗誌―浙江省象山県東門島と温嶺市箬山―』（2006年3月）
Ⅵ	2007年度～2010年度 （4年間）	浙江省江山市廿八都鎮、龍游県三門源村	『中国江南山間地域の民俗文化とその変容―浙江省江山市と龍游県三門源―』（2011年3月）

5. 研究成果と意義

　20年間に六期にわたって実施した日中共同の江南民俗調査は、長期にわたって継続的に共同調査を行ったことが最大の成果であり、学術的な意義であると言える。日中両国の民俗学研究者が特定のフィールドを対象に全員同一日程で調査を実施したことは驚異的なことと言わねばならない。調査自体は各研究者の責任で設計された調査計画に基づいて行われたが、同じ対象を同じ日程で調査することで、互いに情報を交換し、調査上の着眼点を共有することが出来た。フィールドを共同する日中の研究者は、研究者として互いに信頼し、教え合い、調査の内容を深めた。日本と中国では、同じ漢字を用いているため、同じ文字が指し示す事項は同一であると安易に考える傾向がある。しかし、民俗レベルで見ると、同じ文字が意味する内容が日本と中国で大きく異なることも多い。日本の研究者は日本流の漢字理解で調査に臨み、日本の感覚で調査結果を記録することも行われがちである。今回の共同調査はその間違いを是正して

くれた。これは調査を重ねるなかで深められた。同じことは、中国側研究者の日本の民俗についての理解にも言えた。

　日本の民俗学はフィールドワークによる研究を基本にしてきた。そのあり方は中国の研究者にとって大きな参考となったものと思われる。特定の調査地を複数年にわたって継続的に調査する方式はそれまでの中国の民俗学研究ではほとんど採用されてこなかったので、この同一地域での複数年の継続調査は最初は中国側研究者に戸惑いがあったように感じられたが、次第にその有効性が理解され、同一地域に対する調査研究期間も長期に設定されるようになった。特に第五期、第六期の調査はそれぞれ4年間もの間同一地域の調査を行い、地域の民俗伝承を幅広く、また深く把握することとなり、そのことが成果報告書の分量に示された。

　複数年にわたる長期の調査は、先ず最初の年を予備調査と位置付け、対象の地域での広域調査を実施した。多くの調査地に一日か二日の短期間訪れて概況を把握し、その結果を検討し、翌年度には調査対象地を絞り込んで日数を費やしての本調査を行った。本調査は限られた特定の調査地に日数多く、しかも反復訪問して調査を行った。調査地では地域の人びととも「老朋友」となって、親しく調査を進めることが出来た。そして、最終年度には調査の結果を各人が報告論文にまとめ、研究成果報告書を刊行したのであるが、その過程で少なからずの不明な点が生じたので、その確認を中心とした短期の補充調査を行った。研究計画として3年間もしくは4年間認められていた一期、三期、五期、六期は、初年度が予備調査、2年度目および3年度目が本調査、そして最終年度が補充調査という位置づけであった。この予備調査、本調査、補充調査という3段階の調査は、日本においても採用されることは少なかったが、中国の民俗調査でもそれまではなかったものと思われる。3段階で調査を深化させるという方式はこの江南調査を成功させると共に、今後の日本と中国それぞれの民俗調査の基本的な方式になるものと考えている。

　民俗調査の対象地域は日本でも、中国でも必ずしも明確に意識して把握されてこなかった。日本での民俗調査の結果は民俗誌と名づけられて古くから刊行されてきたが、その民俗の伝承する単位は曖昧であった。その傾向は1980年代まで続いていた。私たちの江南調査は調査対象を基本的に村に設定した。予備

調査を経て調査対象として確定したのは具体的な村であった。中国の地方制度では市や県の下に鎮や郷があり、その鎮や郷の下に村が設定されている。村には村民委員会が組織されており、村長以下の役職がある。村は集落を基礎にしており、村落として把握できそうであるが、歴史的に形成されてきた村落とは必ずしも言えない。そのことは地元でも自覚されており、村民委員会が設定されている村を「行政村」、それに対して集落を基礎にした組織を「自然村」と呼び、区別することが広く行われている。私たちの調査は行政機関の了解と支援を受けて調査を行ったので、必然的に「行政村」を調査単位とすることになった。しかし、どの調査地においても「行政村」とは別に「自然村」があった。一つの「行政村」に幾つかの「自然村」が含まれているのが常態であるが、逆も珍しくなかった。「行政村」と「自然村」の両方を視野に入れ、その相互関係のなかで民俗を把握することに努めた。その視点は中国の民俗研究だけでなく日本の民俗の調査研究にも示唆する所が大きいであろう。

　1990年からの20年間と言えば、中国社会は経済的発展が著しく、生活も変化変貌が烈しい時期であった。「改革開放」は中国全土に大きな変化をもたらしたが、特に沿岸部である江南地方はそれが顕著であった。その時期に私たちの調査は行われた。当然その変化を目の当たりにし、それを記録することになった。1990年に開始した第一期の調査では、調査地に到着すると大勢の村人が私たち一行を見るために出てきて黒山の人だかりになることがしばしばであった。しかし、そのような状況は急速に消えた。ややもすると寂しい感じがするほど人びとを見ることが少なくなった。そして、解放後は作業小屋や物置になっていた祠堂がその機能を回復していることが確認され、またそれまで秘匿されていた族譜を閲覧できるようになり、さらに新しく編纂された族譜を見る機会も増えた。第四期は上海近郊農村が調査地域であったので、その変化は大きく、新しい建物が整然と並ぶ集落を訪れた。

　そして、この20年間はまた民俗への認識や対応の大きな変化の時期でもあった。第一期の調査が可能になったのもその変化があったからであるが、しかしまだ民俗は封建制の残滓であり、なくすべきものと考えられていた。しかし、第二期以降、民俗は人びとが古くから受け継いできた生活文化であると評価され、価値ある存在と見られるようになった。そして都市の急激な発展に伴い、

そこでは失われてしまった伝統的とも言うべき生活空間や事物が観光の対象になった。やや経済的に取り残されて保存されていた街や村が古鎮、古村として脚光を浴び、保護され、さらに改修され、多くの観光客を集めるようになった。私たちの調査対象とした地域にもそのような古鎮・古村が多く含まれていた。また日本で言う無形文化遺産、中国で言う非物質文化遺産が注目され、その国家的な保護事業が大きく推進され、民俗学研究もそれに深く関わることとなった。私たちの調査も、古鎮・古村や非物質文化遺産保護を視野に収めながらの調査となり、それらが地域に及ぼす影響や変化をも把握することが課題になった。6冊の成果報告書はこの変化する江南地方の民俗を記録して後世に残すという大きな役割を果たしたと言える。

6. 感謝の気持ち

　日本と中国の民俗学研究者が共同して長期にわたり民俗調査を行った日中共同江南調査は大きな成果をあげ、日中双方の民俗学研究の進展に大きく貢献したものと自画自賛するが、この共同調査を継続実施できたのは研究者の努力ばかりではないことは言うまでもない。

　先ず第一に感謝しなければならないのは、各調査地で私どもの相手をしてお話を聞かせて下さった大勢の人びとである。その人たちの大半が半世紀前に日本の侵略を身をもって経験した人たちであった。受け入れに際しては、日本軍に苦しめられた我々が何故日本人に協力しなければならないのかという疑問や反発もあったと聞いた。また実際に日本軍の空襲によって両親を失った経験を表明する人もいた。そのようなわだかまりを持ちつつ、調査に対応して下さった。私たちも率直に父祖世代の侵略行為について反省し、そのことを表明した。皆さんはわだかまりを抑え、親しく接し、積極的に協力して下さった。有り難いことであった。六期にわたる調査でお世話になった人は大変な数に上るが、当時の写真を見る度に今でも一人一人のお世話になった情景を思い出す。懐かしい老朋友である。

　第二に調査の実施を可能にして下さった諸機関・組織である。日本から中国を訪れ、中国側研究者と共同調査できたのには実に多くの人たちや機関・組織の理解と支援があったからである。そのことを忘れてはならない。調査実施を

了解し、日本側研究者への招聘状を発行して下さった国家教育委員会、中国文聯、北京師範大学、華東師範大学、中国社会科学院民族文学研究所などの関係者の皆さん、そして調査地の設営に労苦を惜しまずあたってくださった中国民間文芸家協会、江蘇省社会科学院、浙江省文聯、浙江省民間文芸家協会、華東師範大学、さらにそれらからの依頼を受けて具体的な調査地域で準備怠りなく進めて下さった江蘇省常熟市、上海市松江区、浙江省湖州市、桐郷県、寧波市、余姚市、奉化市、象山県、温嶺市、金華市、蘭渓市、衢州市、江山市、開化県、龍游県、麗水市、景寧畬族自治県、青田県、温州市、蒼南県、瑞安市、永嘉県の各人民政府外事弁公室、文聯、民間文芸家協会の関係者の皆さんに改めて深く感謝したい。とりわけ浙江省での調査をお世話くださった浙江省文聯・浙江省民間文芸家協会の陳徳来、王恬、程士慶の皆さんには感謝の言葉もない。そして、調査地で私どもを温かく迎えて対応して下さった村民委員会の皆さん、文化館の皆さんに感謝したい。どこでも総勢20名をはるかに超えるメンバーが連日訪れ、騒がしい状態を作りだしたが、適切に対処して、スムーズに調査が行えるようにして下さった。

　第三に感謝しなければならないのは通訳の任に当たって下さった方々である。日本側研究者は大半が中国語を解せず、通訳なしには何もできなかった。また中国側研究者も方言を解するのに苦労した。調査には大勢の日本語通訳、方言通訳を依頼しなければならなかった。日本語通訳については様々な機関に属する人たちが参加して通訳して下さったが、特に浙江省農業科学院の朱冨雲さん、浙江工業大学の徐萍飛さんには大変お世話になった。第五期、第六期では大勢の日本語専攻の学生に助けて貰ったが、その指導を徐萍飛さんがして下さった。方言通訳では各地元の民間文芸家協会や文化館の方々に大変お世話になった。皆さんの適切な通訳と解説があって記録することができたのである。

　このように調査は多くの機関や組織、そして大勢の人たちによって支えられ実施できた。六期に渡る調査を通じて、民俗学や民俗学研究者の日中の協力関係が進展し相互理解が深まっただけでなく、草の根での日中の相互理解と友情形成が行われた。このことは中国側研究者が日本を訪れて行った調査についても言える。

　6冊の研究成果報告書はいずれも少部数の印刷刊行であり、専門の研究者で

もそれを手にする機会はほとんどなかった。今回、この記念すべき報告書を一括して復刻刊行することを決断された学苑出版社に感謝したい。研究者だけでなく、江南地方の民俗に興味関心を抱く多くの人びとが容易に読むことができるようになった。日本文と中文が混在する報告書の印刷は予想外に困難な作業であったが、それを適切に処理し、立派に刊行して下さった学苑出版社の皆さんにあつくお礼を申し上げる。

2022年4月

　　　　　　　　　　　　　　　　　　　　　　　　　　　　福田 アジオ

福田亚细男和张紫晨在第一期调查中

(1990年3月江苏省常熟市)

第一期調査での福田 アジオと張紫晨

(1990年3月江蘇省常熟市)

调查场景

(1998年8月浙江省永嘉县，刘铁梁)

調査風景

(1998年8月浙江省永嘉県、劉鉄梁)

在日本的调查场景

(2000年10月日本滋贺县中主町，陈勤建)

日本での調査風景

(2000年10月日本滋賀県中主町、陳勤建)

调查间隙的谈笑

(2003年8月浙江省象山县，徐萍飞、王恬、当地研究者、刘晔原)

調査の合間の談笑

(2003年8月浙江省象山県、徐萍飛、王恬、地元研究者、劉曄原)

总 目 录

第一辑：中国江南民俗文化——中日农耕文化比较

第二辑：中国浙江民俗文化——环东海农耕文化民俗学研究

第三辑：中国浙南民俗文化——环东海农耕文化民俗学研究

第四辑：中国江南村落民俗志研究——上海近郊村落民俗

第五辑：中国江南沿海村落民俗志——浙江省象山县东门岛和温岭市箬山

第六辑：中国江南山区民俗文化及变迁——浙江省江山市廿八都和龙游县三门源

総　目　録

第 1 集：中国江南の民俗文化——中日農耕文化の比較

第 2 集：中国浙江の民俗文化——環東シナ海（東海）農耕文化の民俗学的研究

第 3 集：中国浙南の民俗文化——環東シナ海（東海）農耕文化の民俗学的研究

第 4 集：中国江南村落の民俗誌的研究——上海近郊村落の民俗

第 5 集：中国江南沿海村落民俗誌——浙江省象山県東門島と温嶺市箬山

第 6 集：中国江南山間地域の民俗文化とその変容——浙江省江山市廿八都と龍游県三門源

中国浙南民俗文化

——环东海农耕文化民俗学研究

中国浙南の民俗文化

―環東シナ海（東海）農耕文化の民俗学的研究―

福田　アジオ 編

1999 年 3 月

目 录

前 言 …………………………………………………… 福田亚细男　1
调查经过与调查地概况 ………………………………… 福田亚细男　1

Ⅰ　地域社会的特质

生活空间结构与村落组织 ……………………………… 福田亚细男　13
村落庙会与公共生活秩序 ……………………………… 刘　铁　梁　41
浙南山区农村村老年人协会调查 ……………………… 陈　德　来　57
农村生活的都市化问题 ………………………………… 小 林 忠 雄　68

Ⅱ　环境与生产、生活

丽水地区传统的经济活动与现代化 …………………… 菅　　　丰　95
黄坑村传统造纸生产与生活习俗调查 ………………… 林　相　泰　123
温州山区四面屋民居及造屋习俗 ……………………… 曹　启　文　132
古典的精致 ……………………………………………… 白　旭　旻　147

Ⅲ　当地的信仰与礼仪

浙南农村现存民间信仰调查报告 ……………………… 刘　晔　原　169
温州山区地方神信仰调查 ……………………………… 潘　一　钢　182
民间鸟崇信在现实中的遗存和衍化 …………………… 陈　勤　建　196
蓬溪村地方神庙及女神信仰调查 ……………………… 王　　　恬　213
厚唐村独特的胡公会组织与多彩的信奉活动 ………… 吴　刚　戟　229

Ⅳ　民俗知识与口头传承

风水知识与民俗 ………………………………………… 渡边欣雄　245
丽水、温州地区的鬼怪 ………………………………… 桥谷英子　273
黄桂村畲语的一些特点 ………………………………… 矢放昭文　302

目　次

まえがき ……………………………………………………… 福田アジオ　　1
調査の経過と調査地の概況 ………………………………… 福田アジオ　　1

I　地域社会の特質

生活空間と社会組織 ………………………………………… 福田アジオ　13
村落廟会と社会秩序 ………………………………………… 劉　鉄　梁　55
浙南山間部における農村老人協会 ………………………… 陳　徳　来　67
農村生活の都市化 …………………………………………… 小林　忠雄　68

II　環境と生産・生活

麗水地区における経済活動の伝統と現代化 ……………… 菅　　　豊　95
黄坑村における伝統的製紙と生活習俗 …………………… 林　相　泰　131
温州山間部における四面屋民居とその建築習俗 ………… 曹　啓　文　146
古典の精緻 …………………………………………………… 白　旭　旻　165

III　地域の信仰と儀礼

浙南現代農村における民間信仰 …………………………… 劉　曄　原　169
温州山間部における地方神信仰 …………………………… 潘　一　鋼　182
民間における鳥信仰の残存と展開 ………………………… 陳　勤　建　196
蓬渓村の神廟と女神信仰 …………………………………… 王　　　恬　213
厚唐村独特の胡公会組織とその信奉活動 ………………… 呉　剛　敫　229

IV　民俗知識と言語伝承

風水知識と民俗 ……………………………………………… 渡邊　欣雄　245
麗水・温州地区の怪 ………………………………………… 橋谷　英子　273
黄桂村畬語について ………………………………………… 矢放　昭文　302

まえがき

　浙南の村はどこも集落の中をきれいな水が流れ、家々は美しい姿を示していた。周りには水田が広がり、その向うの山には樹木が生い茂っていた。今回の調査期間の3年間に訪れた村々は私たちが抱く江南のイメージに相応しい所であった。どの村を訪れても心落ち着くものがあった。2年目、3年目の訪問に際しては、懐かしい故郷に戻ってきたような気分にさえなった。それは景観がもたらす雰囲気だけのためではない。どの訪問村落でも親切な応対を受けて調査を遂行できたからであることは言うまでもない。いつも多くの人の積極的な協力と援助があった。今でもいつもにこやかに私たちを迎えてくれる皆さんの姿が眼前に浮かんでくる。皆さんのご親切があって初めて私たちの調査は実施できた。そのことをまず最初に明記して深く感謝の意を表さねばならない。

　私たちは10年前に浙江省で調査研究を始めた。この10年間は江南の社会が大きく変化する時期であった。この3年間の調査では特にそのことを痛感させられた。10年前に初めて訪れたときには杭州から目的地まで1日がかりの行程だった所がいまや朝杭州を出発すれば昼には到着できるというほどに、道路の整備も進んだ。そして、金華から温州まで道路と並行して鉄道線路が敷設され、すでに列車が走っている。村にはコンクリート製の住宅が立ち並び、家の中には電化製品が備えられている。改革開放という経済の動向は浙江省南部の農村を大きく変えた。しかし、かつて見られた黒山の人だかりは消え、家の周囲や田畑で働く人に老人の姿が目立つようになり、少し寂しい雰囲気がかもし出されてきたことも事実である。この急激に変化する農村社会を訪れ、実際に確認しつつ調査できたことは幸いであった。この研究成果報告書にもそのことは見事に反映している。

　1996年から開始した私たちの第3期江南地方農耕文化の日中共同調査は、それまでの成果と反省に立って計画され、実施された。それまでの広域調査に対して、調査対象地域を浙江省の南部、いわゆる浙南と呼ばれる地域に限定して集中的な調査を行い、環東シナ海（東海）諸地域の農耕文化を研究するための基礎的な民俗資料を得ようとしたものである。1995年に「環東シナ海（東海）農耕文化の民俗学的研究」の課題で文部省科学研究費（国際学術研究）を申請

したところ、幸いにも3年間の研究計画として採択され、実施することができた。すでに過去に2期の共同調査を経験している私たちはチームワークよく研究を遂行した。毎年浙南地域を訪れ、調査を行うとともに、調査方法や調査結果の理解をめぐって議論もし、またそれぞれの研究成果を融通しあい、より一層の研究の深化を図った。それは楽しい3年間であった。ここにお届けする研究成果報告書にはそのことが示されているはずである。

　この3年間の研究に際しては、多くの方々や機関の理解と支援があった。この日中共同の調査研究の意義を理解され、日本側研究者への招聘状を発行してくださった中国文聯、また研究組織の中国側窓口となってくださった中国民間文芸家協会、さらに現地浙江省での調査の設営を万端滞りなく行ってくださった浙江省文聯の皆様には心から感謝したい。さらに、現地で調査対象村落にお願いするにあたって、趣旨を了解され、何かと便宜を図ってくださった各市・各県・各郷の人民政府関係者および文聯関係者、各村の村民委員会の役職者の皆さん、そして多くの伝承者の方々に心からのお礼を申しあげる。また毎回多くの日本語通訳の方をお願いしたが、その誠実な通訳によってはじめて調査はできたのであり、あつくお礼申し上げる。中国側研究分担者が日本を訪れて資料調査を行った際に大変お世話になった千葉県立房総のむら、沖縄県糸満市役所に深く感謝申し上げる。最後に科学研究費の執行を適切に処理してくださった新潟大学および神奈川大学の事務担当者の皆さんにも感謝したい。私たちの日中共同の調査研究はこのような多くの皆さんのご厚意に支えられて実施できたものであり、この研究成果報告書に学問的に意味があるとすれば、それは偏にその賜物といえる。ここに改めて深く感謝申し上げ研究成果報告書をお届けする。

1999年2月

研究代表者　　福田　アジオ

調査の経過と調査地の概況

福田　アジオ

1. 調査経過

(1) 研究計画の決定と研究組織

　私たちは中国江南地方を対象とした民俗調査を1990年以来すでに2期にわたって実施してきた。第1期では江蘇省と浙江省の地域から調査地を決め、第2期は浙江省に絞って調査を行った。いずれも多大の成果を挙げたことはそれぞれの研究成果報告書に示した通りである。しかし、やや広域的な対象であったため、調査の焦点が定まらないうらみがあった。私たちは、東シナ海（東海）をめぐる文化の相互関係を把握するためにはより詳細な調査を地域を限定して行う必要性を痛感していた。そこで今後の比較の可能性から判断して、より東シナ海（東海）に近い地域である麗水、温州地区における農耕文化の集中調査を行うべく、新たな研究計画を検討した。そして研究課題に相応しい新たな研究者への参加を要請した。各研究者から快諾を得たので、若干の研究分担者の入れ換えを行い、新しい研究組織を作り、研究計画を作成し、1995年に文部省科学研究費（国際学術研究）を継続的な課題「環東シナ海（東海）農耕文化の民俗学的研究」で申請した。

　幸いにして文部省から採択の通知があり、1996年度（平成8年度）から3年間の研究計画として承認されたので、早速中国側の対応機関である中国民間文芸家協会と連絡を取り、中国民間文芸家協会の上部組織である中国文聯の承認と招聘状発行の手続きを依頼した。また具体的な実施計画を日中双方の研究分担者が連絡を取り合い協議して決定した。その結果、申請の段階に記載した通りに、温州地区と麗水地区の農村地域を調査研究対象地域とすることとなっ

た。研究期間が3年間として承認されたので、初年度はやや多くの村落を調査して、この地方の全般的傾向を知るとともに、集中調査の候補地を決めることにした。具体的には麗水地区では麗水市、景寧畬族自治県、温州地区では温州市甌海区そして永嘉県とした。2年度目と3年度目には、これらの調査地から重点調査地を選択決定して全員で集中的に調査を行うこととした。

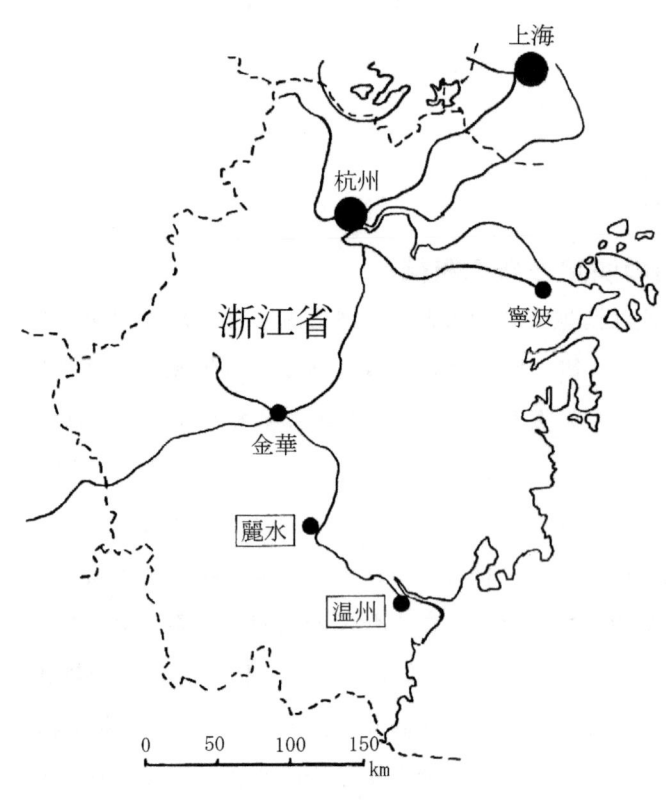

図1 調査地域の位置

発足時の研究組織は以下の通りであった。
研究代表者　福田アジオ（新潟大学人文学部）
研究分担者　比嘉　政夫（国立歴史民俗博物館民俗研究部）
　　　　　　渡邊　欣雄（東京都立大学人文学部）
　　　　　　小林　忠雄（国立歴史民俗博物館民俗研究部）
　　　　　　矢放　昭文（京都産業大学外国語学部）
　　　　　　橘谷（馬場）英子（新潟大学人文学部）

　　　　菅　　　豊（北海道大学文学部）
　　　　林　相　泰（中国民間文芸家協会）
　　　　陳　徳　来（浙江省民間文芸家協会）
　　　　劉　鉄　梁（北京師範大学中文系）
　　　　陳　勤　建（華東師範大学中文系）
　　　　劉　曄　原（北京広播学院電視文学系）
　　　　曹　啓　文（浙江省民間文芸家協会）
　　　　白　旭　旻（中国民間文芸家協会）
　また麗水地区および温州地区の調査対象地域で長年調査を行い研究蓄積のある以下の3名の研究者を研究協力者として依頼し、事前の対象地域の設営をお願いするとともに調査に同行してもらうことにした。
　　　　呉　剛　戟（麗水地区文聯）
　　　　潘　一　鋼（温州市民間文芸家協会）
　　　　王　　　恬（浙江省民間文芸家協会）
　地元政府その他の機関との折衝、宿舎・交通手段の確保など調査全体の問題については従前通り浙江省文聯にお願いすることになった。その任にあたったのは浙江省文聯の程士慶、厳向明、馬海鴬の諸氏であった。その献身的なご尽力によって3年間に及ぶ調査は支障なく円滑に実施できたといえよう。また多くの日本語に堪能な通訳の方々に助けていただいたことも明記せねばならない。

(2) 1996年度調査

　1996年度は1996年12月14日から翌年1月1日の間で行われた。研究代表者および日中双方の研究分担者は、本務の所要のために参加できなかった矢放昭文を除いて、全員が参加した。日本側メンバーは12月14日に日本を出発して、16日には杭州市に日中双方のメンバーが集合し、調査準備の打ち合わせ会を開催した。17日から麗水地区の調査を開始した。麗水市碧湖鎮上街村、城関鎮灯塔村、景寧畲族自治県大漈郷西岸底村、鶴渓鎮恵明寺村を訪問し、各自分担の研究課題を調査した。このうち恵明寺村のみが畲族の村落である。24日から温州地区に移動し、温州市甌海区沢雅鎮黄坑村、周岙村、永嘉県巽宅鎮小溪村、東皋郷蓬溪村において調査を行い、30日に温州を出発して、杭州に戻り、

調査総括の会議を開催し、翌年度以降調査方法を検討し、調査組織に修正を加えること決め、翌年の再会を約束して解散した。

　今回の調査では実質2週間の調査期間に8か村を訪れて調査したことになる。したがって各村への訪問は一日か二日であり、ごく概況的な調査に終始せざる得なかった。殊に景寧県と永嘉県では宿泊施設との関係から往復に多大の時間を要し、村での滞在時間が限定され十分満足いく調査とはならなかった。しかし、いずれの村でも文字通りの熱烈歓迎を受け、またその個性ある豊かな民俗を教えていただいた。翌年以降への明るい希望を持つことができた。

　いずれの調査地においても、浙南地方の農村社会が改革開放のもとで急速に変貌しつつあることを確認した。麗水市近郊の村では、建築ラッシュが展開し、多くの農家が市街地化した住宅地に居住し、農業以外の経済活動が大きな部分を占めていることに驚かされ、また温州市甌海区では村落内に実際に住んでいるのは老人であり、若い働き手は都市部に移住したり、出稼ぎにでており、過疎化が確実に進んでいることが判明した。かつて黒山の人だかりがした農村が非常に静かな印象を与えるように変化していたのにこれまた驚かされた。

(3) 1997年度調査

　前年度の調査は全員が参加し、調査団として統一行動をとって行った。全員が調査地を共同にし、宿舎も共同することで、調査上の問題点について随時議論検討することができ、内容を深めるという大きなメリットがあった。しかし、代表者と分担者合わせて13名、研究協力者3名、それに通訳、方言通訳、地元文聯関係者、地元政府関係者が参加しての村への訪問は余りにも大袈裟であり、調査地の村に多大の負担をかけていることは明白であった。このことは調査期間中から気付かれ反省されていた。一年目の調査終了にあたってこの点が問題になり、種々検討した結果、翌年度には組織を2分して、小規模な編成にして異なる時期に異なる村を訪れることに決定した。

　1997年度の調査は8月に実施するグループと12月に訪れるグループに分けて行われた。8月に調査を実施したのは渡邊欣雄、矢放昭文、橋谷英子、陳徳来、劉曄原、曹啓文の6名であった。調査は8月15日から29日の期間行われた。このグループは前年度の調査結果から調査地を温州地区に絞ることを考え

た分担者で構成されたもので、温州市甌海区沢雅鎮周岙村で5日間、永嘉県花坦郷廊下村で5日間の調査を行った。周岙村は前年度訪問した村であるが、永嘉県の廊下村は新しく設定されたものである。しかしここも全く新しく訪問した所ではない。すでに前期の調査に際して1992年に調査地として訪れており、重点調査地としての魅力のある村落であることを確認していた。そこで改めて調査村落として選定した。両村落で集中的な調査を実施した結果、民間信仰を中心に内容ある民俗を把握することができた。

　12月に調査を行ったのは福田アジオ、小林忠雄、菅豊、陳徳来、劉鉄梁、陳勤建、白旭旻であった。調査期間は12月13日から12月31日までであった。調査地は永嘉県東皋郷蓬渓村で5日間、青田県温渓鎮洲頭村に2日、そして麗水市老竹畬族鎮黄桂村で5日間であった。蓬渓村は前年度の調査地であり、多くのメンバーが集中調査地にすることを希望した村落である。それに対して青田県温渓鎮洲頭村と麗水市老竹鎮黄桂村は新しく設定した調査地であった。青田県の洲頭村は麗水地区に属するが、温州地区と麗水地区の境界部にあり、両地区の地域差を考える手がかりを与えてくれる土地と予想できたので設定した。麗水市老竹鎮黄桂村はその住民の多くが畬族であり、交通事情のため集中調査地とすることを断念せざる得なかった前年度の景寧畬族自治県の代替え地という意味を持つものであったが、黄桂村は予想以上に調査村落として適しており、集中的に調査するに相応しい所であった。蓬渓村と黄桂村では族譜その他の文字資料を閲覧することもでき、宗族、生業を中心にした社会経済関係の民俗を多く記録することができた。なお、12月調査に参加予定であった比嘉政夫は本務の緊急の所用のため参加を断念し、また林相泰も勤務の都合で参加できなかった。

　調査団を2分して、それぞれ時期を異にして調査を行ったことは成功であった。他所者が大挙して訪問すればお祭り騒ぎとなることは必然であり、日常的な生活世界を理解することを困難にするのは必定であった。その点、落ち着いてじっくりと人々から話をうかがい、文字資料を閲覧し、さらに村落内の事物を確認しに歩き、多くの新しい民俗を記録することができた。しかし、また同時にメンバーの間の情報交換と議論を少なくした。日中双方の研究者が宿舎を共通にし、調査対象村落を同じくすることで、民俗調査の方法を相互に知り、

議論することがこの調査研究の大きな目的であったことを考えれば、不満が残ることになった。

　1997年10月に調査成果を検討するとともに、資料調査をするために、陳徳来を除いた中国側研究分担者全員および研究協力者の呉剛戟、潘一鋼は日本を訪問した。日程は10月18日に来日し、19日に国立歴史民俗博物館において中間的な成果検討会を開催し、最終的な調査に向けての課題を互いに情報交換することで確認した。ついで、日本において民俗が伝承されている実態を中国側分担者自らの調査で確認し、比較の資料を獲得する目的で、千葉県印旛郡栄町龍角寺と沖縄県糸満市大里において民俗調査を行った。龍角寺の調査に際しては千葉県立房総の村、大里の調査では糸満市役所の多大の支援があった。特に龍角寺では日本「本土」の標準的農村の様相を把握し、大里における調査では、浙江省との地理的近接性もあって、中国側分担者の関心も高く、中国江南の民俗との関連性を視野に入れた調査を行った。沖縄での調査終了後、東京を経て10月27日に帰国した。

(4) 1998年度調査

　最終年度の1998年度には研究成果の取りまとめを中心に研究計画を立てたが、2年間の調査で得た資料を検討し、疑問点を確認することを目的に短期の補充調査を行うことにした。調査は1998年8月5日から16日までを基本とし、渡邊欣雄を除く日中双方のメンバーが参加した。なお、菅豊、矢放昭文については調査期間を延長した。調査地は各人の重点村落で集中的に行った。前半の4日間は永嘉県蓬渓村と廊下村、後半の3日間は温州市甌海区藤橋鎮と麗水市老竹畲族鎮黄桂村にそれぞれ別れて実施した。いずれの地域も2回ないし3回目の訪問であり、すでに多くの村人と「老朋友」になっており、親しく調査を続けることができた。なお、藤橋鎮はそれまでの調査地周呑村に隣接しており、前年来情報を得ていた口承文芸についての確認調査を行った。

2. 調査地の概況

　本研究は浙江省南部、いわゆる浙南と呼ばれる地域を対象とした。中心都市は温州市であり、内陸部では麗水市である。行政的には温州を中心にした地域を温州地区、麗水を中心にした地域を麗水地区という。この二つの地区から適

切な調査地を選定して調査を実施した。この報告書に記載されている各人の論文が示すように、今回の調査の重点対象村落は、滞在日数、調査延べ人数から言えば永嘉県蓬渓村と温州市甌海区周岙村および麗水市黄桂村であった。しかし3年間の調査ではその他にも多くの村落を訪問し、民俗調査を行った。それらの村落についての直接的な記述は必ずしも多くないが、報告書原稿執筆にあたっては何かと参考にされ、また民俗事象の比較をしている。

以下に今回の調査対象地となった個々の村落の概況を記しておこう。なお、以下に記した戸数、人口などの数字は訪問時のものであり、調査地によって年次は異なる。また、特に断らないかぎり、各村落の住民は漢族である。

(1)麗水市

碧湖鎮 麗水市のなかで市街地に次いで大きな町である。麗水市の西南部に位置する。碧湖鎮に属しているのは50の行政村と3つの居民委員会である。今回調査の対象としたのは主として上街村、古井村である。古井村は戸数225戸であるが、60パーセントが農家、40パーセントは商業もしくは職人である。主要な道路に沿って商店が並び、連日近在から多くの人々が買い物などで訪れ、賑わいを見せている。姓は葉姓がもっとも多く、半分近くを占める。次いで湯姓、梅姓である。

灯塔村 麗水市街地の北部に位置し、完全に市街地に組み込まれている農村である。行政的には灯塔村であるが、村挙げて企業経営を行っており、その名称は星火実業総公司という。戸数790戸、1934人であり、耕地は900畝、山林は300畝余りである。改革開放政策下で、企業経営に乗り出し、成功した村といえよう。1993年から96年にかけて灯頭工業小区と呼ぶ工業団地を造成した。さらに95、96年に麗水市星火綜合商場を設け、大規模な商業センターとした。さらに住宅団地を造成し、村民の多くもそこに新しい住宅を建築して入居している。都市近郊農村の急激な変貌を教えてくれる代表的な村といえよう。

黄桂村 麗水市の西部に位置する老竹畲族鎮に属する行政村である。黄桂村には現在3つの自然村がある。上井、黄桂、横塘である。このうちの黄桂は全戸が畲族であり、上井は畲族と漢族が混住する。横塘は漢族のみ居住している。自然村はそれぞれが独立した集落であり、互いに数百メートルは離れている。上井は黄桂村の中心的な位置を占めており、解放前はここに漢族の地主が

中日联合江南地区民俗调查报告辑

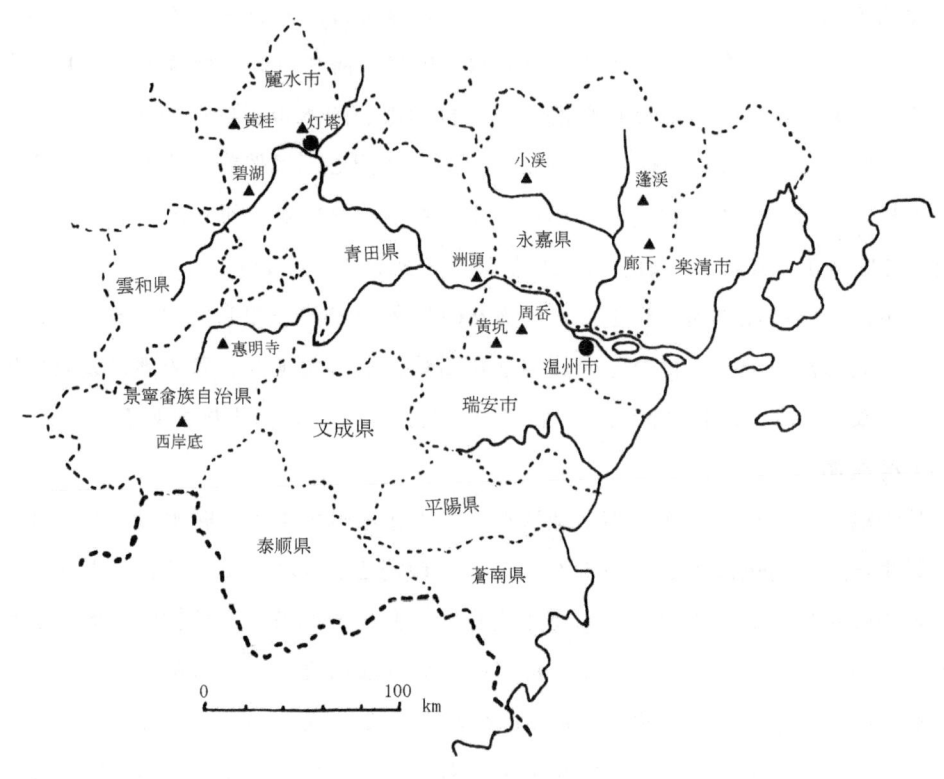

図2　調査村落の位置

住んでいた。上井と黄桂を主要な調査対象地とした。上井は戸数 64 戸、人口 242 人で、戸数では漢族が三分の一、畬族が三分の二である。畬族は藍姓、雷姓、鍾姓の三つである。黄桂は48戸で、姓はすべて雷姓である。水田が集落の周囲に広がる稲作中心の農村である。

(2)景寧畬族自治県

西岸底村　景寧畬族自治県大漈郷に属する。海抜1010メートルの山間部にあり、外から訪れるには険しい山道を行かねばならない。集落のある所は盆地状であり、水田も広がっている。集落の中を流れる川は数百メートル下流で巨大な滝となって流れ落ちている。桃源郷はここかと思わせるような別天地である。西岸底村は戸数 349 戸であり、行政村としては西一村、西二村の二つに分けられている。集落の外れには宋代に建立された時思寺がある。梅姓の家が85パーセントを占めている。

恵明寺村　景寧畬族自治県鶴渓鎮に属する、全員畬族の村落である。山腹に

あり、集落からは平地の水田や集落が見渡せる眺望の良い村である。唐代に恵明寺が建立され、それが村名となっている。ここは恵明茶と呼ばれる優れた茶の産地として知られている。集落は小村ともいうべき姿で幾つかに分かれている。全部で戸数は67戸、287人で、姓は全戸雷姓である。雷氏の先祖は広東省潮州鳳凰山から移ってきたという。

(3) 青田県

洲頭村 青田県温渓鎮に属する行政村である。平野部に展開する農村である。集落は大きな集村であり、集落の前面は甌江が流れ、背後には330号国道が走っている。麗水地区と温州地区の境界部にあり、かつてはその帰属も一定していなかった。1950年代まで青田と永嘉の両方に属することがあった。集落内は整然として道路が走り、古い建物も多く見られる。戸数は370戸で、人口1600人である。姓は10余りあり、そのなかで陳、尹、郭、徐の4姓が比較的多い。解放前は多くの人が舟運に従事していたが、解放後は農業が主生業となった。近年は養魚、養鶏が盛んになっている。

(4) 温州市甌海区

黄坑村 温州市甌海区西岸郷に属し、沢雅鎮の町から6キロメートル程南に離れた山間部に位置する村落である。集落は山の傾斜地に家々が配置されており、平地はほとんど見られない。いわゆる自然村と行政村の範囲が一致する一つの行政村である。戸数は317戸で、主要な姓は黄姓と呉姓の二つである。この村は農業に加えて製紙業を盛んに行っており、村内各所に製紙関係の施設を見ることができ、また家の周囲で作業している姿が見られる。ここの製紙原料は水竹、金竹、単竹という竹であり、製品はトイレットペーパーとして出荷されている。紙漉きの仕事は老人と女性によって担われている。若者の多くは都市へ出稼ぎに出ており、また半数あまりの家が温州市の市街に別に家を持っているという。

周岙村 温州市甌海区沢雅鎮に属する。沢雅鎮の町から東南に10キロメートル離れた平地部に位置する農村である。水田稲作を中心としている。ここは行政的には上村、中村、下村、大担の四つに分かれている。今回主として調査したのは上村であった。周岙村全体の戸数は約900戸である。行政村としては四つに区分されていても、実際には上、中、下村は一つの集落であり、大規模な

集村といえる。村内を歩くと泰山石敢当があちこちに見られる。

(5)永嘉県

廊下村 永嘉県花坦郷に属し、郷政府所在地の花坦村からさらに上流に3キロメートルほど入った所にある。花坦が古く、廊下はそこからの別れだといい、両村とも古くからの居住者は朱姓である。

小渓村 永嘉県巽宅鎮に属している。小渓村は行政村であるが、内部は30戸ほどの岩坑と残り430戸ほどの小渓の二つの自然村で構成されている。小渓は整然として道路割のしてある集村である。小渓は農村であるが、その特色は地方劇「甌劇」を各地へ出かけて上演する芸能の村にある。永嘉県だけでなく、青田県、温州市辺りでも有名だという。農繁期は農業に従事し、農閑期は各地へ上演に出かけた。現在も二つの劇団が組織され、活動している。小渓村の姓は董姓が90パーセントを占めている。

蓬渓村 永嘉県東皋郷に属している。今回の調査の重点対象村落の一つで、3年間訪問した。楠渓江の支流の東皋渓が曲流する所に立地する大きな集落である。戸数は760戸余りで、人口は3300人を数える。蓬渓村というが、行政的にはこの名称の村はない。蓬渓を3分して蓬一村、蓬二村、蓬三村として把握され、基本的には蓬渓としての統一組織はない。しかし、行政村としての区分が日常の生活に大きな役割を果たしているわけではない。古くからの居住者は大部分が謝姓であり、先祖を謝霊運としている。村内に各所に老祠堂はじめ多くの祠堂が設けられ、そのいくつかは現在も機能している。また集落の周辺には関帝廟、楊府廟はじめ多くの廟があり、その幾つかは信仰を集めている。特に、集落の東方山腹にある仙岩殿は女性に信仰されている。生業の基本は水田稲作であるが、多くの人々は温州その他の都市部へ出稼ぎや就業で出ている。

Ⅰ 地域社会的特质

I　地域社会の特質

生活空間と社会組織
− 永嘉県蓬渓にみる伝統と現代 −

福田　アジオ

はじめに

　地域はその外貌に社会の内部秩序を表出させている。集落景観という姿や形は集落の立地するところの地形、地質、気象などの自然環境のみによって規定されているのではない。むしろ周囲の環境を理解し、一定の秩序として編成した上に自分たちの望ましいあり方を表現して集落を形成している[①]。殊に中国では風水の思想によって自分たちの生活空間を編成してきた。集落とその周囲の水田、山、川などは人々の理解した環境認識のもとに編成され配置されていると言って良いであろう。したがって集落立地や集落形態はそこに住む人々の思想、観念を表現している。さらに、その社会の秩序も集落景観形成の大きな力であった。自分たちの社会の秩序が集落の姿、或いはそれを構成する個別の家屋の配置や構えに表現されているという仮説を具体的に検証する作業の一環として今回の調査を実施した。

　景観とそれを構成する個別要素を把握することは従来の民俗調査ではあまり行われてこなかった。民俗調査は対象とする社会内部の民俗事象を聞き書を主要な方法として把握するものという固定観念は多くの研究者を縛ってきた。今回の調査では、景観とその構成要素を、地域の民俗と共に把握して総合的に地域社会の特質を考えようとした。それは異なる文化における聞き書による民俗

　[①]　『番と衆』（1997年）において、日本における東西の集落景観の相違をそれぞれの社会秩序の表現と理解する試みを行った。

中日联合江南地区民俗調査报告辑

調査が柳田国男が言う「旅人の採集」にも及ばないことを自覚してのやむを得ない方法という面を持つことも紛れない事実である。調査者が言葉を介さずに直接対象に迫り記録することで、間違いを少なくすると共に、観察によって聞き書の内容を補うという役割を果たす。しかしそれ以上に重要なのは、観察によって得られる景観とその構成要素を民俗の一部として位置づけることである。

　中国の村落社会を調査研究する際にはある程度決まった視点が従来用意されてきた。一つは古くからのものであるが、宗族である。特に、東南中国の村落社会は一つの姓によって構成されていることが多く、村落と宗族が密接に重なり合っていることが指摘されてきた[①]。宗族組織とその活動が村落調査の一つの重要な視点であった。しかし、これについては必ずしも現代の村落について強調することはできない。解放後すでに半世紀が過ぎようとしている今日、宗族の基盤となっていた祠堂とそれに付属する形を取っていた財産はなくなり、したがって宗族の運営にあたる中核組織は存在しない。もちろん改革開放政策の中で、宗族組織の一部は復活し、生活互助組織としての一定の機能を回復している事例は少なくない[②]。そして宗族とその所有した施設の配置は今日でも一定の意味を持っている。景観を構成する要素として無視できない存在である。

　二つ目は、実体は古いが、研究視点としては新しい風水である。1980年代以降風水に対する研究関心は日本で高まり、さらに中国でもしきりに論じられるようになった。風水は環境認識の一つの方法であり、その認識に基づいて自分たちの生活空間を形成してきた。住宅の配置、建物の構成、道路網、集落の形態、集落を取り囲む山、川、池などの理解はすべて風水によって解釈され、説明され、了解されてきた。景観とその構成要素を風水との関連で把握し、理解することは不可欠な作業である。

　今回の調査において、以上の二つの視点を基礎に置きながら、景観とその構成要素の把握につとめ、そして地域の民俗を社会組織を中心に記録しようとし

---

　① M・フリードマン（田村克巳・瀬川昌久訳）『中国の宗族と社会』1987年、同（末成道男・西沢治彦・小熊誠訳）『東西中国の宗族組織』1991年等。
　② 福田アジオ「家族・親族の現代」（福田アジオ編『中国浙江の民俗文化』所収、1995年）。

た。対象とした村落が大規模であり、十分に全体像を捉えることは困難であったが、浙江省南部の一つの村落を、景観と民俗との関連で理解しようとした試みである。

1. 集落構成

蓬渓 蓬渓は永嘉県東皐郷に属している。1998年現在全部で767戸、3300人の人口を有する大規模な村落である①。ほとんどの家が謝姓であり、その他の姓はごくわずかである。そのなかでややまとまっており戸数があるのは周姓である。

蓬渓は大きな一つの集落で、行政的には自然村と表現される。その内部は三つの行政村に分かれている②。蓬渓を蓬一、蓬二、蓬三の三つに分けたのは人民公社時代の1961年のことで、永嘉県から工作組が来て、人口とその二年前に設定されていた選挙の区を基礎に三つの生産大隊に編成した。耕地もそれに対応して分けた。その区分が存続して現在の行政村となっている。三つの村の規模は図表1の通りである。規模としては蓬三村がもっとも大きく、人口、耕地面積なども大きい。もっとも小さいのは蓬二村である。全体傾向としては、近年は戸数及び人口の減少が見られる。温州等の大都市に出て、そこに居住して、実質的に蓬渓村に住んでいない人が増えているためである。耕地の約4割が水田である。

---

① 蓬渓村を含めた永嘉県内の古い村落について簡単に紹介したものに胡文連「温州楠渓江畔古村落調査」（浙江省民間文芸家協会編『呉越民俗』所収、1992年）および呂洪年「楠渓江古村落的民俗風貌」杭州大学日本文化研究中心・神奈川大学人文学研究所編『中日文化論叢1993』所収、1995年）がある。なお、呂論文はその記述内容を多く胡論文に依拠しており、特に蓬渓に関しての記述はほぼ同じである。それらは蓬渓を流れる川の様相と集落内に残る「金雲山舎」という朱熹の筆による額がかかる古い民家を紹介している。

② 中国では行政上の用語として、また一般にも普及している用語として自然村と行政村がある。行政村は現代中国の末端地域組織として編成されている村のことを意味し、それに対して自然村は集落としてのまとまりを示す用語となっている。多くの場合、一つの行政村は内部にいくつかの自然村が含まれているが、大きい集落の場合は自然村がいくつかの行政村に区分されている。蓬渓の場合は、後者に該当し、一つの自然村のなかに三つの行政村がある。なお、自然村と行政村という用語の来歴については明らかでなく、日本で横井時敬、鈴木栄太郎などの用いた用語との関連もはっきりしない。今後検討すべき課題と言えよう。

中日联合江南地区民俗调查报告辑

図表1　蓬渓の概況（1998年8月現在）

村名	戸数	人口	耕地面積	山林面積
蓬一村	256戸	1136人	329畝	5000畝
蓬二村	248戸	896人	265畝	3200畝
蓬三村	263戸	1268人	306畝	6800畝
合計（蓬渓）	767戸	3300人	900畝	15000畝

　各行政村には村民委員会が組織されている[1]。蓬一村の村民委員会は委員5人で構成される。村主任、生産委員、宣伝委員、治保、調解各一人である。村主任は一般には村長と呼ばれている。村委員は任期3年で、村民の直接投票によって選出され、再任も可能である。選挙の方式は、先ず候選人と呼ぶ候補者を決める。村民10名以上が連記して推薦する。選挙委員会を組織し、推薦された人を審査し、問題なければ上級の郷政府に上げて、その承認を受けた上で候選人として決定する。その候選人に対する投票をする。候選人は10名前後であり、そのなかから5名連記で投票する。投票日には、候選人になっていない村の幹部や郷政府の者が投票箱をもって各家を回り、投票が在宅のまま行われる。投票率50パーセント以上で、投票数の50パーセント以上を獲得した候選人の中で上位5人が当選となる。票数が同数の場合には再選挙が行われる。また村には共産党の党支部があり、党委員3人、書記1人がいる。

　三つの村にそれぞれ村民委員会が組織され、村主任以下の役職者がいるが、蓬渓全体の代表者はいない。蓬渓全体のことで決めなければならないときは、各村の幹部が出て協議する。

　それぞれの行政村には村民委員会の事務所がある。村人は一般に村会計室と呼び、また事務所へ行くことを今でも人民公社時代の表現で「大隊に行く」という。蓬一村の事務所はかつての三分衆祠堂の跡地である老人協会の建物の二

---

　[1]　村民委員会は各村で組織されるが、個別的、自発的なものではない。村民の自治組織として国家によって制度化されたもので、法的根拠は『中華人民共和国村民委員会組織法（試行）』である。村民委員会組織法は1987年11月に六届全国人大常委会第23次会議で承認されたもので、この法令に基づいて各省で順次省の村民委員会法実施弁法を制定して、制度化した。浙江省は福建省と並んで1988年に制定しており、村民委員会を組織した最も早い省である。徐勇『中国農村村民自治』1997年参照。

階にあり、蓬二村のは同じく老人協会の一階にある。蓬三村の事務所は愛山公祠に置かれている。

村の下部組織として生産小隊がある。人民公社時代からの名称と区分をほぼ継承している。蓬一村が8小隊に、蓬二村が7小隊に、そして蓬三村は8小隊になっている。小隊は生産関係についていう言葉であり、行政や選挙に際しては同じ組織が村民小組と呼ばれる。

解放前の蓬渓村 この地の解放は1949年3月であった。解放前は東渓郷と言った。正式には永嘉県楓林区東渓郷蓬渓村であった。なお、明代には蓬渓村は朋川村と書かれていたが、渓流二本が合流して美しい所なので、改めて蓬渓村としたという。

解放前の行政組織は保甲制であった。東渓郷は7つの保で構成され、蓬渓の東部と大山底は一つの保で、第六保であった。西半分は第七保であった。保には保長がおり、上からの命令を受けて行政を行っていたが、必ずしも地主がなるわけではなかった。また保には二人の人物が保を代表していた。それを郷鎮民代表と言い、金持ちではないが、有力者が継続的に就任していた。

保の内部は甲に区分されていた。甲は原則として10戸単位で、一甲、二甲、三甲と呼ばれていた。一つの甲に属する家は近隣であったが、なかには離れている場合もあった。一つの甲に一人の甲長がいた。甲長は各家から納めるべき税金を徴収し、また軍隊に入る壮丁を決めた。壮丁は、18歳以上の者で、一軒の家に兄弟が3人いれば一人、4人いれば二人選んで決めた。甲長は軍隊に行かなくてよかった。

蓬渓には5、6人の地主がいた。地主の名前は周仲波、謝布朝、謝春元、謝選聡、謝寿臣の5人の名前が記憶されている。いずれも巨大地主というわけではなく、多くても100畝程度であった。他村の地主が蓬渓内に土地を持っていなかったが、逆に村内の地主たちは村外にも土地を持っていた。蓬渓全体としては、小作よりも自作が多かった。小作人のことは佃戸といった。佃戸は地主に小作料を籾で納めていた。これを貢租と言い、土地の質によって異なるが、収量の四分の一程度であった。不作の年には現場に来て貰って作柄を見せて、小作料の減免をして貰った。地主の家には、長工という住み込みで働く奉公人がいた。また管家と呼ばれる住み込みの番頭がいて、佃戸から納入された貢租の管理をした。

解放後の行政的変遷　解放後の行政組織の変遷を概観しておこう。解放後最初に組織されたのは農会である。蓬渓農会という。53年に蓬渓村となり、55年に蓬渓初級社、56年高級社、そして58年から人民公社となった。

　人民公社の範囲は現在の東皐郷であり、名称は東皐人民公社であった。内部が八つの生産大隊に編成され、蓬渓は一つの大隊で、蓬渓大隊と呼ばれた。56年から61年までは集体大食堂の時期であった。蓬渓村に第一食堂、第二食堂、第三食堂の三つがあり、それぞれの居住地域の食堂で3食すべての食事をした。また田仕事の時は、食堂から弁当を作業現場まで届けた。食事を自分の家ですることは禁止だった。食堂には堂長、会計がおり、また調理をする人も皆から選ばれ、専従で調理をした。この食堂の3区分はほぼ61年以降の大隊の3区分に対応する。第一食堂は蓬一である。

　1961年に蓬渓は三つの大隊に編成替えされた。それが蓬一大隊、蓬二大隊、蓬三大隊で、現在の行政村の区分となっている。大隊には隊長と書記がいた。大隊の内部は二〇戸前後で区分された生産小隊があった。蓬一村の場合は8生産小隊に区分されていた。蓬三村の場合も8生産小隊に編成されていた。蓬二大隊は6小隊であった。小隊には小隊長がおり、生産の基本的な単位であった。耕地は小隊単位に区分されており、また食料も小隊内で解決した。ただし、食堂は廃され、食事はそれぞれ自分の家でするようになった。

　1979年に人民公社は廃止された。それからの数年間は従来の生産隊組織で共同生産を行っていた。1983年に生産請負制となり、耕地を分配したが、その分配方式は村毎に異なった。蓬一村では、年齢によって請け負う量を決めた。16歳以上60歳未満の村人は男女区別なく同じ労働力と判定した。これを義務工という。それを10点とし、それに対して1歳の子は1点、2歳は2点、3歳は3点と、4歳までは1歳につき1点として、5歳から7歳までは5点、8歳と9歳は6点、10歳と11歳が7点、12歳と13歳が8点、14歳と15歳が9点とした。また60歳以上も10点とした。この点数を家族毎に集計して、村の土地を分配した。1点は0.035畝であったという。分配した耕地については、その後の人口変動によっての大規模な調整は村単位で15年ごとに行うことになっている。また小規模な調整は生産組内で3年ごとに行う。婚入者や新しく生まれた子に対して追加支給が行われる。

山林も各人に分配したが、大部分は集体山として保留してある。蓬一村の場合は、550畝を分配した。残りは集体山である。分配した550畝のうち、50畝は自留山で、点数によって分け、残りの500畝は希望者が請け負った。集体山に村人が入って柴や小さい木枝を伐ってくるのはかまわないが、立木を伐採することは禁止されている。

老人協会 老人協会は1984年に結成された。そして86年に村で経費を出して建物を建設した。場所はかつての茂衆祠堂の所であった（P）。その後1992年に現在の場所へ移転してきた。老人協会への入会は、男性が60歳で、女性は55歳である。会員は370人。組織としては、会長1人、副会長2人、委員24人で構成される。委員24人は三つの村から平均して出るようにしているが、厳密ではないという。老年協会としては毎月1回の活動をしている。活動内容は衛生知識の普及、植樹、困窮家の援助などである。また9月9日の重陽節に、全村の老人300人余りが集まり、老人節の行事を行う。退職教師を講師に頼んで講演をしてもらう。

竜灯 1984年までは、竜灯が行われていた[①]。解放前は春節の元旦から13日まで毎日行う。13日には周辺の村からも竜灯が蓬渓村を訪れた。また15日には、蓬渓村の竜灯が他村を訪問した。遠くは楓林鎮や窓頭郷まで出かけたという。1950年以降は「破四旧」で簡単に済ませるようになり、改革開放で再び盛大にやるようになったが、1984年で中断し、現在はしていない。

竜灯はまず最初に大宗祠（老宗）、東宗（東房の祠堂）、西宗（西房の祠堂）、さらに下位の各房の祠堂を輩の順序で回り、それが終わると家々を訪れる。公明大小を判断して、すなわち特別な栄誉のある家を順次訪れ、それがすむと蓬渓村の全戸を家並みに訪問する。その順序は上から下へ、すなわち蓬一村から蓬三村へ道順に進むが、道に面した家では先ず左側の家を訪れ、次に右側の家に行く。

---

① 竜灯は竜頭、竜身、竜尾の三つの部分からできており、竜頭と竜尾は各一人、竜身は9人で担ぐ。従って全部で11人を要し、これを竜脚と呼ぶ。竜を中心に行列を組んで村内を巡るが、先頭には灯師、二番目に引導二人、次に竜本体、そしてその後に楽隊がつく。全体としては40人程度である。祠堂や家を訪れ、そこで舞う。各家では竜灯に祝儀の金を出す。米を出す家もあったという。

竜灯の参加者は男性であるが、特に年齢で決まっているわけではない。主として若者が参加し、竜身を担当する。竜頭と竜尾は熟達した人が担当する。竜灯の行事の担い手を竜衆あるいは大宗衆という。全体の責任者は頭家と呼ぶ。竜衆は普段は特別な活動もなく竜灯の際にのみ活動する。年末に集合して計画を立てて、準備をする。竜頭と竜尾は毎年制作し、竜灯が終わると燃やしてしまう。竜身は大宗祠に保管しておく。

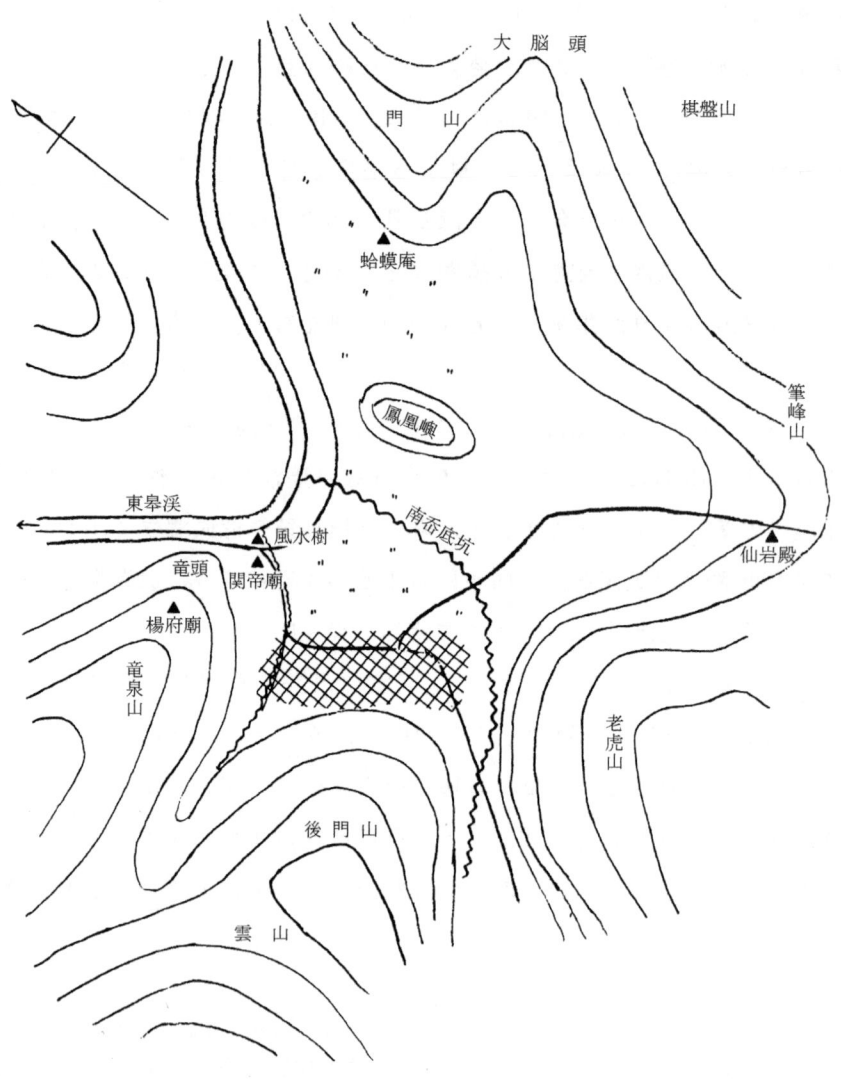

図表2　蓬渓周辺の地形概念図

立地と地形　蓬渓は集落形態としては家々が密集した集村である。東南から西北方向へと集落は展開し、基本的には東西に長い。南側に山を背負い、集落としても南側がやや高くなり、北側が低い。そして東西は山にさえぎられている。集落のすぐ南側の山を後門山という。また雲山ともいう。集落の北側は展望が開け、その北には楠渓江の支流である東皋渓（鶴盛渓）が流れている。東皋渓は東北方から蓬渓にぶつかるように流れてきて、蓬渓の前で大きく曲がって北西の方向に流れている。この東皋渓に沿うように鶴盛、西源から岩頭鎮に至る道路が走っている。この道が蓬渓の集落の前面で大きく曲がる地点が蓬渓の入り口である。道路と川の間には風水樹である大きな樟があり、夏には人々の格好の涼み場所となっている。そして風水樹の周囲には関帝（関公）廟〈B〉はじめいくつかの信仰施設が集まっている。最近信仰を集めているのは、関帝廟より外側で道路を挟んで川に面した洞窟に設けられた斉天大聖である〈D〉。これは孫悟空を祀っている。洞窟内部の正面に神像を安置し、装飾を施し、イルミネーションを灯している。もともとここに古くから祀られていたが、小さいものであった。村人の一人が出稼ぎに出発するときに、金が儲かるように守ってくれれば、戻ってから廟を大きくすると願をかけた。数年後に大儲けをして戻ってきたので、200万人民元をかけて約束通り、現在のように立派にしたものである。また関帝廟の横から竜泉山に登った地点に楊府廟がある（I）。

集落の東西を画するように小さな小川が流れている。東側の川はやや大きく、これを南呑底坑と言い、西側の小さい小川を西呑底坑という。そしてそれを超えた東西は山となる。集落を挟むように見える東西の山のうち、東側の山を虎山あるいは老虎山と呼び、それに対して西側の山を竜山あるいは竜泉山と呼ぶ。すなわち、蓬渓は竜虎に挟まれ守られた集落ということになる。西側の竜泉山はその端が東皋渓に接する。竜泉山の流れに接する地点を竜頭と言い、流れに向かって竜口があり、流れに竜珠と呼ばれる岩がある。

集落の北方の平地は水田として利用されている。その水田の中に孤立した小さい丘があり、これを鳳凰嶼という。かつては南呑底坑の流れが東皋渓に流入するのが困難で、鳳凰嶼の南側は湖のようになっていたという。そこから東に向かって谷が入り込み、奥には仙岩殿がある。さらに奥には筆峰尖と呼ばれる細く尖った山がある。また鳳凰嶼の北方の水田を越えた所は山地となっているが、ここ

を大脳頭という。大脳頭とその横の棋盤山を含めて門山という。すなわち、集落から見て北方の山が門山で、南側が後門山と呼び、自分たちの生活空間の前後を表現している。門山の麓には陳十四夫人をまつる蛤蟆庵がある。

写真1　蓬渓遠望（仙岩殿より撮影）

集落形態と構成　集落内の北端部を東西方向に中心道路が一本走っている。舗装されており、道路の西半分は現在では自動車が入れるように拡幅されているが、これは近年のことである。この中心道路のことを大街というが、また新街ともいい、相対的な位置関係で東新街、中新街、西新街という。蓬三村の範域に入る西新街は近年両側にコンクリート造りの3階建ての建物が建てられ、町のような景観を形成しつつあるが、この部分は一段と低くなった水田のなかに細い道があっただけであり、集落のはずれであった。新街の西は末端で大きく北へ曲がって集落の外に出る。そのぶつかる地点には三官亭があり、また脇に泰山石敢当が設定されている〈E〉。これは道路の正面に当たる所に西宗祠堂があるので、それを守るために設けられているのだという。三官亭は現在は立派になっているが、これは道路の改修に伴って改築されたためである。

　新街は集落の北端をほぼ東西に走っており、そこから適当な間隔を置いて南へ向かって道が入っている。それらは必ずしも直線ではなく、家々の間を縫うように走っている。集落の南側にも東西に道が走っているが、新街ほど東西を貫いていない。新街から南へ入っている道路にははっきりと名前があるわけではない。そのなかで蓬二村のやや東よりに南へはいる幅の広い道がある。これを普街という。

中国浙南民俗文化

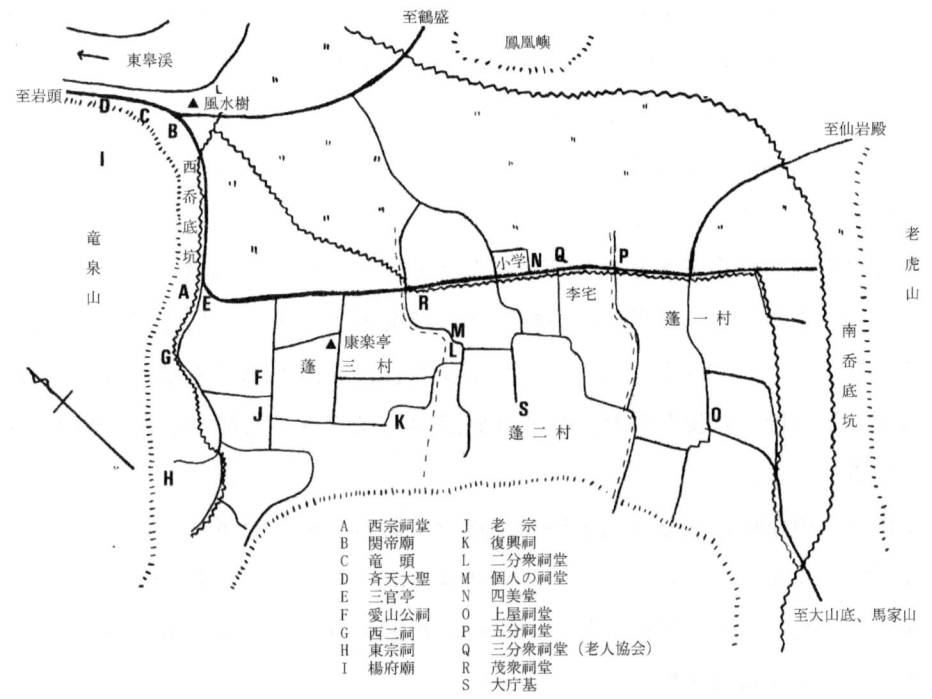

図表3　蓬渓の集落概念図

写真2　蓬渓の集落（竜泉山より撮影）

　各家は周囲を家の壁もしくは石垣で囲み、内部が見えない。道路からは一つの門や入り口があるのみで、全体としては閉鎖的な印象を与える。家と家の間は空間がなく、石垣で接することで並んでいる。集村というべき形態である。日本語でいう屋敷に相当する空間が明確に存在する。しかしこれが1戸の家を

意味しない。周囲を壁や石垣で囲まれた内部に大きな家屋が建っているが、それは1戸の家ではない。10戸前後の家がそこにある。

　蓬渓には多くの祠堂がある。それらは各所に散在しているが、老宗はじめ上位の祠堂は集落の西端部に建てられている。他の祠堂は集落の中央部の新街に面して、あるいは近くに存在した。

　集落の東部に大庁基と呼ばれる広場がある。ここは古くは老宗があった所だという。そこから現在の場所に移転したのであるが、その移転時期は古いことではっきりしない。跡地は大庁基として残され、以前は舞台も設けられ、劇の上演その他の催しに使われた。今では周辺の住民のみが共同の広場として利用している。

　現在晋街の東側になる李宅と呼ばれる所がある。現在の蓬渓の集落がある所に昔謝姓は住んでいなかった。もっと山の方に住んでいた。李宅には李姓の人が住んでいた。李氏は後に芙蓉村へ移住したという。その後に謝氏が移り住んできて今の蓬渓になったという。

2. 宗族と祠堂

　謝姓　謝姓は蓬渓村の周辺十数か村に広がっているが、これらはすべて先祖が同じである。先祖は湖南省に住んでいたという。そこから浙江省に移住した。自分たちの先祖を謝霊運としている[①]。その子孫が黄岩路橋（黄岩市路橋鎮）に来た。そして六百年前に蓬渓に移住してきたという。崇八祖という敬称を持つ謝棋がこの村へ来た最初の人物という（ただし、族譜の記述によれば、崇八祖は37世であり、謝棋は39世となっている）。謝棋に男子が二人いた。それが分かれて東房と西房となった。東房と西房はさらにそれぞれが分かれていくつもの下位の房を形成したと伝承している。しかし、現在の房が大きく東房か西房のどちらになるかは知っていても、東房、西房の出発からの分節過程及び各房の相互の位置関係について明確に伝承として語れる人物はいないといってよい。族譜、房譜が残されているが、そこに記載された名前からそれがどこ

---

　① 謝霊運は南朝宋の詩人で、河南省出身。西暦385年〜433年。康楽公と呼ばれた。一時浙江省永嘉太守に左遷された。興膳宏「謝霊運」（『世界大百科事典』第6巻）参照。

中国浙南民俗文化

の房の先祖かを比定できる人もいない。現在の蓬渓では、東房の方が西房よりも人数が多いという。

族譜 謝姓の族譜は同光9年（1825）『蓬川謝氏宗譜』の巻頭の記載によれば、延祐6年（1319）、嘉靖34年（1555）、万暦40年（1612）、雍正10年（1732）、そして嘉慶8年（1803）に編さんされている。それ以降今までに何回も編さんされたが、現在確認できる古い族譜は嘉慶8年の宗譜であり、揃って残されているのは道光9年（1825）『蓬川謝氏宗譜』、民国16年（1927）『重修蓬渓謝氏宗譜』である①。その記載によれば37世の崇八から諱と字が記され、存在の確実性が増している。そして39世の棋の記事として「字景山惟羨蓬川山水秀麗土物肥美暨男自社呑而遷蓬川以開百世之始」と記されている。棋から数代後からの各代の人間は詳細に記されているが、それらと現在の房との関係を明確に判断できる人はほとんどいない。

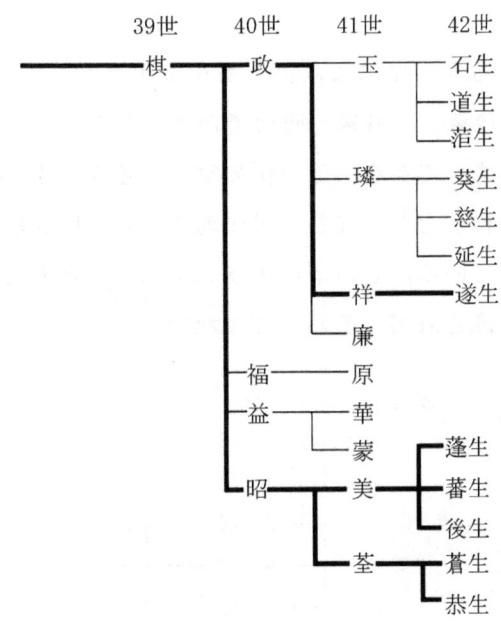

図表4　宗譜記載の先祖
（注）太線が蓬渓居住の謝氏の系譜

---

①　今回の調査で閲覧できた1987年編さんの房譜の記載によれば、1987年編さんの宗譜もあるというが、未見である。

宗譜が記載する39世からの数世代の人名は以下のようになっている。これで分かるように、各世代の輩字が明確に記載されるようになるのは42世からである。この辺りから宗族としての編成が進んだことを示唆している。

宗譜とは別に何種類かの房譜が編さんされてきた。すでに民国時代に作成されていた。東房と西房それぞれを単位に作成されているが、その記載は比較的簡単で、名前によって系譜関係が記されているのみである。それによれば、東房に属する各房はすべて遂生を先祖としている。それに対して、西房に属する各房の先祖は蓬生、蕃生、蒼生、恭生、後生そして浦生、落生などとしている。これによれば、東房の始まりは遂生そしてその親の祥ということになり、西房の最初は昭ということになる。祥の父親が政であり、西房の昭と兄弟となる。従って、東房と西房の共通の先祖は棋となる。棋の子供の政と昭がそれぞれ東宗、西宗と族譜でも記されている。なお、族譜は東宗の政の没年を元の至正20年（1360）としている。

東房　東房に属する人の話によれば、現在東房は4つの房に分かれている。すなわち、上屋房、茂衆、三分衆、四房である。このうち、四房は潘坑に祠堂があり、蓬溪にもわずかであるがその房の家はあるが、中心は潘坑にある。残りの三つの房は蓬溪に主として住む。居住地域としては蓬溪の西部になる蓬一村、蓬二村に集中している。その下位の房は図表5の通りである。しかし、明確に多くの人々に認識されているわけではない。

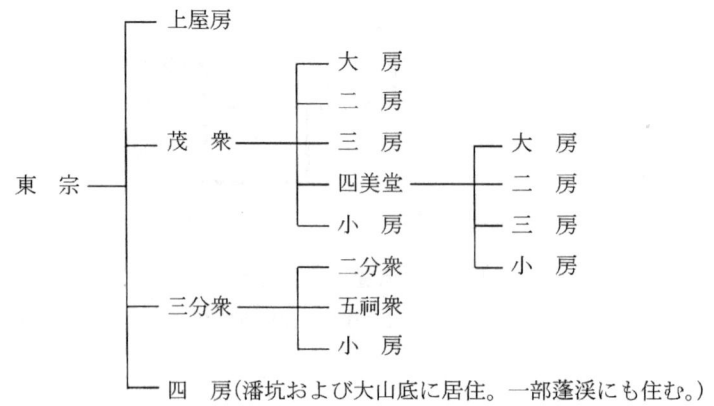

図表5　東房の分節関係（1）

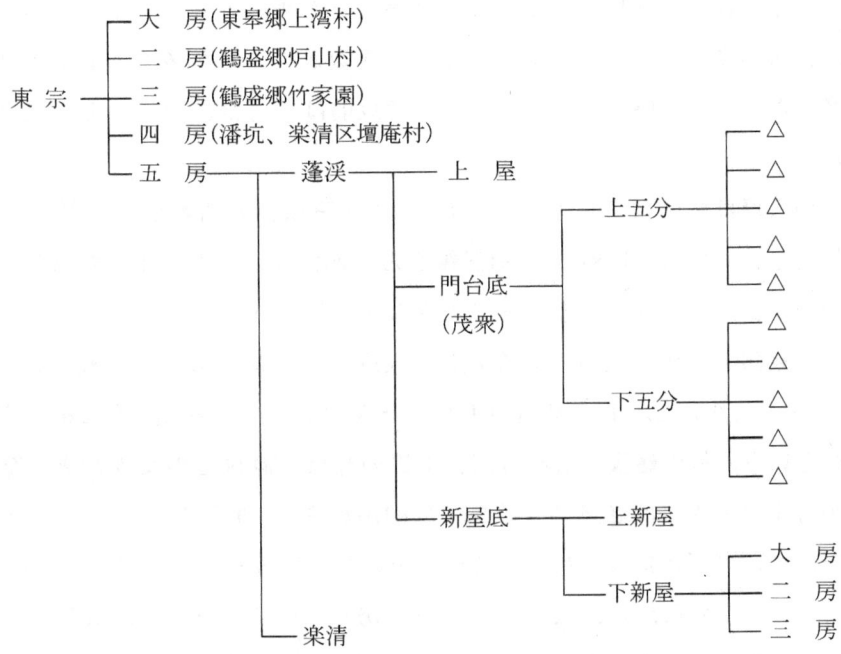

図表6　東房の分節関係（2）

　東房に属する別の人は図表6のように各房の関係を考えている。

西房　西房は、西房に属する人の伝承によれば、東房と分立して成立したが、最初二つであったという。その一つは蓬渓から外に出て、西二と呼ばれる房のみが残り、そこを起点にしていくつかの房が分節して成立した。その相互の関係を示すと以下のようになる。なお、傾向としては、西房は蓬渓の西部に居住しており、蓬一村を中心としているが、その宗祠は集落の西端にある。

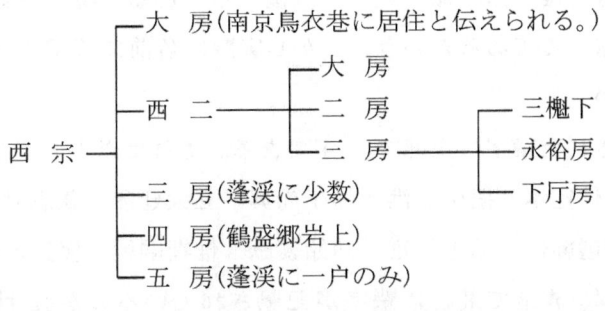

図表7　西房の分節関係

このように蓬渓に居住する西房は、ほとんどが西二の人々である。西二のなかでは三房が多く、そのなかでは三橛下の人数がもっとも多く、永裕房はそれほど多くない。下庁房は少ないという。解放前は三房全員のことを福衆と呼んでいた。

西宗の大房は南京に移住し、そこには1000戸以上の謝姓がいて繁栄していると伝えられている。1987年の房譜編さんにあたり、その存在を確認しに南京に赴いたが、一族の者に会うことはできなかったという。

首事・衆頭 各房の能力のある人が一人選ばれて首事あるいは衆頭となる。全部で30人余りいた。その衆頭の中から一人代表が決まった。それを老宗頭・老衆頭という。村の建設、道路普請、水田の補修、他村との交渉など、そのほか何か行事のときには老衆頭と首事・衆頭が集まって協議した。

西房のなかの福衆には5人の福衆首事がいた。福衆を構成する各房から出たが、大きい二つの房から二人、小さい下庁房から一人であった。彼等は輩が高い人物や年齢が上の者がなるのではなく、事務能力のある人物がなった。福衆首事は三房の衆家財産を管理運営した。

嚢家 各房毎に房の会合の会場となる家が決まっていた。そこを嚢家といった。豊かで人格のある人がなった。嚢家では房の祭祀に用いる道具類も預かっていた。何か相談事があると、首事たちは嚢家に集まった。

房長 各房に一人いた。房の中で輩位が最上位で、年齢も上の人がなっていた。解放後はいない。

輩字 人々の記憶に頼って明らかになる輩字は、立→大→廷→恭→欽→師→忠→国→用→選→純→修→品→重→学→優→富である。現在生存している人の輩字は国から重までであるという。しかし実際に名前に輩字を用いている人はほとんどいない。

族譜に記載された輩字は全部で40字である。それは以下の通りである。

　　　　道伯定本　振生志洪　怡于尚興　立大廷恭　欽思君国
　　　　　用選純修　品重学富　乃飴嘉猷　惟期嗣続　賢達為儔

これによれば、族譜で最初に輩字が記載されているのが42世の生であるから、40文字の先頭の道は蓬川謝氏の出発を作った37世崇八祖の代となる。輩字が謝氏の定住伝承に対応して作成制定されたことを窺わせる。

祠堂 13の祠堂があったが、現在建物が残っているのは10カ所である。自分の属する房の祠堂には、死者の牌位と香炉を一人に一つずつ安置する。安置された牌位は永久に保存された。現在、祠堂としての機能がある程度あるのは老宗祠堂、東宗祠堂、西宗祠堂の三つである。

老宗祠堂は謝姓の人々の総祠堂である。先祖の謝霊運に因んで康楽公祠ともいう。蓬渓の謝姓に加えて、大山底、鶴盛郷の岩上村の謝姓もここの祠堂に属す。集落の西部の新街から南に200メートルほど入った所にある（J）。現在もその姿を立派に示しており、各種の集会や集まりに用いられ、また日常的にも人々の集う所となっている。しかし、先祖を祀るという機能は全くなく、祭祀施設としての設備は完全に除去されている。

東房の祠堂は東宗祠堂、西房の祠堂は西宗祠堂という。いずれも集落の西端に位置している。東宗祠は西呑底坑を南に上った所にあり、その建物は健在であり、機能を果たしている（H）。正面の神厨には牌位と香炉が並べられている。普段は鍵がかけられ、出入りはできない。西房の祠堂である西宗祠堂は新街が集落の西端にぶつかった地点の正面にあり（A）、建物としてはやや朽ちているが、これまた機能を果たしている。ここには多くの牌位と香炉が壇上に安置され、また各家の準備した棺が置かれているが、これは西房に属する人のものである。西房の人であれば自由に利用できる。

東房、西房の下の各房は、祠堂がある房もあるし、ない房もある。西房西二には祠堂があった。やはり集落の西端の山裾で、西宗祠堂のすぐ南側になる場所である（G）。10年ほど前に火災で焼失し、現在は門だけが残されている。西二の三房にも祠堂があった。名前を愛山公祠といった。老宗より一段低くなった少し北側にあり（F）、現在も建物は残されているが、祠堂としての機能はない。現在は蓬三村の調解委員会および治保委員会の事務所になっている。

東房のなかの上屋には上屋祠堂（O）、茂衆には茂衆祠堂（R）が存在した。現在も建物は残っているが、祠堂とは考えられていない。茂衆の下の四美堂という房はその祀る祠堂の名称から来たものである。四美堂と呼ぶ祠堂（N）は、現在は小学校の一部になっている。建物は残されているが、内部には祠堂としての施設はなく、牌位も香炉も安置されていない。昔からの牌位や香炉は東宗祠堂に移したという。現在では新たに亡くなった人の牌位も東宗祠堂に安

置する。その管理は老年協会が行っている。新屋底の祠堂は五分祠堂というが、新街の東部にあった（P）。今は住宅となり、祠堂の様相はない。

　東房の新屋底の下新屋の祠堂である三分衆祠堂（Q）は、先祖の墓のある場所の名前から燕巣祠堂とも呼ぶ。三分衆は主として蓬二村に居住する。三分衆祠堂は1992年までは祠堂として利用されていたが、現在は祠堂はない。やはりここにあった牌位は東宗に移された。92年にはここに老人協会が移ってきた。下新屋の下の三つの房のうち二房と三房で祀っていたのが二分衆祠堂である（L）。

　以上のように、全体として西側に集落の重要な施設は集まっている。殊に祠堂は祭祀範囲がより大きい上位の祠堂が集落の西部に集中していることが注目される。竜泉山の麓で西呑底坑の流れの近くに分布していることになる。竜泉山に守られた風水の良い場所に祠堂を設定していることは明らかである。しかしこれは当初からのものではなく、宗族の発展過程、言い換えれば集落の拡大過程に採用された新しい配置と考えられる。なぜなら、東房はやはり名称が示すとおり、現在も蓬一村、蓬二村の範域に多く住んでおり、西房とは東西の住み分けをして房を発展させてきたことを示している。東房の居住地域は集落の東部で、その祠堂のみが集落の西端にあるのは不思議である。このことに関連して注目されるのが大庁基（S）の存在である。蓬二村の中央部にある大庁基は謝氏全体の祠堂である老宗祠堂があった場所とされ、今も公共空間として利用されている。それが蓬渓の集落の中央部に所在することは、かつては集落の中心がこの辺りにあったことを示している。謝氏以前の住民である李氏が居住したとされる李宅も近い。かつては蓬渓の中心は現在の集落の中部から東部にかけてであったのが、次第に西方に発展し、東房、西房の祠堂も西端に設置され、中心も西に移動したものと考えられよう。

　牌位と香炉　人が亡くなると、その人物の牌位と香炉が作られ安置される[①]。香炉には故人の名前、生年月日、命日が書かれる。牌位は作らず、香炉だけ安置する場合もある。牌位と香炉は各自自分の家の2階の中堂か1階の後

---

　① 埋葬に際して牌位は持参され、埋葬後魂亭という紙で造った家に納めて持って帰り、安置する。その後魂亭は燃してしまう。

堂に置くことを原則とする。大きなゆとりのある家では、中堂に永久に安置するが、狭い家では、祠堂へ移す。移すのは原則として冬至である。具体的な日取りは風水先生に見てもらって決める。牌位、香炉は男子によって引き継がれていく。原則として長男が引き継ぐ。長男が他出していない場合は、次男が引き継ぐ。冬至、清明、七月半に兄弟が集まって相談して決める。現在、東房の人々は東宗祠堂に、西房の人々は西宗祠堂に安置される①。

経験したり、見たことがある人はいないが、昔は父親が死ぬと、棺に納めた遺体は中堂に安置したという。そして息子が死ぬと、父親の棺を後堂に移し、息子の棺を中堂に置く。孫が死去すると、孫を中堂に安置し、父親が後堂に移される。そしてそれまで後堂に安置されていた祖父は山中の墓に納められたという。

五祭 各人は自分の属する房の祠堂に五祭のときにそろって参った。上の祠堂である東宗祠堂・西宗祠堂および老宗祠堂には房の代表者が参った。五祭は①春分、②秋分、③夏至、④冬至、⑤清明の五つである。

祭太公 先祖祭祀の行事は、五祭のみではない。以下のように多くの機会がある。

①正月　元旦に図容といって、太公の肖像画（容図）を家の中堂もしくは祠堂に飾る。そして13日に完容といいその絵を仕舞う。容図は宣紙に肖像を描いて表装したものである。初代の先祖夫婦が描かれているのが多いが、場合によっては5代の間の夫婦が描かれている。

②春分　この日を鬼節という。

③清明　寒食節という。墓に参り、墓の修繕や周囲の雑草刈りをして、それからお参りする。墓には赤、緑、黄色の寿銭を飾る。これが墓にあれば、墓参が済んだことを表す。また綿菜を小麦粉に混ぜて種々の形の菓子を作って墓参に持参して墓前に供える。この菓子のことを綿菜餅と言う。かつて、金持ちはこれを大量に作って墓に持参したので、子供達が墓参についていってこれを貰った。現在墓参は清明節当日に限らない。休日に参る。

---

①　祠堂の正面の祭壇は神厨と呼ばれ、5つに区切られている。中央の三つは東宗の太公を祀り、右端の壇には用より上の輩の先祖を祀っている。左端は選より下の輩の人を祀る。したがって、現在の新しい死者の牌位などはここに安置される。

④端午節

⑤七月半　7月15日　鬼節であり、先祖はついでに祀るという。紙銭を先祖の墓の前や路上で燃す。60歳以上で死去したものは閻魔王に受け入れられるが、60歳未満で亡くなった者は地穴へ行く。60歳未満で亡くなった中年の者や子供の死者は鬼になると言う。

⑥秋分

⑦重陽　9月9日。かつて先祖の像の前に供物を供えたが、今は老人協会の活動日となっている。

⑧冬至　夜、先祖を祀る。自分の家で牌位の前に供物を供える。家に牌位がない場合には、祠堂に行き、自分の先祖の牌位に供物を供える。

⑨三〇日夜　12月30日

今日では揃って太公を祀ることはない。各自が銘々個別的に祭日に祠堂を訪れるだけである。正月の図容、完容は行われていない。

祠堂の財産　解放前、各祠堂には財産があった。特に水田を持っていて、それを小作に出していた。得た小作料収入は、祠堂の補修、道路の建設などの公益事業、そして上級学校進学者への奨学金、また火事で家を焼失した場合に、その家への援助などとして使用していた。上級学校進学者へは議学田と言って、一定面積の水田を与えたという。

老宗祠堂には解放前財産があった。衆田と呼ぶ水田が30畝余りであった。小作に出していた。衆田を管理し、また得た小作料を管理する役目の人物がいた。その人物を房頭といい、輩には関係なく、筆算などの能力があり、信頼できる人がなっていた。衆田の収益は道路の補修、橋を架けるなどの事業に用い、また、学校を卒業すると、祝い金を贈った。

四美堂の財産は、水田が60畝あった。やはり小作に出していた。小作は房外の人で、多くは村外であった。四美堂には恭の輩字から下の世代の人が祀られている。

新房譜の作成と現代　1987年に新たに宗譜と房譜が作成された。解放後初めての編さんであった。例として西房の房譜に記載された内容から、それまでの族譜との相違を見ておきたい。それまでの族譜と基本的な構成要素と同一である。最初にそれまでに編さんされた宗譜の序文を置き、次いで先祖の12世謝

霊運の記事を宋書から引いて「康楽公伝」として記載する。その次には「謝文錦公行略」を置く。この人物は、記事によれば、1894年生まれで、1921年に中国共産党に入党し、1927年に34歳で国民党に捕まり死刑となった革命烈士である。以下革命烈士を列記している。謝霊運を除外することができないと判断したのであろうが、それまでの宗譜に記載されていた列伝をすべて消して、革命烈士の列伝に置き換えられているところが解放後の族譜と言えよう。

　その後に「共和丙寅年続修宗譜首事名録」を掲載している。そこには、3人の村書記を筆頭に、村幹部8人、加えて潘坑2人、老協会11人を最初に掲げ、総理、会計、総務、刊印、編修、調解組、法律顧問、編集顧問の名前を記している。村の党書記、村民委員会の幹部が揃って登場している。村幹部には周姓の者一人も名前を連ねている。そして全部で12項の「蓬渓謝氏宗譜凡例」を掲げている。抄出すれば以下の通りである。

- 一　通過編修宗譜在党的領導下互相団結友愛共同提高為建設繁栄富強的社会主義祖国而奮闘
- 二　解放前後社会制度不同政治法律各異目前続修宗譜応照現行国法弁理凡是有財産継承関係者均照中華人民共和国憲法継承法婚姻法等弁理
- 三　不論血統或非血統継承均由其家長或親属依法協商決定載入譜牒
- 四　男女平等在一定法律範囲内均継承権其生配卒塋居住学歴等均須載入如不願続修者可聴其便
- 五　婚姻法中規定五服以内不得結婚此与優生有関理応執行如有表兄弟姉妹結婚所生之子女暫依旧俗登記
- 十　宗譜編委会由各房推選代表若干人組成編委会設正幹事一人副幹事二人下分総務、編修調解三組毎組設正副組長各一人組員若干人
- 十二　編修完成後公推妥当人保管宗譜非経三村幹部及老協会負責人同意不得開閲同意開閲後潛重新保存好毎年夏季曝晒一次不得損壊或塗敗違者常衆批評或処罰管理人有特殊情況或不負責者経公議後別選別人保管之

いかにも現代の社会状況に適応させた凡例と言えよう。

　本文は謝氏源流として第1世から始めて39世までを比較的簡単に記し、40

世の永二のところで東宗と肩書きをつけ、永十一に同様に西宗と記している。永二は他の宗譜によれば政にあたり、永十一は昭になる。次に永十一の二人の男子とその子孫を45世の怡の代までの系譜として記載している。それが終わると、そこから56世まで飛んで、国の輩から記載が始まり、そこからは連続して現代に及ぶ。したがって、東房と西房が分立しての数世代の間に形成されたと考えられる各房と現在の人々の関係は結びついていない。記載の大部分は國から始まる人々の系譜関係となっている。これは現在生存している最上位の輩が国であるから、いわば過去との関連を断ち切った、現代の西房の人々の名簿という性格が強いといえる。

周姓　蓬渓は謝姓の単姓村落と言ってよいが、ごく少数周姓の人々が住んでいる。蓬渓には約30戸であるが、自分たちの祠堂を持っている。蓬渓周祠とも復興祠とも言い、近年立派にした。周姓の人々の中心は菰渓であり、そこには宗祠堂があるという。

親眷　親戚のことを親眷という。兄弟姉妹、父の兄弟姉妹、母の兄弟、それから妻の両親である。そのなかで、最も重要な親眷は母の兄弟で、舅々という。次が妻の両親で、三番目が父の兄弟姉妹、そして四番目が自分の兄弟姉妹である。この区別は息子の結婚の時に明白に示される。母親の兄弟が来なければ結婚式は始まらない。一番上席に座るのは、母の兄弟の中でも一番上の伯父である。また分家の時にも母方の伯叔父が立ち会う。伯叔父全員が立ち会うのが原則である。

拝年飲酒　正月の1ヶ月間村の中で相互に招きあいご馳走をする。招くのは親戚で、特に母親の出た家は必ず訪れる。また親しい友人の間でも行き来する。同姓の家々も互いに行き来する。訪問に際しては、粗末な紙や干し柿を赤紙に包んで手土産に持参した。今では菓子や酒を買って持参する。

3. 家族と分家

　家族と家屋　住居は壁や塀で囲まれ、外に向かっての出入り口は一つで、全体として囲い込まれている。この日本語で屋敷とも言うべき空間が1戸の家とか一つの家族あるいは一つの世帯の居住範囲とすることはできない。囲まれた空間に住むことのできる建物は一つであるが、生活単位としての家がいくつもある。

中国浙南民俗文化

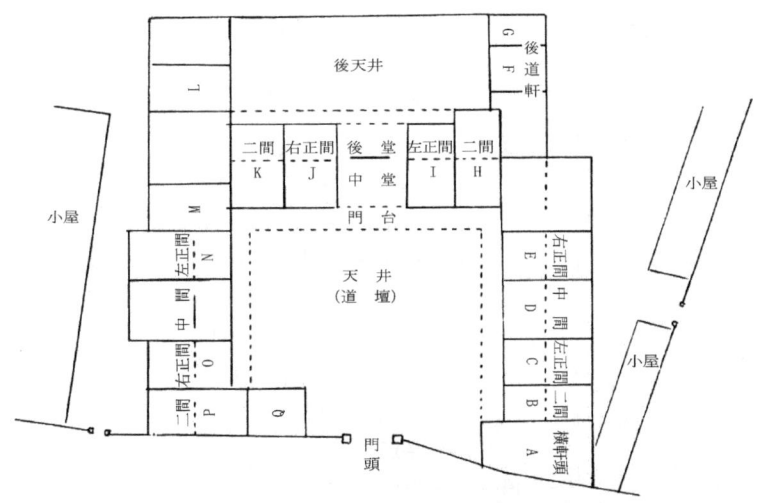

図表 8　住居の構成と居住者

　例を蓬三村のある一つの民家に求めて現状を見ておこう（図表8）。塀で囲まれた中にコの字型の大きな建物があり、そこに14の家族が住んでいることになっている。しかしなかには一家挙げて村を離れていて、無人状態の所もある。世帯としてみれば、員数はもっとも多くても3人で、それが夫婦とその子供で構成される3世帯である。夫婦の

写真 3　住宅の外観

みの2人世帯が4、片親と子供の2人世帯が1、単身世帯が1、全員不在が5である。ここで暮らしている9世帯はほとんど老人夫婦のみである。いずれも温州その他の都市部へ息子たちが出稼ぎあるいは就職で出ているためと説明している[①]。

---

　① 世帯員数が少なく、夫婦に限定されているのは、近年の都市部への人口流出のみに理由があるのではなく、もともとこの地方では親子が息子の結婚後は一緒に暮らさず、夫婦単位で世帯を形成する傾向があることを示唆している。永嘉県の北の寧波地区の奉化市渓口鎮畸山では老人夫婦は息子たちと一緒には暮らさないのがこの地の習慣であると表明しており（福田前掲「家族・親族の現代」）、また象山県暁塘郷暁一村でも老人たちは子供たちと一緒に暮らすことを望まないという（王濾寧『当代中国村落家族文化』1991年、359頁）。

中日联合江南地区民俗调查报告辑

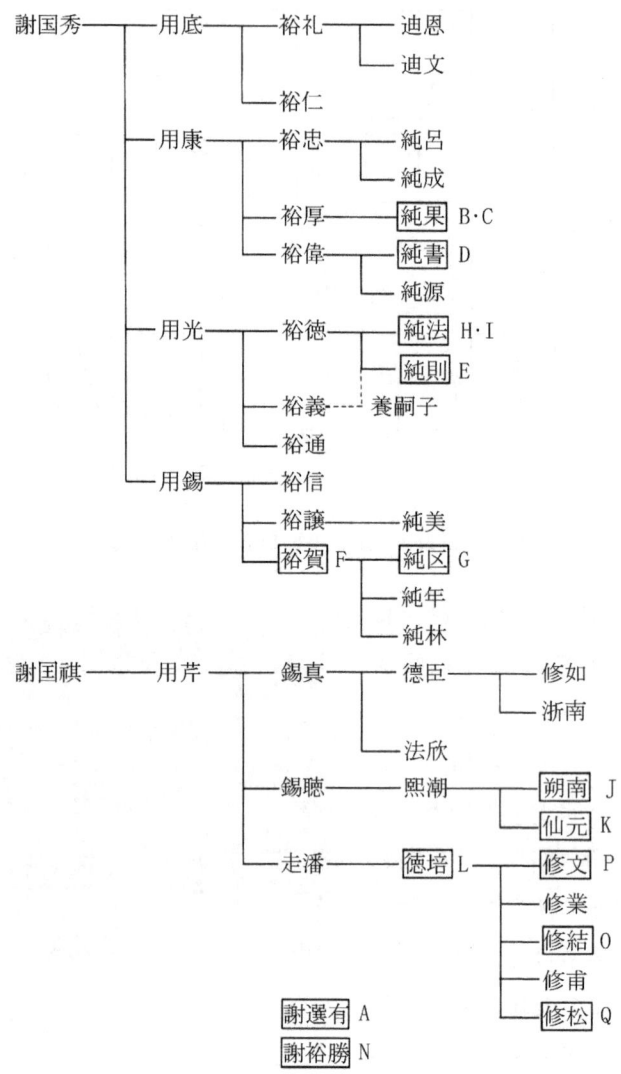

図表9　居住者の系譜関係

（注）　A～Qは図表8の居住部分を示す

　14の家族はこの数世代の間に互いに分家を繰り返してきた子孫の関係を基本としている。2戸はそれぞれ系譜を異にするが、残りの12戸は大きく二つの系統に分かれる。建物の西側のBからIまでの部分に居住する系統と建物の東側のJからQまでに居住する系統である。前者は謝国秀を共通の先祖とする人々である。後者は謝国祺・用芹を先祖とする系統である。人々の系譜関係によって住居がどのように分割され、相続されてきたかが推測できる。親の居住空間を息

子たちが均等に分割してきた様相が反映している。しかし、出発となった国秀と国祺の関係は現在の居住者から明確に聞くことができないし、房譜も国の輩字から記載を再開していて、その前の関係を記していないので関係を確認することができない。またAの謝選有とNの謝裕勝がどのような関係になるのかも明らかでない。

門を構え周囲を塀で囲んだ単位は無意味な存在ではない。建物正面の中堂を共用し、日常的にあらゆることで行き来して協力している。しかし、また自分たちの生活空間としての独立性は間を単位にした家の居住空間にあると思われる。それを示しているのが、各間の出入り口に書かれた「泰山在此」という文言や呪符である。各間、すなわち各家毎に魔よけをし、危険な存在の侵入を防ごうとしている。門にはそのような装置は設定されていない。

分家と親の扶養 男子は親の財産を等分して互いに独立の所帯を構える。これを分家という。分家するのは原則として末子まで含めて息子全員が結婚したときである。財産分割は生前に行う。居住してきた部屋を貰うか、それと同額の現金を貰う。部屋は一般に息子の内で一番貧しいものが受け取る。

分家後の親の扶養は息子達が平等に負担する。しかし息子の中で豊かなものがあれば多く負担する。親夫婦は息子の誰かの所で暮らすが、一人の息子の家に固定するのではなく、息子達の家を順番に移るということも多いという。

子供が女子ばかりで、男子がいない場合の対応策として招女婿と五保戸がある。

招女婿は婿を取ることである。この場合他姓の者であってもかまわない。その娘夫婦が親を扶養する。婿は姓を変更しない。生まれた子供は母親の姓になる。婿は息子と同じ扱いで、祠堂に牌位も安置される。

五保戸は郷政府から指定して貰い、生活用品、食料、現金などを支給される。五保戸の者が亡くなると、その家の財産は村のものになる。それを売却して、個人の墓を造る経費とする。

通婚 解放前は謝姓内では通婚できず、通婚は全くなかった。解放後は同姓内の通婚もある。ただし、5代以内の関係者は許されない。母方も同様に5代以内の通婚はできない。蓬渓への婚入者は周辺の村が多い。東皋郷塡垟村や東皋村の周姓が目立つ。最近は他省の人も少なくない。出稼ぎに行ってそこで結婚相手を見つける人も多く、その結果故郷へ帰ってこない人もいる。

女性の婚出も婚入と同様に、填垟村や東皋村が多い。80年代以降自由恋愛による結婚が基本となっている。それ以前は、仲介人である媒婆による紹介で相手を決めることが多かった。話がまとまると男性側から豚肉、鶏肉などが贈られ、また赤紙に包まれた現金（紅包）を贈る。これをする人は職業に近かった。一般には女性であるが、少数であるが男性の媒公もいた。

おわりに

　蓬渓における生活空間は、その集落としての配置に計画的なものが見受けられる。謝姓の人々がここに定住した際に地形を観察し、永住するに相応しい場所と考え、一定の原則で集落を形成し、生活に必要な事物、施設を配置した。集落設定は東西を竜虎に守られた平地にあり、南北にも守りの山（門山・後門山）が配置されている。さらに視野の開けた北方には大きな川が流れている。そのうえ集落への出入り口には関帝廟、楊府廟が設けられている。いずれも男性神であり、集落の東方にある仙岩殿や蛤蟆庵（陳十四夫人廟）が女性神であることと対照的である。また河畔には風水樹が植えられている。風水に基づき、安定した集落を意図的に作り出したのである。

　ほぼ謝姓のみが居住する単姓村落として発達してきた蓬渓は、分節化した房を単位に生活組織を作ってきた。世代交代が進む中で分節を繰り返し、多くの房を形成し、その房ごとに祠堂を持ち、人々は上下いくつもの房の祠堂で先祖祭祀を重層的に行ってきた。李宅や大庁基の場所に示されるように、当初は集落の中央部から東部にかけて中心があったが、その後次第に西に向かって発展し、老宗祠堂も西に移転し、東房、西房の祠堂も集落西端の山麓部に設けられ、集落の西部に傾斜した配置となった。

　解放前には年間通して数多くの先祖祭祀の祭りがあり、祠堂でその祭祀が行われていた。そして各人は死後一定の経過で牌位・香炉に象徴されて、祠堂に祀られた。牌位安置の場としての祠堂は房に属する人々にとって死後の安定を得る場という重要な意味を持ったものと考えられる。解放後、祠堂は基本的にその機能を喪失したし、基盤となっていた財産もなくなった。しかし、牌位祭祀の場としての祠堂の機能は完全には消えなかった。改革開放の過程で、牌位祭祀の場として東宗・西宗の祠堂は復活し、そこに人々の牌位・香炉は集中的に安置されることとなった。謝氏全体の老宗祠堂は人々の集う各種の会場とな

り、一定の意味を持っている。

　宗族としての先祖祭祀はほとんど行われなくなった現在、宗族は日常的な機能はないと言っても良いであろう。しかし、1980年代に入っての宗譜、房譜の編さんに示されるように、宗族は無意味な存在にはなっていない。ただその意味は、遠い先祖からの系譜として自分たちを位置づけるような記載はなく、むしろ現在蓬渓に暮らす人々の相互関係としてのまとまりに房の意義を見出していると言える。牌位と香炉を安置する場としての二つの祠堂は重要であり、それの維持管理には努力しているが、宗族全体も、東房・西房の2区分もさほど重要な存在ではない。族譜の記載によって自分たちがどちらの房に属しているかを確認できれば良いのである。記載の範囲は生存者の世代に絞られている。いわば末端の房の会員名簿という性格を持っている。

　新しく整備された道路が新街として走り、蓬三村に入る部分の両側にはコンクリート製の新しい家が並びつつある。公共空間としての老宗、牌位安置の場としての東宗祠堂・西宗祠堂が集落西部に位置することもあって、蓬渓全体のバランスは大きく崩れ、蓬渓の中心はますます集落の西部に傾斜してきていると言えよう。

　全体を塀や石垣で囲まれた中に大きな家屋が建てられている。その内部には同じ房の先祖を共通にする人々が居住し、日常的な協力関係を形成している。その人々は親から住居をはじめとする財産を均等分割して分立してきたものである。しかし、全体としての共同性よりも、間を拠点とする各家族が重要な単位となっていることが信仰装置によって示されている。全体として小家族中心の生活互助組織として家々の関係は存在しており、先祖を共通にする子孫が宗族として結集するという側面は弱い。

摘要

生活空间结构与村落组织

福田亚细男

我认为一个地域的外部布局直接反映着该地域的社会内部结构。通过本次调查，力求阐述这样一个观点，村落的外观以及构成村落的房屋布局构造如何反映一个地域的社会组织。以下是作为实证之一的有关永嘉县蓬溪的调查报告。

蓬溪村的村落布局规划性强，早在祖先定居蓬溪村之初，人们勘察地形，根据一定的原则在适当的地点，建设生活所需设施。从一个以谢姓为主的单姓村发展起来的蓬溪村，不断裂变分化，形成了众多以"房"为单位的生活组织。随着世代的传宗接代，不断裂变出的每一个"房"各自拥有祭祀祖先的祠堂，人们在属于同支而上下不同位的"房"祠堂内重复进行祭祖活动。最初位于中部与东部之间的村落中心，渐渐西移，与此同时，村落内部布局以及各种设施也表现出向西部发展的趋势。

民居大多高高坐落在围墙内，人们集聚而居，共同拥有这一"房"的祖先，并各自以"间"为生活空间单位，相互形成了一种日常生活的协助关系。累世同居共财合食的"宗族""房"大家庭组织性质相对弱小，相反地，像这样以"房"为单位集聚而居的大家庭，在男子平均继承房屋、家产之后，"房"家族内部不断裂变出众多个以"间"为居住空间单位的个体家庭，这些个体家庭相对独立，是家族制度的基本组成单位。

村落庙会与公共生活秩序

刘铁梁

　　中国传统农业社会中的两类集体仪式活动：庙会与祭祖，是研究中国基层社会特别是村落社会建构与民众伦理行为规范的重要观察对象。两类仪式在象征之所指和对于日常生活秩序的关联作用上，分野应当是明显的。以神庙为中心的祭仪可以说更多地表现出文化的地方性，而且内在地表达了民众群体对于所处自然与社会地域空间中经济政治生活诸多关系和历史变化的认识。而以宗祠或祖先墓为中心的祭仪是宗族群体（主要是以村落为范围聚族而居的群体）通过追念和颂扬祖先的一套程序，以强化成员间等级亲属关系的纽带和诸个家庭一体性的联合，关切的现实问题是家族内部与外部的利益格局。简单地说，两者分别建立在地缘或血缘关系之上并以相对区别的方式解释和影响村落生活秩序。对浙南山区一些村落的调查，可以比较清楚地体会到在村民意识中对于庙会仪式与祭祖仪式之间对比关系的理解，例如本人在一份报告中曾叙述过奉化畸山村村民关于庙戏与"祠堂戏"这一对民俗概念（1995）。

　　不过，从已有的民俗描述资料以及我个人的观察经验中也不难发现两类仪式在实际上互相交叉的情况。如，福建安溪县溪村名为"观大灯"的祖祠庆典亦包含向境主神等地域社会象征的神灵的献祭（王铭铭，1988：3）。此外，村民人口姓氏组成及家族势力的盛弱，显然也会制约着两类仪式对应与结合的实际格局。在家族组织不甚发达的村落，其祭祖仪式便比较淡化，也有将家族观念意识融入具有虚拟祖先性质的村落保护神之上的情况，如河北赵县范庄村庙会"龙牌会"，称所祭祀的是"龙牌老人家"，被当地人解释为社区居民的"老祖先"。看来，对各地村落仪式的研究还需要结合日常生活状态、人际关系格局给予深入观察。

　　本文重点对于浙江省南部几个山村的庙会仪式及与之相联系的日常生活中人

们于社会交往方面的行为现象进行扼要地描述，并假定庙会较之祭祖而言更多地具有"公共仪式"的性质，即超越血缘亲属关系的限制而具有更多公共社会制度的意味。这种判断可能会从民间文化的角度牵涉到关于中国人的"公""私"观念相对性的问题（金耀基，1995；沟口雄三，1995：46－62），尽管本文并不是对这个问题的专门讨论。

一、村落仪式的社会空间意义

永嘉县蓬溪村是所在周围六个乡（原枫林区范围）当中最大的村落，现行政上分为三村，自东而西称蓬一、蓬二、蓬三。全村3200人，758户，除30户外姓之外，均为谢姓宗族。蓬溪村聚落地处楠溪江支流鹤盛溪南岸一袋形盆地西侧，四周都是姿态奇幻的峰峦。在盆地东部一片开阔田地正中，立有一座孤立的小山称"凤凰屿"。盆地南端连接一段一公里长的山谷，山谷的尽头是陡然升高的坡地，沿一条蜿蜒的石径可攀登到一个邻村"大山底"。此村居民与蓬溪村同属一个宗族，所以有时被蓬溪村人亲切地称为"蓬四"。从大山底村流下来的一条小溪从盆地中间经过，注入鹤盛溪。蓬溪盆地唯一与外界交通的出口是在村西江边，由于村口面对迎面而来的江水，即处在河流的冲刷岸一侧，这在"风水"理论中被看作不利地势，叫作"反弓水"，故为了镇压凶煞，蓬溪村人于村口建有"关帝庙"[①]，据说始建于明朝。

蓬溪村现有田和地共900余亩，人均不足三分。可是在1952年"土地改革"以前，蓬溪每户人家几乎都在外村据有土地，曾是有名的"富村"。从拥有土地的分布范围来看，蓬溪村在经济上对于溪流上游鹤盛乡的诸多村落形成一定的制约能力。与此经济格局相对应，蓬溪村在民间宗教象征文化方面也比周围村落"富有"。所以"土改"之时，工作队称蓬溪村的特点是"四多"：庙多、祠堂多、地主多、剥削多。本人在调查中感觉到，蓬溪人对于这一历史记忆有着复杂的心态，一方面认为本村的地主其实也算不得真正的地主，因为最多不过几十亩地而已，另一方面又为他们当年相对平均的富足生活状态怀有一定的荣誉感。蓬溪村的祠堂和庙宇建筑堪称发达。全村谢姓12个祠堂由"大宗祠"为首，反映出自

[①] 《汉声杂志》第46辑《南溪江中游乡土建筑　规划篇》：28，1992年。

明初谢氏祖先来此村之后繁衍生息600年左右的历史①。大宗祠门楣上的匾额题"康乐公祠",为癸酉年（1993）新制。祠堂正间名"存著堂",供牌主位置立有南朝晋宋间著名诗人谢灵运（袭爵封康乐公）之石刻画像,亦为近年所制。此祠堂位置在村西坡地上,与谢姓最早的民居靠拢,村中谢姓其余的11座祠堂,为本村家族绵延分支过程中陆续建立,分布于现在村庄聚落从西向东的各个街巷或较为开阔的地面上。它们与大宗祠的继承关系如下：

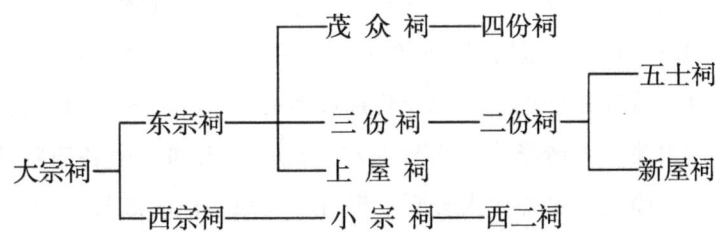

近年还修有不属于这一系统的祠堂一座,称"周家祠"。从谢氏家族系统来看,西宗祠之下仅有一支两祠,但这并不能反映西宗人口数量占全村2/5的实际比例。西宗分为五个房支,其中大房迁居南京乌衣巷,四房迁鹤盛乡岩上村,三房和五房现在都只有一户,只有二房在蓬溪村瓜瓞至今。东宗人口约占全村3/5,最初分为四个房支,现在住在蓬溪村的,都属于三房之下又分为三支的谱系,即由茂众祠、三份祠和上屋祠所代表。祠堂的修建与房支子孙是否兴旺有直接关系,也与是否迁出人口或者说是否坚持聚族而居有很大关系。蓬溪村民都比较明确本村落家族自祖先开基以来后世子孙的分家继嗣过程,这与上述12个祠堂建筑及其分布的标志作用显然分不开,每年正月、清明、中元、冬至在祠堂中举行祭祖活动也加深了族人对于彼此之间血缘世系关系的认同。

祠堂中的祭祖仪式与家户中的祭祖仪式二者,因祭祀群体的范围和祭祀地点的不同,其含义和心理作用应该也不相同。从子孙和祖先的互酬关系来理解,后者更强调祖先与个人家庭的关系,而前者更强调祖先与家庭联合体的关系。如果在村

---

① 《汉声杂志》第46辑《人文篇》：56—57,引方志资料说明康乐后裔于北宋太平兴国年间在鹤盛溪旁建鹤盛村,距今已1000年左右,然南宋末咸淳元年（1265）乙丑榜进士李时靖的宅地建在下游与鹤盛村相邻的蓬溪村。查蓬溪村今存光绪年《谢氏宗谱》,其中《蓬川谱引并诗》载谢氏后裔迁居鹤盛溪畔的过程,称明洪武年以前"三迁蓬溪,赘居宋状元李时靖公故址",可见谢氏居蓬溪村远晚于鹤盛村,当在宋末明初,但至少也有600年以上。

落中分为总祠堂和分祠堂，像蓬溪村12个祠堂这样，那么自然就在各祠堂的祭祀中强调了村落家族或各房支的子孙与远祖先或近祖先的不同关系。每个村民由于要分别在家庭分祠堂和总祠堂参与祭祖仪式，从而就现实地显示了个人与村落中家族成员亲疏不等的"差序格局"。

蓬溪村只在大宗祠内设有面对正厅的戏台，而其他祠堂和各个庙宇都没有戏台。作为村落集体仪式活动的重要内容，旧时规定作"冬戏"和"春戏"两种，时间分别在农历腊月二十日以后和二月初八左右，前者须演六天六夜，后者须演四天四夜。由于和附近村庄的演出时间接近而发生重叠，故形成所谓"斗台戏"，谁的戏演得好就吸引观众到谁那里去。剧种包括京戏、昆曲、越剧和瓯剧等。演出第一天清早，五点钟左右，由七个人到村中各庙将神灵请来。一锣一钹和一只唢呐，另外四人分别负责持香、烛、雨伞和燃点爆竹。诸神请到大宗祠，由戏班负责迎接，然后立于厅中案上，摆放猪肉、豆腐、粘糕、面条、水果等供品。戏班以扮演八仙来娱神。1951年"土改"以后这种请神仪式被取消，但在1980年开始恢复。每天的演出从下午2时到晚上11时，中间休息时吃晚饭。

观众自带凳子，小孩子跟女人坐在东西两廊，男人坐在正厅或站在天井下。这种男女有别的落座方式是一般看祠堂戏的习惯。蓬溪村仅在祠堂演戏，但将庙中诸神请来和祖先一起受拜。这和有的村落特别强调庙戏与祠堂戏相区别的情况有所不同（刘铁梁，1995）。从"斗台戏"的说法可以看出村落组织与家族组织已浑然一体，即与其他村落家族共同进行比赛。演戏经费由东西两宗各房的族田收入中提取。演员睡觉休息的场所，冬戏在东宗祠，春戏在西宗祠。现在演戏所需资金是由蓬溪三个行政村平均负担，而演员则分别到村中各家户睡觉休息。

和祠堂相对照，蓬溪村有4座大庙宇。在鹤盛溪边的村西路口处是"关帝庙"，其庙身后面的一座小山上是"杨府庙"，据说二庙均建于明代，杨府庙稍早一些。但从以往仅抬出"杨府爷"巡游而不抬出关帝的情况来看，杨府庙可能是象征着负责社会治安的官衙，而关帝庙象征着保持村落不受外来侵扰的驻守机关。从风水观念来看，二庙特别是关帝庙都由于面对"反弓水"而起到镇压邪气的作用。此外，应当注意到，二庙均与村民的房屋聚落保持一段距离，这和祠堂紧靠房屋的情况形成对比，使人感觉到在村民信仰的宇宙中，祖先与后人的关系

较亲近，而神明与世上凡人的关系较疏远。或者说，祖先始终没有离开子孙远远遁去，因为祠堂较之坟墓来说，是祖先灵魂与活着的后代群体更便于交流的地点；而神明却是从天庭请来的，他们与村庄凡人互酬交往的地点宜于选择在同聚落保持一段距离的地方，这样就由于距离感而通向神圣感。

在与二庙所处村西入口的相反方向，距离村东约一公里处，"笔尖峰"下山坡上有一块巨大的岩石，在那里建有一座称作"仙岩洞"的庙，供奉的主神是前殿的"上虞娘娘"和后殿的"袁五娘娘"。后殿其实是利用一处岩洞，故又称"仙岩殿"。前殿屋梁下悬挂一幅写着"白云深处"四字的匾额，亦令人感觉这庙宇是处在远离世俗世界的地方。传说袁五娘娘是指袁氏三姐妹和她们的两个嫂子，原住枫林溪，活着时经常为乡里百姓看病。她们同一时间死去，乡人在为她们招魂时，选错了地方而没有成功。她们的灵魂是失在仙岩洞上方的"散魂泽"，所以人们就在此处最早建庙，后来因为一位牟氏老太太常来进香，路途当中怨道庙宇离山下太远，于是一块巨石就从"散魂泽"突然落下来压死了老太太。从这以后，庙就改建于现在地点，老太太也被供在殿中而成神，称"石压娘子"。仙岩洞的祭祀圈不仅是蓬溪一个村，远近诸多地方的香客都经常前来敬拜，目的是治病、免灾和求子等，亦有道士在此为家户"做道场"。

村东南约0.5千米处尚有一"庵"，主祀神为温州地区和福建省普遍信仰的"陈十四夫人"，现庵堂已毁，但从地基上看出它的规模比其他庙宇更大。总之"四庙"所处地点均在聚落外围，形成护卫村落的屏障，这种空间安排可能在整体上具有一定的意义。而各类村庙的象征含义即与村民精神需求的关系又不尽相同，可以这样判断：男性人神之与村落社会公共秩序的意义比较明显，女性人神之于家庭生活命运的意义比较密切。

对于村落社会来说，男性人神的权威性通常需要以固定节期的庙会仪式而给予强调，这在浙江农村是普遍的现象。此外，从我们调查的村落来看，绝大部分多姓村都存在庙会仪式强烈于祠堂仪式的情况[①]。

[①] 浙南地区村落庙宇及其所供奉的人神，就影响村民日常生活秩序和社会-道德观念的情况看，应该从类型方面进行分析，同时也应该结合"祭祀圈"信众成分、传播历史等方面来进行类型分析。这一地区神明信仰的庞杂如同方言的复杂一样，需要给予更为细致的考察。不过，本文暂从男性人神和女性人神两类的象征义和仪式与社会生活内容的对应方面作出初步判断。

丽水市老竹镇上井村由上井、黄桂、横塘三个自然村组成。其中，上井村的64户人口分为汉族的周姓等和畲族的蓝姓、钟姓等主要姓氏。村中从北向南流下一条小溪，溪东住畲族，溪西住汉族，他们习惯称对方为"对面的"，语言上也能互相听得懂，生活中互相协作。50年代以后，双方通婚现象多见。另外二村，黄桂住的都是雷姓畲族，48户；横塘住的都是汉族，姓氏有潘、余、涂、江、李、邹等，58户。两村聚落位置分别在上井的西北和东北，但离上井不足一华里，更靠近山，因此他们在土改以前田地没有上井多，而山林资源比上井丰富。

40年代以后，黄桂和横塘共有一庙，称"本境庙"或"黄桂殿"，供奉"萧公大王"。50年代庙被毁坏，除了有人继续在残基之上敬香以外，原来一年一度的抬萧公大王出殿巡游仪式被中断。1997年12月，我们在调查当中正赶上黄桂殿已经重建，即将完工。我们现场了解到两村群众准备在1998年农历二月二十七日举行新庙落成的"开光"仪式。而在1998年8月再次来到这里调查时，村民向我描述了举行开光仪式的情况。整个仪式由"收鬼""开光""巡游"和演戏四个部分组成。27日凌晨3时，在黄桂和横塘分别开始"收鬼"，这是由道士前往各个家庭所作的法术。方言将这种法术叫作"收次"，"次"的读音"ci"，此字的写法是从组织庙会的余坛生的笔记本上见到的。但询问当地几个民俗学同行都不曾听说过这种叫法，至于怎样写这个字也不得而知。字典上有"魑"字，读音和字意比较接近。"收次"的办法是道士进入家户，将竹筒拿在厨房的灶台上或正间的桌子上，上面用红布罩住，反复罩三次，同时口念经文。认为鬼被收进竹筒后，把竹筒拿出户外放进在门口等待的"火船"里面。"火船"是用一根三米长的毛竹制成。从一端劈开成四条竹篾，但劈到中间一个主节为止，再用一竹条弯成的环圈把四条竹篾从中间横着涨开，且将竹篾劈口一边重新束扎起来恢复竹端原状，如此，中间便形成"船舱"的骨架，两边成"船头船尾"，船舱处用稻草从底部封住。"火船"由两个人前后扛着。当全村各宅的鬼都收齐以后，火船便抬到溪边。在溪边停着一只更大的火船，可放入两村的小火船。火船被点燃，残骸被投入溪中顺水冲走。根据一些民俗志资料得知，以"火船"驱鬼，实

际就是流传于南方的送瘟神习俗①。

以"收次"为第一阶段,整个开光仪式都没有溪水下游一方的上井参加,这与他们在庙中无"份"是完全一致的。村长还告诉我,在分家单过的儿子家中不必"收次",因为他们的家里还没有设祖先牌位,其父母家可代表他们家接受这个清除鬼魅的法术。对于家户的概念和两聚落有分有合的联村概念,在"收次"的行为中,表达了非常明确的认识。

于"收次"之后,"本境庙"中也要举行清除鬼魅的法术,主要举动是将4炉炭火烧起来,放在殿中地面上,再将供神的香炉拿到炭火之上绕一绕,这叫"炼火净炉"。道士还要吹响法螺("龙角"),念经。意思是告诉诸位"菩萨"(萧公大王等),"庙已经干净,你可以来了"。至早晨5时,正式为庙开光,在上香和道士念经的同时,特别请回在丽水居住的塑造本庙神像的师傅,由他来把菩萨的眼睛用毛笔再点一点。

开光之后,7至8时,有为建庙作贡献人家的集体聚餐和领取礼品的活动。礼品经"修庙协会"研究,定为马灯一盏,用红漆在灯座上写"开光大吉"等字。因山区有时会断电,使用煤油的马灯用处很大。聚餐所用的米、豆腐、蔬菜和油,都是各家自愿提供的,而造庙协会的主要领导人物提供的会更多一些。聚餐地点在原任上井村支部书记的家中,有100多人参加。

下午3时,在请来的戏班吃过午饭以后,举行抬菩萨巡游的仪式。菩萨坐在由两人抬着的竹椅上。巡游路线是:庙——黄桂村口晒谷场——溪水上两村之间的横塘桥——横塘村口的公义祠堂("公义所")。菩萨最后被抬进公义祠堂的大礼堂内,置于礼堂北门口内,面朝南面的戏台。戏班在抬菩萨时也参加进来,主

---

① 送瘟神的船,南方各地称大船、茅船、草船、花船、龙船、收灾船等,是驱瘟逐疫的基本道具。所见到的资料有樊寿康《送花船和送草船》,《浙江民俗大观》:533-534,当代中国出版社,1998;叶大兵《温州民俗大全》:416-418,新疆人民出版社,1998;张紫晨《中国巫术》:113-116,三联书店、上海分店,1990;姜彬主编《吴越信仰习俗》:459,上海文艺出版社,1992;王景琳、徐匋主编《中国民间信仰风俗辞典》:686-687,中国文联出版公司,1992;郑小江主编《中国神秘术大观》:373,百花洲文艺出版社,1995;《浙江省民间文学集成·丽水地区歌谣谚语卷》:72-74,浙江文艺出版社,1993;刘晓明《中国符咒文化大观》481-483,百花洲文艺出版社,1995;林国平、彭文宇《福建民间信仰》:251-257,福建人民出版社,1993,更是详细描述送瘟神仪式,而且提到泉州南门富美宫所祀瘟神称萧王爷,此神明与本文所记黄桂庙祭的"萧公大王"可能是一个,若此,黄桂庙开光仪式中的"收鬼"说非同一般。

要是当菩萨落座礼堂时上演"跳八仙"的节目。这次跳的是"小八仙",9个演员,若要跳大八仙,则需要24个演员。除此之外,戏班尚有12个人扮成文官、武将、掌扇者、士兵等,一直在巡游过程中走在队伍的前面。

巡游结束,即是演戏的开始。这次共演戏3天,上演的是婺剧,有《观音送子》《薛平贵回窑》《桑园会》和《回龙阁》等。演薛平贵的演员那天患病,因肚子疼中途退场,当时台下就有人开玩笑,说是菩萨不满意才让他肚子疼。

黄桂庙开光本身和从1975年开始的修庙过程,调动了黄桂和横塘两村几乎家家户户的力量,或出钱、物,或出人力,都被记载在庙中悬挂村墙上的"功缘簿"上。不难想见,这个庙会仪式给予村民的影响是巨大的,特别是对于他们的地域社会组织观念方面。

二、生活秩序的象征

不同姓氏人口组成的村落或者村落联合体,一般都特别重视庙会仪式活动的举办,下面将对两个个案情况给予描述。首先是洲头村"三港王"庙会。此村属于丽水市青田县温溪镇,地处瓯江北岸边上。全村370户,1800人,有10多个姓氏,以陈、尹、郭、徐几姓为多。村民在1950年以前,除种田外还以撑船运输为业,有140余只船。郭姓等大户曾有祠堂,但全村性仪式活动是一年一度的抬三港王菩萨出巡并结合舞龙,而且是参加进跨村联合的行动。传说三港王在成神之前,是放排人,籍贯在温州瑞安县高楼村,他在运输木头出山的劳作中,待人善良,特别是从来不在江流上大小便,所以受到人们尊重,死后被敬为运输户的祖师爷。每年正月初八,洲头村人要到靠近东边邻村尹山头村的三港王庙请出菩萨,抬到本村巡游。过6天,尹山头村在正月十四元宵节前夕也要举行同样仪式。两次抬菩萨都有舞龙相伴,洲头人村的说法是所舞布龙代表着"娘娘",因为布龙平时存放在洲头村口的"太阴宫"娘娘殿里。尹山头村由三个聚落组成:尹山头、学诗村和神道门,他们轮流负责抬菩萨,每三年轮一次。在抬菩萨的同时,洲头村和尹山头三村都还要负责在三港王庙中作戏。在调查中我们见到三港王庙殿两侧竖立着仪仗道具多种:龙头、佛手、戟、斧、刀、钺、枪、锤、棍等两组,大纨扇一对,銮驾(神轿)一台,"肃静""迴避""循迴""出巡"木牌两组,扛锣一对等,完全仿照古代上层官吏出巡时所用。三港爷神像分两尊,一前一后坐于神龛内,因大小相同,平时看不见后面的一尊,只有将前面一尊抬出巡

游时才能看见后面一尊。被抬的菩萨为木制,手脚关节都可以动。

组成巡游仪式队伍的表演者和节目按下列顺序排列:①鸣锣开道;②发炮(燃放"三步雷",即火铳);③20面旗帜(由小鬼背);④两组木牌共八面;⑤两列兵器仗;⑥高灯笼两只,写有"三港圣王游春";⑦元帅竹椅;⑧"扮七星"数组;⑨銮驾和"将扇"(纨扇);⑩送菩萨的龙灯。此外,在銮驾前后各有一支乐队,由鼓、锣、钹等响器和唢呐、胡琴、横箫(笛)等乐器组成。其中所谓扮七星是由7人表演的士兵队伍,1人执刀,谓"开路先锋",6人执镲。扮七星的表演者到村庄时绝不能说话。每一组叫一"堂",一般有七八堂以上,是由各家户出资租服装道具请人表演的,是向神还愿的表示,当队伍进入村庄时会受到迎接。洲头村一般在村边操场、娘娘庙和郭家大院后门外等几个地点摆放供桌,放猪头、鸡、鱼、糕点、水果等,以示迎神。扮演小鬼的人可以拿起橘子、橄榄等来吃,他们和抬菩萨的人等还可以得到叫作"香金"的红包。由一位先生代表送香金的家户在轿前敬告神明,称:某村某人送香金多少,求三港圣王保护他们一家。

在两次巡游之间,舞龙活动始终不断,但地点却按期规定,要走遍附近40多村,每村出一条龙,各由七八人表演,规模很大。巡游和舞龙属于村落间联合行动,后者的活动范围更广,这与洲头村附近村民在日常运输劳作中广泛接触外界社会的情况相一致。从村落内部来说,家户参与的程度与其经济实力有关。三港王庙会安排在正月举行,正是农闲和其他地方也在过年的时候,使得村庄之间相互联络和配合都十分方便。

第二个案例是景宁畲族自治县大漈乡西岸底村所举行的"七堡献猪"仪式。西岸底村与其他六村,合称"七堡",共居住于一个比较狭小的盆地当中,而以西岸底村为中心村落。每年七月初七,七堡的村民都来西岸底村,到"马仙宫"前举行敬神献祭活动,祈祷人畜平安、五谷丰登和天下太平。在七月初七之前,已先有迎神和演戏两项活动,活动时间是由道士在马仙娘娘神龛前,通过"抛阴阳"(抛两只铜杯)来占卜决定的,通常是在七月初七之前一周左右。所谓迎神,是指将供奉在村南时思寺内据说与马仙娘结为姐妹的女神,迎到马仙宫做客看戏,但也有巡视村庄的意思。演戏是请县里的戏班表演七天七夜,白天在马仙宫,晚上在邻近的胡桥村。

第七天晚上,演戏最后结束,各村观众都赶回家中把自家养大的猪杀掉,准备第二天献祭给马仙宫。猪刮白洗净,绑在一架由两人抬的木架上,细心聆听马

仙宫那边的动静。因庙中还事先准备有一只猪，尚未宰杀。所以在第二天早上卯时，当马仙宫方向传来杀猪的尖叫声时，年轻力壮的男子就立即抬起自家的"猪架"向马仙宫奔跑过去。很快，庙前的田垟上，到处是人们争先恐后地跑，都想第一个向娘娘献猪，比赛气氛异常热烈。猪架被按到达的先后，整齐地排列在宫门前，门口中间放的是最先抬到的猪，叫"首猪"。然后要由被众人推举的"董事"们对这些猪进行评比。最大的猪被誉为"驮猪"，最小的猪被誉为"昌猪"，养这两只猪的家户，都会受到赞扬，因为昌猪虽然小，但养主也应受到鼓励，使他明年能养起大猪。首、驮、昌三猪被披红挂彩，乡民们先将马仙娘的妹妹送回时思寺，然后再由乐队伴奏将中选的三只猪送回养主家中。

天大亮时，已有许多远近亲眷来到大漈，多数是住于高山上的客人，进门时先递给主人一个红包，金额不等，主人都高兴地接受，并请客人吃"杀猪福"（以猪肉烧菜干为主菜的宴席）。宴席散时，主人已经视红包内金额大小，按市价把猪肉一份份准备好，依次送给客人带走，当地人称为"散席"。大漈乡地处深山，七堡献猪是庙会和集市融为一体的一个节日活动，其组成形式对于我们理解当地以及其他地方的庙会仪式可能有一定的认识价值。（沈毅、刘一文，1998）

庙会仪式在各个地方都关系到人们对生存于其间的自然环境和社会状况的理解，因此这类仪式样式上比较丰富，往往有一些自身的特点，这是它不同于祠堂仪式的地方。以所祭祀的神明来说，其被不同村落所选择可能都有一定的历史原因。黄桂、横塘的萧公大王信仰不知是否受到外来户迁入的影响，关于黄桂殿最初修建的传说虽然不能作为实在的证据，但在村民精神中是关于村落形成和发展历史的某种特别的"记忆"。据老人讲，萧公大王的神庙原在温州。有个从温州来的黄桂村的担夫，挑着糖担，到这里就担不动了。担夫后来知道是萧公大王随他而来，想在此地落下脚。担夫与村里族长商量，决定造"本境庙"以供奉萧公大王。第二天担夫就觉得担子变轻了。此传说与横塘村成村晚于黄桂村的历史有关。据访谈，横塘不足60户人中，大部分都是清末以后因做工来此而落户，他们需要与原来黄桂村的畲族居民结成友好关系。萧公大王庙正可以成为他们联合的象征。而且黄桂庙的庙会在一定意义上还是两村与上井村对峙的表现。在调查中，我发现上井村人对于"土改"时期失去一些田地给了黄桂和横塘，现在谈起来依然有些想法；反过来，靠山的两村对于他们的山林划给上井也有所感慨。此外，庙宇开光时有"收鬼"仪式，这与山区自然环境恶劣，人容易生病的生存状

况也可能有关系。

总之，庙会仪式的主题、日期规定、各种节目的安排等对于增强村落自我或村落联合体的意识都具有特别意义。家户、聚落或村落之间，经庙会仪式而发生密切的互动关系，并共认一些道德伦理规范，这是大部分庙会仪式所造成的实际效果。

三、仪式组织者和村落权威

庙会仪式在各个村庄是互相衬托和对应的，这是观察庙会的另一个重要视角。作为村落或联村集体力量的表达，庙会既团结群体自身和防止力量的分散，也同时对外界显示自己的力量和形象。因此，仪式组织者便成为地域内被人特别注意的人物。所谓"宁带千军，不领一会"，是说庙会组织者必须有比常人更大的本领和威信，也是说村民往往通过庙会来认识这些人的能力和人格力量。但庙会组织者与实际日常生活中的村落权威是怎样一种关系，是比较一致还是互相分离，这是一个值得关心的问题。

对浙南农村几个村落的观察和访问，得到了一些现实的材料，部分是口述的历史情况。这里仅就上井三个自然村和蓬溪三个行政村所了解的一些事实加以对照。在上井村，1950年以后行政力量得以加强，村民们更关心的是由谁来担任与上级政权相衔接的村中领导。老人们回忆道，历次担任支部书记和村长（大队长）的人，一般都有较强能力和较高威信。其中担任书记时间较长者，50—60年代初是潘茂盛，从朝鲜战场归来，住横塘；1964年"四清"运动后由黄云和接替，住上井；70—80年代是蓝树贵，畲族，住上井；90年代初是雷樟贵，畲族，住黄桂。现在的书记是蓝岳兴，村长是蓝伟民，都是畲族，住在上井。他们一般是初中文化。直至80年代中期以前，上井三村的大事情，如建粮库、学校等，都是由这些人为首的班子集体商量和决定的。不过，在1989年，由于横塘的余砬生"承包"建设"横塘桥"，这也属于整个上井村的公益事业，开始显示出非正式干部在村里的重要作用。

我们可以称余砬生这样的人为村中"非正式权威"或"民间权威"。他们不是村党支部和村委会中的正式成员，但却能够在调解民间纠纷、组织村民集体参加公益事业时发挥实际领导作用。余砬生，52岁，初中文化。1962年起当过大队粮库保管员和小队记账员，但在1968年因父亲解放前做过保长而被撤掉。

1970年至1979年当小队的现金保管和负责推广农业技术。为造自家房子，1980年他辞去这两个任务。之后，协助过大队制定承包合同，做过两任镇人民代表。在整个上井村，人们都认为他是热心为大家办事的人。在横塘，如果谁家里发生了矛盾，会找他来给予评断。本人就遇上他正为章增福老人的赡养问题做其儿女的工作。在完成造横塘桥的任务之后，他又为加宽出入横塘的道路和重修"公议所"（公义祠堂）筹集资金和担任指挥，并且大功告成。

在余础生看来，重修黄桂庙也和上述事情一样，都需要有一颗为集体做贡献的"红心"。他作为"黄桂庙造庙协会"的第二把手，担负起召开会议进行讨论、组织按期施工和分配任务、在现场记工时等职责。由于第一把手吕子生主要时间在丽水做生意，所以从1995年开工到1998年庙建成开光，余础生4年当中是为修庙投入精力最多的人。他手上有一个笔记本，记有筹备开光仪式的会议决定、人员分工等内容，还有一本"黄桂庙塑佛助援簿"。余础生善于调动各种人的积极性，根据每个人的特长分配给他们任务，也注意协调和村党支部与村民委员会的关系。在承包修横塘桥时，资金主要依靠镇里农业机械站拨款，又从大队得到不足部分。由于和施工者发生合同纠纷，桥梁造好后，道路部分没有完工。正在为难时，他利用自己在台湾有叔伯兄弟的关系，得到7000元，用其中3000元铺了路，用4000元修缮了公义所。

吕子生是造庙协会的发起者，40多岁，原住横塘，因妻子胡彩娟是上井人，所以他也迁了过去。由于他在丽水碧湖镇做过烧窑工，也到过广州打工，所以比较见多识广。现做批发香蕉生意，利用丽水防空洞的仓库。1994年初，他向黄桂的年轻人雷章贵等建议把庙修起来，认为这可以让菩萨保佑大家。正月初八，他从丽水买来一只白公鸡和一只鸭，约请了风水先生和几人到庙址举行了敬神和"动土"仪式。一年后他又动员余础生参加修庙，于是从秋天起两个村便联合起来，勘测和挖好墙基，1996年5月房子被盖好，1997年秋后神像被塑好。累积所用资金一万元，包括对出工者不发工资的计算（每出1天工算出钱15元）。吕子生虽然在外做生意，但是对村里加宽道路等事情仍很热心。1998年8月，我与他在丽水见面时，他表示说，等忙过这个夏天后，要回村里解决上井某些家户不肯拆去栏舍而妨碍修路的问题。他相信，因为自己同时是横塘、上井两村的人，所以说话比余础生有利。从目前几年上井村发生的这些事情来看，庙会组织者与日常民间权威，在这个村可以说是一体的。但也要看到另外一些情况，如有

的人虽然在修庙和开光仪式中发挥了很大作用，却不愿意在协会中承当名义，这与其在村中的位置同余、吕两人不同有关。

再来看蓬溪村。村里历史上曾出现远近闻名的民间士绅，现在村里老人们讲起来，还为之感到骄傲。清末咸丰光绪年间，蓬溪有一位不曾进入仕途但很有学问的人，大家称之为"八崇公"。其家财富有，现在还保留着他当年住过的讲究的宅院。他的威信很高，远近许多村庄如出现纠纷都愿意请他前去解决。其所以如此，当然是由于他办事公道，但另一个原因在于他的经济实力。咸丰三年（1853），他放三百担谷赈济灾民，后又出资修复被台风摧毁的温州明伦堂。他还在许多地方修建桥梁。实力方面还表现在田产征得多且分布很广，特别注意在田边铺好石卵路使干活人行走方便，至今还可在这些田边发现一些写有"川"字的方石，川字是取自他的另外名号"谢二川"。但是，我们没听到他在修庙或参与庙会方面的故事，究其原因，最大可能是当时的官方态度对他很有影响。例如光绪年间孙同元撰《永嘉见闻录》卷下页十九就批评，民间在瘟疫流行时建道场作佛事，设大纸船焚之，"飘入海中，不知所往，群以为瘟鬼送去，疾可痊愈，而所费已数百贯矣"！八崇公当时与温州名儒多有交往，自己晚年也写成几种书，如《音求字》《瓯江反切》《俎头杂集》，他当然会对官方的态度予以认同。

八崇公后代，特别是长子长孙一脉后来又出现几位受村民尊敬的人物，其曾孙谢寿田在文学、医学方面有成就，特别热心为村民看病。村里发生纠纷也都由他处理，让人心服口服。据说当年在老崇祠演戏时，只要他的拐杖往台口一放，乱哄哄的人群立即便安静下来。他的玄孙谢庆湖，现年73岁，仍继承家风为村里人免费治病，在村中也有一定威信，但由于其阶级出身的原因，在村政系统中不曾有过位置。

蓬溪村经"土改"以后，能够实际干预三个行政村公共事务的人物都属于村政系统。在他们领导下，近年在村南建起了新街房屋，完成了田地和山林承包到户的任务等，在传统文化方面，为使本村成为旅游点，也对一些祠堂、老宅等注意加以保护，不过并不直接出资进行祠堂或庙宇的修复。至今，除了祠堂于过年时"作戏"以外，蓬溪村并没有恢复其他的传统集体仪式活动。这些情况，自然就在一定程度上减少了民间权威人物表现自己的机会。

村里一些人的文化程度较高，特别是在一些年纪大的人当中有一些从教师、干部岗位上退休下来的人。他们平时比较关心村里的急难问题。如谢选淳和谢岩

龙都是退休教师，他们两个经常一起谈论村里大事。谢选淳近年为老干部、残废军人和军烈属的待遇、加强对计划生育工作的监管、克服本村山洪隐患等问题，多次向县、市各级领导部门提上建议书，有些已得到答复或被采纳。此外，他也应村里人请求，为他们打官司代写诉状。但是，我们看到这些老人的办事方式主要是个人行为，他们没有考虑过通过组织村民的力量来兴办一些公益事业。他们和丽水市上井村的民间权威不同，是更多地运作在担任公职期间所熟悉的反映问题的方式，来为自己周围的村民群众说话。

作为家族村落，蓬溪村历史上基本上是祠堂文化与庙会文化并重，而在举办庙会仪式方面，所积累的传统不如那些变动较大和人口成分多样的村落，这可能在一定意义上影响到村落集体和个人日常行为的方式。但是，就了解民众对于权威认同的价值观念来说，除了节日的仪式和庆典之外，日常生活中的事件及人际交往传统习惯也应该作为重要的研究对象。

参考文献

金耀基《中国人的"公"、"私"观念》，乔健、潘乃谷主编《中国人的观念与行为》，天津人民出版社，1995。

庄英章《现代化过程中的祖先崇拜：闽、台汉人社会之比较》，乔健、潘乃谷主编《中国人的观念与行为》，天津人民出版社，1995。

渡边欣雄《汉族的民俗宗教》（周星译），天津人民出版社，1998。

王铭铭《社会人类学与中国研究》，三联书店，1997。《象征的秩序》，《读书》杂志，1998。

沈毅、刘一文《景宁大漈的"抢猪节"》，见《浙江民俗大观》，当代中国出版社，1998。

沟口雄三《中国的思想》（赵士林译），中国社会科学出版社，1995。

要旨

村落廟会と社会秩序

劉　鉄　梁

　浙江省南部山地の村落宗教儀式は祠堂における先祖に対する祭祀と、廟会における神に対する祭祀の二種類がある。後者は地域社会組織の精神的な支えとなっており、村落の日常的な社会生活の秩序にとって血縁関係の範囲を超えた重要な役割を果たしている。

　蓬渓村は単姓宗族の村落である。祠堂や廟の建てられている空間的配置は一定の文化的意義を持っている。すなわち多くの祠堂は集落の内部にあり、家族の系譜と房の枝分かれしてきた様子を示し、個人や家の地位や格を定めている。それに対して村全体を囲むようにして建てられている廟は、村落と外部とのつながりを意味すると同時に、村内のあらゆる家庭が平等に神の保護と恵みを受ける機会を有している事を意味している。

　多くの村落はその廟会祭祀で祭る神や期日やそのプロセス、内容などにおいて村の独自性を強調している。このことを反映して、廟会は村の生存問題という村民の共通の関心を祭祀のテーマとしている。しかし家々と村との自主的なつながり、権力の中心に対する承認は主に廟会祭祀が生み出した結果である。州頭村の農民は1950年以前は棹差し舟による運輸を主な副業としていた。この村では「三港聖王」の行列によって川沿いの近隣の村とのよい関係を深めて来た。大漈郷の「馬仙宮」の前で行なう「七堡献猪」の儀式は交通の閉ざされた盆地における家や集落の経済的協力関係の表れである。黄桂村と横塘村はずっと共同で村廟を持っていたが、今は組織の上で畬族と漢民族の家ごとのつながりを強めることによって、経済的な発展における困難な問題を解決する為に使われている。

　黄桂廟の再建及び「開眼」の儀式は何人かの熱心な人物によって行なわれ

た。これは廟会と日常生活における権威の形成とが互いに影響しあっている事を示している。もっとも蓬渓村では、現在のところ廟会儀式は復活しておらず、村内の公式ではない権威的人物の役割もはっきりしていない。しかしこれは廟会が権威の形成における唯一の契機である事を示しているわけではない。日常生活においてもさまざまな権威を承認する伝統的観念が存在していることがみられる。

浙南山区农村村老年人协会调查

陈德来

20世纪80年代以来,中国农村社会组织中出现了一种新的民俗事象,即各地普遍以行政村或自然村为单位建立了村老年人协会。据浙江省老龄工作委员会有关人士介绍,到1997年底,全省农村已建立老年人协会40295个,占全省农村总数的85.66%。

1996年到1998年,我随中日江南农耕民俗文化考察团在浙江南部山区的永嘉县东皋乡蓬溪村及花坦乡廊下村与花坦村、丽水市老竹镇老竹村、温州市瓯海区泽雅镇周岙村与黄坑村(原属西岸乡),对村老年人协会做了专题调查,现整理如下:

一、村老年人协会建立的背景

浙江南部农村社会组织中,80年代前除有党支部、村委会外,还有共青团、妇女、民兵等组织,这些社会组织,同当时的政治、经济基本上是相适应的。

近二十年来,随着中国改革开放带来的社会经济的发展和生活水平的提高,浙南山区农村形成了人口低出生率、低死亡率、低自然增长率,加快了人口老龄化的速度。人口老龄化,不仅对社会经济产生了重大影响,而且对老年人及其家庭产生了很大的冲击,传统的家庭养老方式遇到了新的挑战。

浙南山区农村,老年人过去历来靠家庭子女赡养和照料,颐养天年。改革开放后,商品经济迅速发展,村民商品意识逐渐增强,青年大多外出去城市务工、经商、办厂,村里留下的大多为老人、妇女和儿童。以所调查的6个村为例,占各村总人口三分之一的青壮年均离村居外。多数老年人的生活照料主要依靠自己或配偶,有的还要照顾孙辈生活。一旦自己或配偶丧失了日常生活能力或配偶亡故,他们的生活照料便失去了依靠。老年人寿命延长,供养年限增长,家庭和社

会负担加重，老年人经济供养得不到保障的问题显得突出起来。有些不肖子女敬老、养老意识淡薄，视老年人为累赘，不尽赡养责任，甚至虐待、遗弃老年人。不少老年人闲居在家，难以再继续发挥他们的智慧、才能和特长。由于缺乏活动场所和适当的有组织的活动，加之平时与子女分居，缺少情感交流，生活单调枯燥，精神孤独感明显倍增，一些人产生了老年忧郁症。部分老年人崇尚封建迷信，参与赌博，产生了不良的社会影响。

在这种情况下，如何继承和发扬中华民族敬老、养老、助老的传统民俗美德，如何加强对老年人的管理，为老年人营造一个"老有所养、老有所医、老有所为、老有所学、老有所乐"的理想环境，成为政府和社会各界共同考虑和关心的一个重要问题。

为了适应社会发展和人口老龄化迅速发展的需要，为了维护老年人这个特殊群体利益的需要，80年代初，中国各级政府相继设立了老龄工作委员会，有些农村开始建立了老年人协会。这种新的社会组织形式也波及了浙南山区农村。

正是在这样的背景下，1984年4月，廊下村以原村委会主任朱五尺姆、朱德勇和回乡中学教师朱清彤为首，组织30多位老人，成立了村老年人协会。同年11月，蓬溪村以离休回乡干部、原县劳动局局长谢白波和原乡长谢用琴为首，联络了15位老人，成立了村老年人协会。其后，花坦、黄坑、周岙、老竹四个村也分别于1987年、1991年、1992年、1995年相继成立了村老年人协会。

二、村老年人协会的性质和任务

村老年人协会是在乡（镇）党委、乡（镇）政府领导下，在村党支部、村委会指导下，老年人自我教育、自我管理、自我服务的群众团体。

其主要任务是：

1. 组织会员学习政治、学习文化科技、学习法律知识和老年保健知识。

2. 协助党和政府贯彻落实党的中心任务和老龄工作方针政策，围绕"老有所养、老有所医、老有所为、老有所学、老有所长"开展工作。

3. 切实维护老年人的合法权益，协助乡政府签订赡养老人协议，并检查其执行情况。

4. 为老年人提供服务，关怀孤寡病残老人，组织老年人开展各种有益于身心健康的文体活动，丰富老年人的精神生活，促进健康长寿。

5. 关心教育下一代，参加并指导青少年的有关活动。

6. 从本地实际出发，为社会创造财富，为协会积累资金。

7. 密切联系会员，及时向党政机关反映会员的意见和要求。

三、村老年人协会内部的组织结构

村老年人协会内，会员按自然村或就近原则成立会员小组，每两至三年由会员民主选举产生会员代表大会的代表，会员代表大会为协会最高权力机构。代表大会闭幕后，由会员代表大会民主选举产生的委员会或理事会负责日常工作。委员会或理事会由正副会长、委员或理事若干人组成，一般13人到17人，可连选连任，并由委员会或理事会聘请名誉会长、顾问若干人。委员会或理事会内，根据需要再设立政工宣传组、文娱体育组、治安调解组、清洁卫生组、财务管理组等。也有的村还设立生产经营组，负责抓协会的经营收入。各组负责人均由委员或理事兼任。综上，村老年人协会内部的组织结构图为：

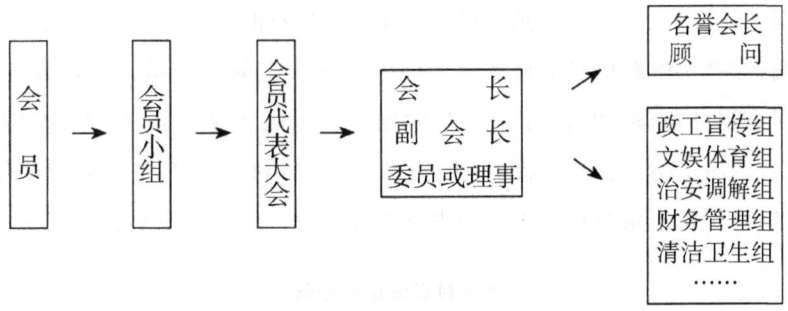

这六个村的老年人协会都建有比较完整的章程，规定凡60岁以上的男女公民（有些村女公民55岁以上），承认协会章程，执行协会决议，自愿交纳会费（均为一次性交纳），并在协会领导下积极从事一些力所能及的工作，都可申请入会。一经批准，每个会员都有一本会员证，凭证享受会员的权利与义务。

各村的会员队伍由小到大逐步发展，目前情况如下：

各村老年人、老年人协会会员人数与占比

村名	全村总人口	全村老年人数	老年人占全村总人口的百分比	全村老年人协会会员数	老年人协会会员占全村总人口的百分比
花坦	2360	322	13.64%	242	10.25%
廊下	3280	425	12.95%	370	11.40%

续表

村名	全村总人口	全村老年人数	老年人占全村总人口的百分比	全村老年人协会会员数	老年人协会会员占全村总人口的百分比
蓬溪	3005	382	12.71%	352	11.71%
老竹	1550	240	15.48%	213	13.74%
周岙	1131	159	14.06%	130	11.49%
黄坑	1207	202	16.73%	142	11.76%

以上统计日期为1997年8月,其中黄坑村为1996年12月。从这6个村看,70%以上的老年人已入会。未入会的老年人,主要是有的随子女在外地生活,有的身体病残行动不便,有的年龄过高,也有的家务拖累较重。对这些未入会的老年人,各村老年人协会仍关心、团结他们,逢年过节上门慰问,邀请他们参加一些适合的活动。

搞好老年人协会,关键在于正副会长。从6个村看,廊下、蓬溪、老竹、花坦四村的正副会长反映较好,他们热心公众事业,办事公正,思想活跃,无私奉献,不拿任何报酬,在群众中有相当的威望。他们中的绝大多数原先是担任过领导职务的干部或回乡退休教师、医生、工人。其中廊下村六届正副会长23人次中占19人次,蓬溪村四届正副会长15人次中占12人次,老竹村两届正副会长9人次中占7人次,花坦村四届正副会长8人次中占有百分之百。详情见下表:

廊下村历届正副会长

届数	会长	副会长	原任职务	文化程度	是否党员
第一届 (1984年至1986年)	朱五尺姆	—	村委会主任	初识	党员
	—	朱清彤	教师	中学	—
	—	朱德勇	村委会主任	小学	党员
第二届 (1987年至1989年)	朱启开	—	—	小学	
	—	朱五尺姆	村委会主任	初识	党员
	—	朱林姆		小学	
	—	朱德勇	村委会主任	小学	党员
	—	朱德有	教师	高中	—

续表

届数	会长	副会长	原任职务	文化程度	是否党员
第三届 (1990年至1991年)	朱五尺姆	—	村委会主任	初识	党员
	—	朱德勇	村委会主任	小学	党员
	—	朱宝	村党支部书记	小学	党员
	—	邵敬叶(女)	—	小学	—
第四届 (1992年至1993年)	朱德勇	—	村委会主任	小学	党员
	—	朱五尺姆	村委会主任	初识	党员
	—	朱远	县公安局文书	中学	—
	—	朱德吉	村干部	小学	—
	—	邵敬叶(女)	—	小学	—
第五届 (1994年至1996年)	朱德勇	—	村委会主任	小学	党员
	—	朱宝	村党支部书记	小学	党员
	—	朱丐仁	村会计	小学	—
第六届 (1997年—)	朱远	—	县公安局文书	中学	—
	—	朱国旺	乡干部	中学	—
	—	朱启闲	—	小学	—

蓬溪村历届正副会长

届　数	会长	副会长	原任职务	文化程度	是否党员
第一届 (1984年至1989年)	谢白波	—	县劳动局局长	初中	党员
	—	谢用琴	乡长	初中	党员
第二届 (1990年至1993年)	谢纯余	—	区长	初中	党员
	—	谢用琴	乡长	初中	党员
	—	谢选云	—	小学	党员
	—	谢选尧	乡卫生院院长	小学	—
第三届 (1994年至1996年)	谢纯余	—	区长	初中	党员
	—	谢选同	村干部、油厂工人	小学	—
	—	谢岩龙	—	小学	—
	—	谢用琴	乡长	初中	党员
	—	谢纯启	副乡长	初中	—

续表

届　数	会长	副会长	原任职务	文化程度	是否党员
第四届 (1997年—)	谢选同	—	村干部、油厂工人	小学	—
	—	谢岩龙		小学	—
	—	谢岩兴	教师	高中	—
	—	谢纯启	副乡长	初中	—

老竹村历届正副会长

届　数	会长	副会长	原任职务	文化程度	是否党员
第一届 (1995年至1997年)	李德宝	—	村党支部书记	高小	党员
	—	钱树川	生产队长	初小	—
	—	赵金兰(女)	—	初小	—
	—	陈翠球(女)	村妇女主任	高小	党员
	—	肖进逸	副大队长	高小	党员
第二届 (1997年—)	赖树钿	—	乡党委副书记	初中	党员
	—	厉万友	电厂厂长	初小	党员
	—	江朝仁	生产队干部	初中	—
	—	赵金兰(女)		初小	—

花坦村历届正副会长

届　数	会长	副会长	原任职务	文化程度	是否党员
第一至第四届 (1987年—)	朱连科	—	乡党委副书记	高小	党员
	—	朱景权	县工商局干部	高小	党员

这四个村的正副会长，尽心为协会和会员办事，有不少被会员连选连任，花坦村的正副会长至今已连任四届计11年。蓬溪村老会长谢纯余，1997年3月去世，临终前说："要为后代留下些自己的脚印。"叮嘱子女向协会捐赠一台21英寸的彩电和1000元人民币。

四、村老年人协会的活动场所和活动内容

六个村的老年人协会均有固定的活动场所，面积不一，周岙100m²，黄坑200m²，花坦250m²，老竹310m²，蓬溪300m²，廊下450m²（两处）。这些活动

场所，大多原来是祠堂、学校，由村委会无偿划拨使用，也有的是协会自己集资新建，如廊下村建了 150m² 的"九九亭"，周岙村建了 100m² 的"环翠亭"，蓬溪村建了 400m² 的场所（现被乡成人文化技术学校借用）。六村活动场所每天早晚开放，由会员轮流值班或请专人管理，有的还向会员免费供应茶水。

协会的主要活动有：

1. 学习政治和时事。一般每半年或一季度集中会员学习政治，让会员了解国际国内形势，了解党和政府的方针政策。近两年来，主要是学习邓小平理论、党的十五大精神、香港回归、法律知识。蓬溪、花坦、廊下三村还利用广播宣讲国内外大事。

2. 配合政府各项中心工作开展宣传活动。廊下、蓬溪、花坦三村，利用文艺演出、讲故事、读报等形式，提倡老人丧事简办、集体做寿、宣传计划生育，推动了移风易俗。老竹村出动 100 余位会员，上街宣传禁毒禁赌。

3. 开展文娱体育活动。6 个村均有的活动是放电视、打麻将、下象棋、读报。此外，周岙村有舞花灯、打桌球；花坦、廊下、蓬溪三村有打乒乓、乐器演奏、讲故事；老竹村有打桌球、乒乓球、放录像、乐器演奏、文艺演出队、舞龙灯、做香功等。

4. 参与社会治安、调解工作。各村老年人协会配合乡政府、村委会，参与社会治安活动，组织巡逻，维持交通秩序，调解民事纠纷，特别是努力维护老年人的权益。老竹村老年人协会，在 1996 年、1997 年中，调解了赡养老人事件 13 起。

5. 参加社会公益活动。各村老年人协会承担了村内外的环境卫生清扫工作。廊下、花坦、蓬溪、老竹四村还出钱出力修桥铺路。其中廊下村老人，从 1989 年到 1997 年就捐款 1.67 万元。

6. 参与生产经营。蓬溪、廊下村利用溪滩养鱼，挖沙石，种树；老竹村利用村拨的 13 亩"敬老田"（1998 年改为 4 亩"敬老山"）种植作物；花坦村利用村拨的 2 间"敬老房"（店面）开展经营，为协会增加了收入来源。

此外，蓬溪村还在会员中办起成人文化技术学校，学习文化，学习水稻栽培、牲畜防病知识，已有 40 人拿到了毕业证书。

上述活动，以分散、自愿参加为主。各村在每年农历九月九日"老人节"时，都要集体举行一次会员聚会聚餐活动。从平时每天参加活动的会员人数看，蓬溪、花坦、廊下、老竹四村各有六七十人，周岙、黄坑两村各二三十人。活动

也吸引了一些高龄老年人，廊下村百岁老人朱景志（1998年2月亡）、蓬溪村94岁的谢岩福经常去协会活动场所坐坐看看，他们说："不来心里痒，闷得慌。"

五、村老年人协会财务情况

各村老年人协会均设有财务管理组，一般由5至9人组成，内设会计、出纳各一人，年终由管理组人员共同审核账目，盖章签字后向会员公布。

这六个村属贫困山区，协会每年的收入与支出金额不大，其中蓬溪、花坦、廊下、老竹四村各在一万元左右，黄坑、周岙两村仅各千余元。

协会收入来源于生产经营创收、社会与个人捐助、会费三个方面。在收入中，会费所占比例很少，因系一次性交纳，数额很小（有的最初仅收一元）。截至1998年，各村标准是花坦、周岙30元，黄坑、蓬溪15元，廊下10元，老竹5元。生产经营创收和社会、个人捐助，成为协会收入的主要来源。

6个村中，以生产经营创收为主的有花坦、老竹、蓬溪三村。

老竹村1998年1月至7月收支表

项目	收入	项目	支出
春节舞花灯收款	7845.60元	出村舞花灯租汽车费	2455元
桌球、乒乓球门票款	644.60元	归还购彩电借款	1800元
放录像门票款	824.50元	出差车费	663.50元
出租盘碗款	316元	出村舞花灯伙食费	1373.70元
新会员会费	10元	购设备	1426.20元
—	—	办公费	535.40元
—	—	租录像片费	430元
—	—	修电扇	183元
—	—	香功培训费	160元
合计	9640.70元	合计	9026.80元

从上表看，老竹村生产经营创收占总收入的99.9%。这个村自1995年至1997年，共收入43007.42元，支出42961.35元。收入中，生产经营创收22872.42元，占总收入的53.18%；会费1135元，占总收入的2.64%；村委会补贴6000元，占总收入的13.95%；单位、个人捐款13000元，占总收入的30.23%。该村协会成立三年多来，从最初向私人借款200元起家，现已有固

定资产 20000 元。

蓬溪村 1997 年收入 8025 元，其中生产经营创收收入卖砂子、茅花 4350 元，占总收入的 54.2%。1998 年 1 月至 7 月 27 日共收入 3695 元，其中承包鱼潭收入 2600 元，出租店面房 900 元，创收收入合计 3500 元，占总收入的 94.7%。

花坦村的情况也同上述两村。以 1996 年为例，总收入为 13780.50 元，创收的有盘碗出租 641.20 元，广播叫人服务费 274 元，活动门票管理费 9725.30 元，店面租金 1300 元，上年余款出借利息 1536 元，其他 224 元。创收收入共 13700.50 元，占总收入的 99.40%。

以社会和个人捐助为主要收入的有廊下、周岙、黄坑三村。

廊下村 1997 年收支表

项　目	收　入	项　目	支　出
台胞朱清社捐款	3000 元	老人节活动	1527 元
会员寿诞捐款	5400 元	街道清扫垃圾工资	1966 元
乡教委赞助	300 元	老人集体做寿购物	1886.90 元
村委会补助卫生费	810 元	老人送葬花圈	260 元
存款利息	411.50 元	电费、电话费	1035 元
养鱼卖鱼款	806 元	其他	1775.40 元
新会员会费	106 元	—	—
合计	10833.50 元	合计	8450.30 元

全年总收入中，集体和个人捐款共 9510 元，占总收入的 87.8%。该村协会收受过两笔较大的个人捐款，一是台胞朱清社捐 45000 元，二是 1989 年至 1997 年会员个人寿诞捐 22100 元。

黄坑、周岙两村地处偏僻山区，创收手段更少。黄坑仅靠出租盘碗每年收入 200 元，周岙靠协会底层场地出租，每年收入 600 元，大部分经费需村委会补贴或个人捐助。

六、村老年人协会的作用和存在的问题

6 个村建立老年人协会后，取得了明显的积极效果。协会为老年人提供了老有所乐的场所，使老年人在晚年找到了一个新"家"，丰富了精神生活，身心更

加愉快，促进了健康长寿。协会维护和保障老年人的权益，使老年人老有所养，生活有依靠，吃穿不愁，安度晚年。协会为老年人提供了老有所为，继续发挥"余热"的条件，许多老年人协助乡、村干部参加力所能及的一些社会活动，使乡、村干部提高了对老年人作用的认识，也让老年人看到了自己生存的价值。协会以自己的活动教育下一代，引起了社会各界的重视和关心，促进了敬老、养老、助老的良好风尚。

6个村的老年人协会成立时间都不长，处在起步阶段，也还存在一些问题，主要是：

1. 活动内容比较单调，不够丰富多彩。除老竹村、蓬溪村活动项目相对较多外，其他四个村基本以放电视、打麻将为主，长此以往，难引起老年人的兴趣。因此必须丰富活动内容，满足不同层次会员的需要。

2. 经费不足。6个村中，3个主要靠社会与个人捐款，3个虽有一些创收，但从总体上讲，经费仍较少，无法再扩大开展一些新的活动。今后必须立足当地，因地制宜，积极兴办经济实体，扩大资金来源。

3. 规章制度不够健全。除财务制度执行较好外，多数村缺少章法，制度不严，资料不全。今后要重视制订出一套行之有效的制度，如学习制度、例会制度、档案制度、活动管理制度等。

4. 缺乏互相交流提高。六个村目前基本上各吹各的号，各唱各的调，彼此没有交流机会，更不了解国内外村老年人协会的经验，影响了协会工作水平的提高。像日本千叶县印旛郡龙角寺村、冲绳县系满市大里村的老年人协会（长寿会）都是办得较好的，有一套比较完整的经验，值得中国农村老年人协会学习和借鉴。

5. 部分会长工作不力。除老竹、花坦两村会长一心扑在协会得到会员一致好评外，黄坑、周岙两村会长的工作相对较差，协会活动也最少。因此，必须重视配备好正副会长，提高他们的水平，以保证协会健康发展。

村老年人协会是当今中国农村社会组织中的一个新民俗事象，办好的关键，是靠当地党政领导的关心和重视，真正把它列入工作议事日程，同时，也要靠全社会的关心和支持。相信通过老年人的共同努力，这6个村的老年人协会一定会越办越好。

要旨

浙南山間部における農村老人協会

陳　徳　来

　中国における改革開放と商品経済の発展につれて、経済的に立ち遅れた浙江省南部の山間部農村においては、1980年代から社会の老齢化がすすみ、家庭において老人を扶養する伝統的な習慣が新たな局面を迎える事態に至った。そこで農村の社会組織として老人協会という新たな組織が作り出された。

　筆者は1996年から1998年まで蓬渓、花坦、廊下、老竹、周呑、黄坑村の6ヶ村の老人協会を訪問調査した。本報告は老人協会が出現した社会的背景、性質、任務、内部組織、活動場所、活動内容、経費の出所などの状況を簡単に紹介する。さらに農村老人協会成立の積極的役割と不備の部分、今後努力すべき方向などを述べてみたいと思う。浙江省南部の山間部老人協会は各レベルの指導者の重視と社会各界の関心の高まりのもと、国内外の先進的経験を参考にして学んでいけばますます発展するものと思われる。

農村生活の都市化

小林　忠雄

　永嘉県東皋郷蓬渓村（1996年現在の世帯数760・人口3020人）は明代初期に成立した集落である。この村の姓の大半は「謝」姓で約700の数を占め、その他「周」姓が30、「汪」姓が30である。

　蓬渓村の主要な居住地は、東西の山麓に沿って長く延びた集落景観を持ち、東から西に向かって「蓬一村」「蓬二村」「蓬三村」と称した三つの生活地域すなわち行政区域にて区分される。また世帯数は蓬一が285、蓬二が180、蓬三が200余である。

　生業は主として稲作農業で、950ムー（畝）の耕地面積があり、その他9500ムーの山地面積を管理する。また豚の畜産業が盛んである。

　解放前は山林や耕地が多かったので他村の農民に耕地を貸し付け、その小作料にて村全体が相当に裕福な暮らしを送っていた。そのためこの村の子どもたちで上級の学校に進学する者には、多額の学費が支給された。その伝統は今も継承されている。

　現在、この蓬一・蓬二・蓬三村の北側の地域には、古い道を拡張して造った「蓬渓街」と称する直線道路が敷かれ、その両側には、耕地を埋め立てた土地に店舗や集合住宅が建てられ、いわばこの村のメインストリートをなしている。

　現在、村にはキリスト教信仰者が35人いる。

　本稿ではこの蓬渓街の生活伝承とその変化についてを主な対象とし、農村生活空間のマチ場化の萌芽的現象とライフスタイルの都市化の変容過程とその要因を検証する。

1. ある農民の簡単なライフヒストリー

　蓬二村の蓬渓街で小売店を営んでいた謝選翁（1925年生）の話より。

　祖父は、朝、太陽が昇ってから日が沈むまで働くことを毎日繰り返すだけの農民であった。父親も同じく農民であり、男の兄弟は5人、姉が2人いた。私には男の兄弟が3人、姉が1人いた。1949年の解放前には小学校へ2年間通い勉強した。

　1953年に私は村の幹部になり、1955年に村政府の「会計」の役職に就いた。さらに1957年になると東皋郷の会計の指導員となった。

　しかし、1963年からは生活が苦しくとても困難な時代で、私は村に戻って再び農業を行った。その後、村のなかに五金工場を設置する仕事に携わった。

　1957年に結婚したが、その頃は古くから民間に伝わる伝統的様式の結婚式を個別に行うことは禁止され、私の場合は隣家の友人と親戚が少し集まり、共に食事をしただけの簡単な結婚式であった。

　子供の頃に経験した昔の伝統的な結婚式とは、花で飾った箱をのせた輿を4人の男が担ぎ、その中に花嫁が乗って婚家先まで来るもので、その先頭には灯籠を持った2人の男が先導した。そして花嫁の輿が着くと、新郎と花嫁は楽手が奏でる音楽に合わせて踊り、さらに二人は両親とともに天と地に向かって拝む所作を行い、やがて賑やかな宴会が繰り広げられ、その後二人は新郎の部屋に入るものである。

　今は、花嫁を迎え、家族、親戚、友人とともに食事をするだけで、遠くから来るときは自動車を使用している。

　この村では外部の村の娘と結婚する例が多く、約80％の外婚率で、以前は90％を占めていた。村内婚の場合は、5世代以内の血縁関係があれば許可されないが、それ以外の場合は可能とされた。

　現在、私には妻と子供が10人おり、息子が2人と娘が8人いる。その内の6人は既に結婚しており、さらに高校生と大学生がいる。

　今、耕作している水田は6ムーであり、その他に自宅で日用品の店と貸し玉突き台を経営してきたが、1997年に周囲に新しい店が次々と出来たので廃業した。また長男はモンゴルにて文房具の工場を経営しており、かなり順調な状

態にある。

2. 蓬渓村の生活伝承とその変容

　以下は蓬一村の謝選淳（1927年生）と謝岩興（1931年生）の二人が語った聞き書き資料による。

1）村の生業に関わる変容

　1930年代までは物々交換が主で、米すなわち籾と品物とが交換された。米が無いときは柴束で物を交換した。そして1940年代になるとようやく貨幣が多く使われるようになった。

　この村で病人が出ると、ほとんどは温州市か岩頭鎮の病院に行くが、以前は村の人の誰かが岩頭鎮およびその北の文嶺鎮に行ったときに薬草を買い、それを村のなかで売って歩いた。1950～1960年の頃は、政府が管理運営する分社ができたので、行商人は少なくなった。その理由はそれまで行商人が売る商品の値段があまりに高かったからである。

　農具の大半は自分で製作することが多い。村には現在木匠が5人と親子で行っている鉄匠が2人いる。木匠の一人は父親から2代目で、主として家具を作っていた。その場合注文主は木匠と相談し、流行様式を考慮しながら自分の好みを主張することが多かった。

　以前村には油漆匠がいて、桐油すなわち漆を使用して家の扉を塗っていたが、現在は茶色の塗料を使うことが多く、このときの茶色は「串殊」に黄粉を混ぜて塗っている。

　農具の鎌を修理するには、以前は近隣の田羊村から月に1～2回注文を取りに来たが、近年は月に1回程度来て商売している。

　農業の機械化は進まず、数年前に耕運機をしばらく使用したことがあったが、この村の一つ一つの耕地はきわめて狭く、機械が土地に合わないので使っていない。すなわち今もなお牛の力を利用した鋤を使って耕作している。

　昔は肥料らしいものは無かったが、解放後に化学肥料を使用するようになった。この場合特に農業指導員がいないので、自分で説明書を読んで使用した。このように、ここでの農業は誰かに新しい技術を教えてもらうという習慣が無かったことから、すべて自分で工夫しなければならなかった。

野菜の種で特に新種のものは、いつ蒔くのか、いつ収穫するのかは種の袋に書かれてある説明を読んで理解した。

　1960年代にこの村にも電気が入り、まず明かりがついた。それまではランプを使用したが、解放までは石油が少なかったことから、松の根か竹を叩いて砕いたものを鉄製の皿の上に載せ、それらを燃やして明かりとしていた。またランプの石油の代わりに、この村では柏子と称する大樹の実から採れる青油と白油を、主として冬季に使用した。

　電気が入ると真先に農具の電動式脱穀機が購入された。最初は個人で一台が買われ、各家の脱穀を引き受ける商売を始めた。そのときの価格は50kgにつき3元である。そこでさらに4台の脱穀機が購入され、同じような商売をするものが増えた。

　この脱穀機は製粉機として兼用されたが、製粉の場合は50kgにつき7元を取った。

　脱穀機は普通の個人の農家ではとても買えないので、たいがい借金で購入し、親戚とか友人の籾の脱穀を主に行っている。

　電気の導入によって、まず灌漑用の水や簡易水道の水を支給するための電動ポンプを使用することができ、これが最も便利であった。

　また、電気によって、例えば謝選淳家の場合、扇風機を1990年に購入し、電気炊飯器を温州で購入したのは1993年であった。

2）年中行事の食事とその変容

　春節期間は旧暦の1日から8日までで、最初の3日間に、この村では「灯会」と称する龍灯の行事がある。以前は明堂にて芝居が開催されたが、近年は映画が上映され、小学校の運動場で行われている。

　龍灯行事は廟と祠堂で行われるが、これは竹と紙で作った龍の頭と布を張った胴体に紙と竹で作った尾を持った11人の男たちが、太鼓と笛、鉦の音楽に合わせて舞うものである。しかし、この行事もお金が掛かるのと、舞手である若者たちが興味を失ったことから10年前に廃止された。

　春節の期間中は親戚のあいだで往き来するので、普段よりは料理の数も多く、また味付けを良くし、特に調理用の油を吟味する。

　春節の主食は米飯で魚、豚・鶏・羊・家鴨などの肉、餅、麺を普通の日以上

に食べた。そして鶏・羊・豚・牛の肉は高級品なので春節以外はめったに食べなかった。そして魚もここは山間地なので入荷せず以前は金持ちしか食べなかった。しかし最近は魚は好まれ、むしろ川魚よりも海魚の方が好まれるので、春節前に魚を買う風潮が生まれた。解放前まで魚の大半は海岸地区の楽清県の人が売りに来ていたが、現在は温州地区である。

　ここでは特にイシモチが最も美味い魚とされ、春節にはよく売られており、さらに中魚や鰻が好まれた。この中魚は普通の魚が500g10元もしないのに中魚は30元する。すなわち中魚はヒレが紅色で身全体が白身なので人気があり、近年は都市部での中魚の需要が高いことからほとんど食べられなくなった。また岩頭鎮では田魚の養魚が盛んなのでよく売られている。

　今日の春節にはタチウオ・イシモチ・スズキ・イカ・スルメが食されている。

　春節には菓子も食べるが、この村には菓子を作る人がいて、人々はたいがいその人から買うことが多い。

　豆腐は自分で作ったり、また豆腐をつくる人から買う場合もある。

　酒はここでは「封歳酒」と称し、大晦日の晩に歳を授けてもらう意味から特に飲むもので、以前は紹興酒に似た黄色の酒を飲むのが慣例とされた。しかし現在は自家製の白酒を飲んだり、あるいは1980年以降はビールを飲む人が増えた。

　黄酒は現在まったく造らなくなったが、その製法にはこの地域独特のものがある。これは糯米を原料とし醸造に約15～30日間かかる。まず米を充分に蒸したものを屋内にて、風が通らず温度が一定のジメジメした湿気のある地面に直接置いて広げ、やがて緑色の黴状のものが出来るとそれを15日間干し保存したものを麹（chui）と称している。これは全体が黄色く、緑色の毛が表面に生えた状態のものが良い。そして、糯米は75～150斤を蒸したものを使い、土を焼いて作った大瓶の酒釿のなかに共に入れて醸造する。その間表面に浮いたカス（垢）を丹念に取るほど良い酒になる。このような酒造りは季節を問わないが、中秋の頃から真冬にかけて発酵させたものほど美味しい。

　近年まで毎年の春節に村では京劇や越劇、甌劇の芸人をお金を出して招き、大宗の祠堂の舞台で3日間もしくは5日間にわたり上演した。なかでも京劇は

最も好まれ、人気があった。これは村政府が劇団と値段を交渉して決め、予算が足りないときは村民から臨時に徴収して支払った。費用は通常1回につき300元であったが、劇団の請求額と村が希望する額とを照らし合わせて交渉したが、実際には劇団の出演者の顔ぶれで値段が決められた。その他、東皋郷にある劇団もよく来た。その場合劇団の団員は各家に分宿したが、大きな家にはベットが多いことから大勢の団員が泊まっていた。

4月には清明節があり墓参りを行う。お墓には赤、緑、黄色の色紙を2枚重ねて何かの形に切った飾りを吊るす。また、以前は「麻糍」という黄粉と砂糖をまぶした柔らかい団子をたくさん作り、それをお墓に持参し、お参りに来た人々に配った。また清明粥を食べる習慣もあった。

5月5日は端午節であり、この日はチマキや大蒜を食べるもので、それは体に良いからという。また、その日卵型の布袋の「香袋」に薬剤の「雄黄」を入れ、病気や魔除けのために首から下げる。同じく家の周囲に石灰と雄黄を混ぜた白酒を撒くが、本来、雄黄の粉は血液の循環を良くする薬であり、白酒は匂いが強いので虫除けに効果があった。

6月6日は梅雨の直前なので、家にある全ての衣類を干す晒布を行い、村の通りの両側の家には屋根の上まで衣類で埋めつくされた。

7月7日は七夕で、午前4時頃に起きて天の七つの星、北斗を拝むが、この七つの星は七人の仙女を指している。また早朝に「巧食」と称して米や麦でつくった餅を食べるが、そのとき庭に机を出し、肉とか果実、線香を載せ、各家の家族が回って来て食べる。

この行事には次のような由来伝承がある。

　昔、周公と彭公という二人の将軍が戦争をしていた。あるときト占を行う者がいて彭公の面相を診て判断し「もうすぐ貴方は死ぬ運命にある」と告げた。そこで彭公はどうすれば良いかと尋ねると、占い師は、七月七日に箸を一組と料理や酒とともに机の上に置き並べると良いと告げた。彭公はその通りに実行すると、七人の仙女が天から舞い降りて来て、食事をした。そして仙女が彭公に何か望むことはないかと言うので、彼は自分は百才まで生きたいという希望を述べた。すると仙女は百才に七人の仙女の分の七百才を加えて、計八百才まで生きられるようにした。この伝説にもとずき七夕を祝い、また自分たちの健

康を願う。特にこの日、北斗の星が明瞭に見えれば願いがかなうと信じられている。

最近は料理を供える家もあるが、以前ほど厳格ではなく有り合わせの料理を供える。

7月15日は鬼の祭りで、この日は料理を五品つくり、お墓に持参して供える。以前は「冥紙」を持参し、お墓でこれを燃やしたが、今はやっていない。

中秋節にはここでは月餅は無く、通常の食事をするだけである。

冬至には糯米でつくった「湯円」を必ず食べた。

12月31日には分歳酒を飲み麺類を食べる。麺類には特別の意味は無いが、忙しいときの食事には適している。ここでは子供が生まれたとき、来客時に麺類を食べる。

以前は新しい年が変わる瞬間に鬼や災厄が来ないようにと爆竹を鳴らしたが、今は誰も行わない。各家では紅色の紙に新春を愛でた言葉を墨書したものを、家の入り口の両側の壁に貼った。文字の書けない人は商店で売っている既製品を買い求めて貼った。

師走になると、この地方では「松糕」と称する蒸しパンのような食品を作る。これは普通の米と糯米を水に浸してから砕いて作った粉に黒砂糖で味付けし、穴の空いた丸い木型に丸一日間入れて固め、その丸い餅状のものの上から紅色の甘い粉をかけ、さらに塩漬けの豚肉をのせたものを蒸籠に入れて約30分間蒸したものである。1個の大きさは直径25cm、高さは10cmで5斤の米の量を使って1個づつ蒸したものである。そして松糕を母親が実家に持っていくのがこの地方の慣習であった。

現在この松糕を自宅で作る人は少なくなったが、温州市街では紅と緑の粉をかけて綺麗に飾ったものを売る商売がある。

3) 人生儀礼の食事とその変容

婚約時には、この村では「糖糕」とか「桃糕」という甘くて丸い、小さな米の粉を固めた直径8cmの餅状の菓子を食べる。これを作る型には牡丹の花模様の他に、喜の字を二つ並べた文様や昔の役人の帽子の形に似せたものがあり、また餅の上に紅を一点載せて飾りとするが、温州ではこれを春節のときに売っ

ている。

　謝選淳家の菓子型は、一つは娘の婚約時に作った菓子型で、12cm×12cm×1cmの赤漆を塗った板を2枚上下に重ね、その中央に直径8cmの牡丹の花を彫った模様がある。もう一つは旧暦7月7日に娘々神を拝むときの菓子型で、同じく12cm×6cm×1cmの長方形の板を2枚重ね、1枚の内側には娘々神を模した絵が彫られているものである。

　結婚式の食事は以前は麺、餅、豚肉、豆腐と決まっていた。特に豚肉は1個が100～150gの赤身と白身が混ざった大きな固まりを、一人当たり3個づつ食べることが慣例とされた。現在もこの慣習はあるが、豚肉の大きさは以前に比べ小さくなった。また、お餅も以前は自宅で搗いた大きなものだったが、今では市販の小さな餅となった。そして、現在は生活全体が豊かになったので、結婚式のご馳走も量的に減少している。

　この村の人々は「做寿」と称して、特に30・40・60・70才の誕生日を祝うが、30才は妻の両親から、40・60・70才は子供たちから祝ってもらう。このとき、米でつくった桃の形のものを食べる。他の地方では子供が満1才の誕生日に做寿を行うが、この村では満3才のときに做寿を行う慣習である。

　葬式の食事は特別の料理はなく、普通の食事が多い。その日は忙しいので隣家や親戚が食べ物を持ってきてくれる。

　お墓には万年青や松、柏（檜）を植えている。この檜の枝は春節や結婚式、子供の誕生祝いの衣服や食品を入れた籠、老人の誕生日などの贈答品の上に置く印として使われている。それは松とか柏（檜）は1年中青いことから、長寿の意味を表すという。

4）味覚と嗅覚表現の変容

　この村の交通は不便だけれども、農家の数が多いので外部からの来客は多い。

　1940年頃にこの村にあった商店では、櫛、髪飾り、鏡、針、糸、衣服の刺繍飾り、漢方薬、ライチの乾燥品（薬用）などを小売りしていた。これらの商品は温州を経由して持ち込まれた。また海岸地方の楽清県からは干し魚や塩蔵魚の他に、新鮮な魚も山越で担いで運ばれた。瑞安からは工芸品などが持ち込まれた。

1970年代になると店では菓子類が増えた。ビスケットも販売されたが、村には自分でこれを作る者もいた。このような間食を、今では子供たちがいつでも自由に食べられるようになったことが以前と違うところである。

　子供の頃、飴をなめて虫歯にかかることが多かったので、虫歯の薬が売られていた。

　全体にこの村では解放前まで歯を磨く習慣はなかったが、1936年頃、小学校の先生から歯を磨くことが指導された。学校では箱に入った磨き粉を使ったが、それは口の中が涼しくなるハッカが入っていた。また塩を使って磨くこともあった。

　解放前までは野菜や豚肉の塩漬けのものを日常的に食べたが、現在はほとんど食べなくなった。豚肉は1頭殺すと50～100kgの肉が取れたので、それを1年分の食料とし塩漬けにしていたからである。

　村の小売店では貴州省の赤と白の野生の百合根が売られていたが、赤色の根は紅芋のように澱粉質が豊富であった。野生の野菜はこの村でも食べている。

　ここでは特に苦い味の食べ物はないが、漢方薬には苦いものが多く「良薬は口に苦し、良い言葉は聞き取り憎し」の意味の「良薬苦口　忠言逆耳」の格言が伝わっている。そして金持ちの間では薬用人参酒やクコ酒を飲んだり、薬膳料理をすることがあった。

　以前、酢味の調味料には変色した老酒や紅酒の酸味を酢の代用品として使った。紅酒は味が単純な酸味だけであまり美味しくない。酢が無いときは自家製の酒も利用した。その後既製品の酢が売られるようになり、これは甘味があり新鮮な酸味があって美味しい。

　紅酒の酢は鍋の湯のなかに入れ、肉や魚を煮るときに使用した。以前は茹で豚を食べるときに酢と醤油をつけたが、これは贅沢な食べ方であまり食べる機会はなかった。

　料理などに香辛料を使うのは好みの違いなのでそれぞれ異なるが、魚を煮るときには生姜を使う。その他、大蒜、葱、茴香、芍の実などを香りとして使うが、ここでは五つの香りを持った干し豆腐が好まれた。

　その他、木犀の花の香りを、例えば春節に食べるお餅の上にかけたり、お茶

のなかに入れたりして飲む。また、以前この村に大きな槐（エンジュ）の木があり、粽をつくるときその花を採ってきて香付けとした。しかし、一般にこのような花の香りを料理に使う家は少ない。

　以前には無かった臭いとして農薬の臭い、ゴミの臭いが増えた。例えば、豚や牛などの家畜の糞は、以前は道に落としたものを拾い集め肥料として売る者がいたが、現在は化学肥料を使うので肥料にならないことから、そのまま放置され異臭を放つ状態にある。従ってこの居住環境の悪化の問題が、老人会では毎年話題になっている。

　また、炊事場にプロパンガスのコンロを導入し始めたのは1991年頃で、ここでも新しいガスの臭いが登場した。

　女性が使用する化粧品には、解放前から「雪花膏」というクリーム、「胭脂」という頬紅、「花粉」という白粉があった。また髪油は「冬緑草」という植物の樹皮を取り、水のなかに入れると粘りのある液が出るもので、それが使われた。

　男性は外出のとき「風士林」というポマードを使用した。このような化粧品は岩頭鎮で購入した。

5）衣服と色彩感覚の変容

　解放前後の父親の時代は前の襟を重ねた伝統的な衣服であった。

　解放前には、この村に3つの大地主の金持ちの家があった。彼らの服装は綿や絹地の裾の長い衣服であり、それらの大半は自製品である。

　解放後は、農民たちも次第に自製の綿糸で織った生地で衣服を作るようになった。その頃は糸を自分で染めて模様を付けた。しかし、これらの衣服はまだ洋風ではない。

　下着には綿および羊毛が使われ、いずれも自製品であったが、現在はこのような下着はない。解放前まで夏期間は、金持ちは綿か絹の下着だが、農民たちは麻を着ており、現在この麻の布はまったく無くなった。

　解放前までは野草の苧麻を栽培して繊維をつくっていた。苧麻は丈夫な糸なので解放後もロープや袋をつくる人がいた。

　また1970年代まで、この村では夏と秋2回の養蚕を行い、政府が買い上げる生糸を生産した。これも現在はまったく行われていない。

1970年代以降に、この村では出稼ぎに行くものが増え、春節にはお金を儲けて自分や家族の新しい衣服を土産に持って帰ることがあり、人々は刺激を受けた。

　このように衣服のスタイルは、出稼ぎの人が戻ってきて大都市の新しい意匠の服装を伝えたり、村の裁縫師たちが外でスタイルを学んできて伝えている。この村の裁縫師は岩頭鎮か温州で学んでくる者が多かった。裁縫師は元は手縫いだったが、近年は足踏み式のミシンを使用している。

　以前は裁縫師がつくる衣服は男性のものが多かったが、現在は女性のものが多く、また親は自分の衣服を我慢して子供のものを作る傾向がある。また、子供が18才の結婚適齢期になると、親はできるだけ工夫して形の良い衣服を作って着せた。このような衣服を1着つくるのに1日かかるが、以前は綿を入れた衣服が多かった。

　この村ではミシンを使う裁縫師は多いが、通常は外に出稼ぎに出ており、春節に衣服を新調する注文が多くなることから、春節の直前に戻ってきて注文を取り、終わると都市の職場に帰っていく例が多い。

　農民は通常はほとんど農事に従事しているので、新しい衣服を着るのは春節や親戚、友人の家を訪ねるとき、客が来るときなどに限られる。

　以前、村のなかでカラフルな目立つ衣服を着ることに恥ずかしさがあったが、経済の改革開放政策が始まると、老人でも新しい意匠の衣服を着用するようになった。またそれを見た人々は新しい流行の新しい服を着ることに興味をもちはじめ、以前のように抵抗無く着るようになった。

　以前は背広を着るのは地位が高い人に限られていたが、解放後は農民も着るようになる。そして最初に着た人を見て周囲の人たちは「農民が背広を着る」と言って皆で笑ったことがあった。しかし、改革開放後になると、村人の多くが村から外に出る機会が増え、新しいスタイルの背広が着られるようになる。

　例えば、改革開放までは大部分が濃紫色の衣服を着ていたが、その後は温州から流行の色柄の衣服を着て帰る人が増えたことから、さまざまな色柄の衣服が着られるようになった。そして、今日では古い衣服を嫌い、新しい衣服を好む風潮が生まれ、どんなに新しい衣服を着ても誰も笑わなくなった。

衣服は箪笥が多い家では男女別、年齢別に分けて入れる。子供の衣服は子供が自立し衣服を買う能力ができるようになると自分で保管する。

毎年、6月になると箪笥に樟脳を入れるが、これは既に解放前から使用している。樟脳の代用として煙草の葉を乾燥したものを入れたことがあった。ちなみに煙草はこの村では古くから栽培しており、農民の約80％が耕作していた。

1980年代まで、靴はほとんど手作りの靴を履いていた。これは自分で織った木綿の布の古着を何枚も糊で貼り合わせ糸で縫ったものである。男性の靴は黒色で、底の部分は白く、また女性の靴は紅・青・黄色に染めた糸で花柄の模様などを付ける。糸は自分で染める場合と、既に染めた市販品を使用する。

染料は今日では化学染料を鍋に入れて使うが、解放前までは天然染料を使用し、紅色は自然の「茜紅草」を採取するか、あるいは「紅花」を栽培して使う。また緑色は「冬（凍）緑柴」という海抜の高い山地に生えている高さ3mほどの自然の灌木の枝を採って、その木の皮を使って染めた。黄色は山から出る黄色の水を使用するか、黄枝という樹木を使用した。青色は淀青もしくは板藍根という高さが50～100cmの草を使った。藍も栽培したが、これは別に薬としても使われた。

生糸を青色に染めるとき「柏子」の葉を使用するが、この実は2層になっており外側の白い部分は蝋燭の原料に、中心部分からは灯油を絞った。

これらの植物染料は鍋に入れて煮汁を出し、塩を少し入れて染めたもので、それだけで決して色が落ちることはなかった。藍は葉を集めてきて1～2カ月間腐らせて使用する。この村では解放まで人々が好んだ色は紫がかった紅色と緑色である。

通常、家で使う祝事の色はこの紫がかった紅色であるが、結婚式のときの新婦の服装は上から下まで鮮明な紅色であった。

普段の服装の色は青、茶、灰色であるが、若い女性のあいだで紅色のズボンに緑色のシャツの組み合わせたスタイルがあるが、これは流行の色ではない。

かつて農家の16、7才から子供を生むまでの若い女性たちは、普通の服装であっても髪に花を挿していた。これは解放前の金持ちの娘たちが付けていた髪

飾りを真似たものである。

　そして、近年の結婚式では女性は髪に紅色の花を付け、男性は紅色のネクタイを着用することが多い。

　また、新婚用のベットには鮮やかな紅色の布団を使う例が多い。

　家の家具でも机や衣装箪笥などは、近年ピンクや黄、紫色を使用し、また事務机には「卵白藍」という白に青味を加えた塗料が塗られている。

　改革開放が始まると出稼ぎ者はお金を儲け、村に戻って家を新築することが多く、その場合、これまでの内装の色では単調なので、色鮮やかな目立つ色調にする。例えば内装の壁や大きな箪笥の色などは、白でも真っ白にするなど清楚感を強調した色にする。

　このような内装や家具の塗装はこの村の塗匠が行い、材料は岩頭鎮から求める。

　最近の内装の流行は清楚な色が好まれ、例えば緑色の窓枠と家具の緑色を合わせたり、扉が白ならば家具も白く塗るなど意匠を統一する傾向がある。

　1970年代から建築ブームが起こり、木造の建物に代わってレンガとコンクリートの建物が出現した。

3. 情報入手の方法と社会知識の変容

1) 情報の入手方法

　この村の外部からの情報は、主として新聞およびラジオであった。

　それまで、特に政治などの大きな社会の動きについては、東皐郷に情報収集を専門にする人がいて、浙江省の中央会議に出席し、情報を収集した後、その情報を村人に伝達しに来た。また、その伝達した人が新聞を作って配った。この伝達者は村の農業などの生産指導員も兼ねていた。現在、このような指導員は2人いる。学校の生徒は直接事件などの話を聞くことはなく大概は先生を通じて知った。

　村では以前、学校に行く者は少なく、村の人口の約半分の人が文字を読むことができなかった。しかし村では優秀な生徒を上級学校へ進学させ、各房族ごとに奨励費を出した。例えば温州の中学校に進学すると、1年分の籾、約1100斤が房族から与えられた。これは小学校でも同じで何斤かが支給された。しか

し貧しい家では僅かな学校の費用も払えず、解放後にはなるべく多くの子供たちを学校に入れるようにした。かつての進学率は小学校が10％、中学校が5％であった。

抗日戦争のときは解放軍が来て、逐一事件のことを伝えた。

解放後は、郵便局を通して共産党の機関誌や老齢時代の雑誌が送られ、世の中のことを自分で直接知るようになった。

本は小学校の先生が村から予算を得て購入するので、先生から国際・国内のさまざまなニュースや知識を習うことが多かった。また新しい技術などの専門書は自分で買い、ときには先生が生徒から徴収して買うこともあった。解放後は郵便で本や雑誌を買うことが出来るようになった。

ラジオは解放前は皆無だが、その後、1950年代に入ると個人で買う人もいて、さらに時代が進むと各家がこぞって買い始めた。

テレビは1980年代には浙江省内でも見られるようになったが、この村では1996年の春にケーブルテレビが入ったことから急速に普及し始め、現在は東皋郷の800世帯の内、300余世帯が加入して見ている。

以前はこの村に電話は無く、東皋村まで行かなければならなかった。その後、1970年代に手回し式電話機1台が村政府の会計室に設置された。現在は10台あり、個人の電話はなく、公衆電話が2台ある。

村内には文化活動や娯楽のための施設は無い。ただし一年間に村では10〜20回の映画会を開催している。

現在、新聞は「温州日報」と「永嘉日報」が毎日、「浙江日報」と「人民日報」が2〜3日毎に届き、情報を知ることができる。

中央からの情報は月に1回県政府から入るが、県は省から、省は中央政府から入手している。

2）時間の認識と音の生活慣習

時計が無かった時代の時間の認識は、朝夕の太陽の日の出と日没を基準に、日中は人の影をみて判断した。

朝は「天光」と言い、11時を「日昼」、正午を「正日中」、午後3〜4時を「接力」、夕方を「晩須」と称していた。従って、午前9時頃に朝飯の早点心を食べ、昼食、夕食と接力の中間食の計4回の食事をとった。また労働時間は

自由なので、ほとんどの人は腹時計で食事をとっていた。また夜明けの鶏の鳴き声でも時間を認識し、また夜は時間が分からないので、月の運行を見て計る方法もあったが、一般的には前半夜、後半夜、そして真夜中を正半夜という言い方が使われた。例えば後半夜の丑の刻は、星座の水牛が空に立ち上がるのを見てその時間を判断するという。また寅の刻は鶏が羽を広げて鳴きだすのを見て判断する。

　月の満ち欠けの状態は、細い三日月のことを初一、初二、眉毛圓月と表現し、満月は十五、十六、月正圓と称し、半月は廿二、廿三、正半圓と、普通の三日月を廿五、廿六と称している。そして月が出ない夜のことを「烏黒死夜」と表現する。

　1940年代から時計が使われるようになったが、一般に普及し始めたのは近年のことである。

　村のなかで何か非常事態が起き、緊急に村人に伝えなければならないときは、村の背後にある後半山の中腹にある「宣伝岩」からドラを叩いて注意を引き、高く大きな声で内容を報せた。この場所は別に「罵人岩」と称されているが、これは、昔この村に泥棒が入ったので、いちはやくこの岩から村人に注意を促し、泥棒の被害をくい止めることができたからと伝えている。

　ドラの叩き方は、急を告げるときほど連続して打ち、緊急の度合いによって変えた。火災の場合はドラを叩き「〇〇の家が火事になった、皆で助けにいけー」と叫ぶ。

　また、場所を確認するために叫ぶときは、東房と西房とに分けて区別した。

　以前は錫製のメガホンを使用したが、1980年代に自分たちでつくった拡播器（拡声器）を、さらに1986年にはラジオ式のスピーカーを宣伝岩に取り付けた。

　現在は老人協会の知らせなどによく使われている。

　解放前は村の中心にある大宗の祠堂に、清の時代から伝わる直径1.2mの太鼓が1958年まであり、それを叩いて村の集会を開いたり、元旦に叩かれたが、年間の使用回数は少なかった。また村には10の祠堂があったことから、村を10の範囲で分け、それぞれの祠堂ごとに小さな太鼓があり、それぞれの範囲ごと

の集会をその太鼓を合図に行っていた。

　いずれの太鼓も皮は牛革で造られ、胴は杉材を使用し、暗赤色の漆が塗ってあった。大きな太鼓なので周辺5里まで聞こえたといい、また、太鼓は祠堂の廊下に吊るされ、太さが5cm、長さが2mのバチで叩いたという。

　このような太鼓はこの村の木匠が造り、ドラは温州などで購入した。

　ここでは葬式のとき葬列の先頭でドラを鳴らすが、この場合の鳴らし方はクワンクワンクワンクワンクワンクワンクワンと7声を鳴らし、次にクワーンの1声を鳴らすという。この辺りの自然の野鳥のなかでは「画眉鳥」や「桑烏鳥」などが美しく鳴く鳥である。またコオロギなどの虫の音や水田の蛙の鳴き声に人々は関心を持ってきた。従って、周囲が自然に囲まれているので、ここでは鳥籠を使う人はほとんどいない。

　解放前の古い時代から楽器では横笛などが多く使われ、現在でも二胡という楽器を奏じる人が十数人いる。

　現在、小学校の授業開始などの予鈴は電動ベルを使用しているが、以前は手で振って鳴らす鐘であった。

　小さな幼児の足には子供が心細くならないために鈴を付けることがあるが、春節の龍舞を踊る人の足にも鈴が付けられていた。

　この村ではかつて日照りが続くと雨乞いを行った。ここでは龍潭と呼ばれる池までの道中には、太鼓とドラが鳴らされた。また儀礼の全体を指導する道士は、龍の角の形をした木管の笛を吹いた後大声で龍の雲を呼び、さらに太鼓とドラを打ち鳴らし、爆竹を鳴らして雲をよんだ。

　ここでは雷を「响仏」と称し、稲妻を「龍閃」という。雷について、悪事を働いたものは雷に当たって罰を受けるという俗信がある。また、雷は仏であり稲妻は仏の指導下にある龍と伝承している。しかし、昔、この村で水稲に病害虫が発生して困ったとき稲の仏を招いて儀式を行った。そのとき、稲妻と雷は火を起こして害虫を殺したけれど、稲もともに焼いてしまったことから、ここでは稲妻と雷は稲に良くないと伝えている。

　子供の頃、月食の夜になると村人は、月が天狗に食べられていると言って、ドラをはじめ家のなかの音が出るものは何でも使って天狗を追い出すために鳴らした。しかし、このような騒ぎは解放後まったく行われていない。

小学校には解放前からオルガンが使われたが、現在はエレクトーンを使用している。

4. 蓬渓街の変容

　蓬渓街の建物の現状と特徴について建物配置図を見ながら検討してみよう。

　この図は蓬渓街に沿った両側町の現状を、目測によって記録したもので、正確に実測をしていないことから、きわめて概念的な図となっている。しかし、元からあった農村の生活空間がこの数年間に次第に都市化の兆しを見せはじめた事象として注目されたことから取り上げた。

　現在、村政府は新しい建物の道路に面した前口の幅を、「寛長」と称する単位、すなわち3.5mを基準に割り当てている。

〔各建物の性格と居住者等のデータ〕

　①1940年代に建設。5世帯の農民が同居。いずれも姻戚関係。元学校教員がいる。

　②1950年代に建設。居住者の農民は現在出稼ぎ中で空き家。

　③1960年代に建設。居住者の農民は現在出稼ぎ中で空き家。

　④清代に建設。農民である汪の一族が居住。手前右側の建物は空き家。

　⑤清代に建設。8世帯の農民が同居。なかに1組の兄弟と蓬一村の村長がいる。

　⑥1955年に建設。2階建ての新築の農家で鉄のシャッターを設置。壁は石灰の漆喰。

　⑦清代で約300年前に建設。この村でも名家の家であり十数代を経たと伝える。手前右側は1996年に改築した建物で、格子窓の枠飾りが特徴。

　⑧清代に建設。解放前までは祠堂であった。現在は出稼ぎ中の息子によって管理される。

　⑨1990年頃に建設。3階建てで4世帯の農家。

　⑩1996年に建設。4階建ての農家で3、4階は建設途中。

　⑪建築年代は不明。1900年頃か。固い石組の土台と漆喰壁が美しい。

中国浙南民俗文化

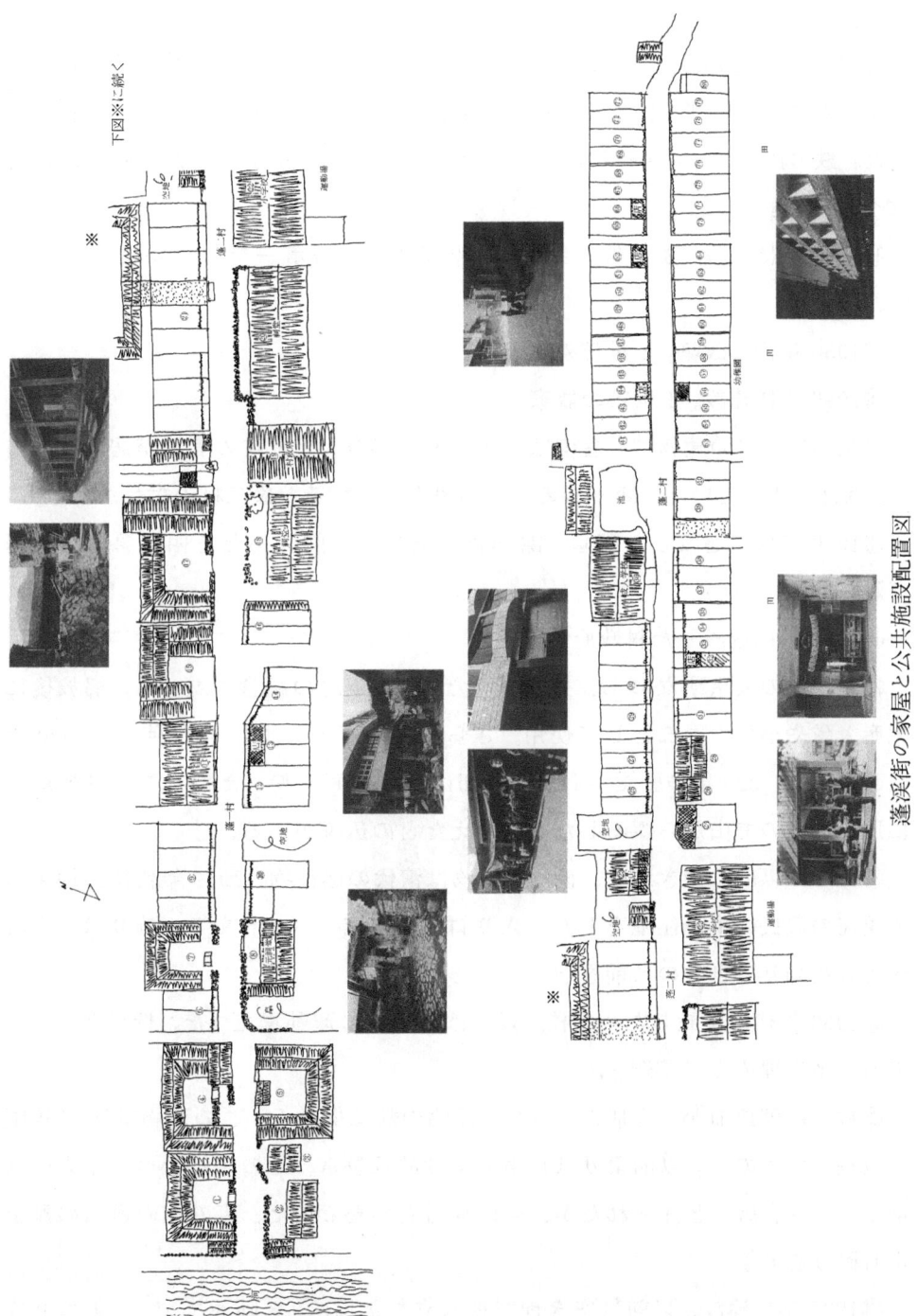

蓬溪街の家屋と公共施設配置図

⑫1995年頃に建設。連続の家は出稼ぎで稼いだ兄弟。白タイルの外装で3階建て。

⑬1987年頃に建設。日用雑貨・食品の小売店。「東皋供鎖分社　蓬渓総合服務站」の看板を掲げている。これは東皋村にいた人が10年前にここに分社を開いた。鉄の飾りシャッターと家の前の道路には松葉等をかぶせた日除け棚が目立つ。3階建て。

⑭1995年に建設。3世帯の農家。3階建てで2階ポーチの外壁に意匠を施す。

⑮1950年代に改築。1世帯の農家。

⑯1996年に建設。1世帯の農家。

⑰左側は清代の建物で、右側は1970年代に改築。4世帯の農民が居住。以前は9世帯が住んでいた。謝一族の祖先の家と伝承する。蓬二村の村長がいる。

⑱1940年代に建設した祠堂。謝一族の末裔で甥筋にあたる四兄弟の新家房が建てた。

⑲1974年に建設した村政府の建物。

⑳謝一族の大宗すなわち宗仁を祀った祠堂。4房の祠堂であった。解放後に生産大隊や小隊の本部として使用。さらに村政府として10年間使用。1990年に改築した。800年の歴史があり、最初は金の煉瓦を使ったが、この村の地主に取られたので山から採石した石に変えたとの伝説がある。

㉑ここは以前は空き地で、後ろの建物は清代の建築物。1950年代に整地をして現在の農民の集合住宅とした。入り口のアルファベット文字の飾りは、当時流行した飾りで自分の名前を記している。

㉒1960年代に建設した小学校。以前は中学校の運動場だった。低地だったので石を積み埋め立てて造った。

㉓村には解放前から商店があったが品物の数は少なく、この建物は1987年頃に改築したもので、以前よりは日用品や食品は豊富。この店はかつて主人の名前から「春宜店」と称されたが、今は経営者が替わった。店の前の道路の頭上に日除けを施す。

㉔1995年に建設。以前は空き地で埋め立てた場所。3階建てで、2階は食堂に使用する。蓬二村の村長を務める。店の前に公衆電話が設置されている。

㉕1970年代後半に建設。4人の農民の兄弟が居住。2階建て。

㉖1970年代前半に建設。息子は出稼ぎで、母親が一人居住。2階建てで、1階の壁は石組であるが、これは石匠の仕事である。

㉗1970年代後半に建設。1世帯で2階建て。この程度の煉瓦棟は1カ月で建造。

㉘1977年に建設したサツマイモの澱粉工場。この村で初めての工場で11～3月までの期間限定の加工場。

㉙1997年に建設したこの村で一番立派な家。4階建ての全部の外装に白のタイルを施す。北京にて服装関係の商売で稼ぐ、4人家族。この付近は以前は空き地。

㉚1996年に建設。3階建ての各階のポーチにアールを付け、タイル貼りの新しい意匠を施した建築。蓬一村の書記を務め、また村全体の書記も務めた。

㉛1970年代に建設。農家の3人の息子が居住する。

㉜～㉟1977年に建設。農家の4人兄弟が居住する。㉜は1996年に衛生室として貸したもので、この医者は温州医学院を卒業し上海で学んで帰り、病気治療と薬の販売を行っている。㉝～㉟は皆出稼ぎに出ており、家族が一人ずつ残っている。元は水田。

㊱1970年頃に建設。最初は成人学校として、中学に行けない子供たちのために教養の知識と技術を教えるもので、多いときは2教室100人が受講した。1996年に学校そのものを東皋村に吸収合併し移したので、現在は老人協会の施設として使用する。

㊲1970年代に建設。蓬二村の書記を務め、建築当初から日用品や菓子の小売り店を経営する。玉突き台を置き、娯楽施設でもあった。8人家族の2階建て。

㊳ここは元は水田で、古くから水が湧き出た場所。しかし下側に住宅を建設したことから水の流れが塞き止められ、水溜まりの池ができた。

㊴1995年に建設。タイル貼りで4階建て。養蜂業を営み、また煉瓦とコンクリートの建築業を1970年代から始めている。

㊵1995年に建設。3階建ての農家が3世帯居住する。

㊶～㊿1980年代から序々に建設。㊹の小売店は1996年に開店。㊻～㊽は同時に建築。㊿は2階建て、52は1990年に4階建てを建築し、93年にタイル貼り

とし、96年に開店した小売店。残りはすべて3階建ての農家。

(53)～(64)1993～94年に建設。(53)～(61)までは4階建てで、(62)～(64)は3階建て。(56)は医者で薬も販売する。(57)は個人経営の幼稚園で、1955年から始めた唯一の施設。4、5才の幼児で2年保育。現在40人余の幼児が通う。また(62)と(63)は一世帯で、現在は北京で洋服業を営み、高収入を得ている。

(65)～(72)1988年から序々に建設。(68)のみが3階建てで、残りはすべて4階建て。(65)は出稼ぎ中で空き家。

(66)は1995年から小売店を開店。(67)は出稼ぎで空き家。(68)～(72)は1997年に建設し外装仕上げのみなので、誰も居住していない。

(73)～(80)1997年に建設したもので、すべて3階建て。(73)と(74)は1世帯で、出稼ぎ中で不在。(76)と(77)は1世帯でタイル貼り。(80)は1997年12月現在、建築中である。

5. 蓬渓村の都市化傾向のまとめ

1991年から浙江省の農村の民俗調査を行ってきたが、その間に蓬渓村のみならず中国全体の農村生活は相当に変化した。

蓬渓村の蓬渓街というメインストリートに面した各家や施設を見ると、清代初期の民家や1940年代の祠堂、50・60・70・80・90年代にそれぞれ改築および新築した民家などが混在している。それらの建物には各年代ごとの建築意匠が施され、また居住する家族の栄枯盛衰の物語がある。

特に80年代に始まった経済の改革開放政策の影響は農村にも浸透し、多くの出稼ぎ者を生み、そのために幾つかの空き家が目立った。

また90年代に入ると、出稼ぎによって得た資金で家を改築したり新築する家族が加速的に増え、新しいデザインの家屋が特徴的である。

蓬渓街を注意深く観察すると、蓬一村には比較的古い建物が多く変化が少ないが、逆に蓬三村は元は水田であった場所を埋め立て、1980年代から次々と新しい高層の住宅建築が建設され、大きく変貌している。そして、蓬二村はその中間に位置し、1950～70年代に村の公共施設が建てられた場所と言える。すなわち、蓬渓街は解放前の状況から改革開放政策の落とし子のような状況の出現までを、まるで絵巻物で描いたかのような連続性を持った町並みとして捉える

ことができる。

　蓬渓街にはいくつかの小さな商店がある。この商店で売られる生活必需品の変遷は、そのまま農村生活の主として衣食住のライフスタイルの変容を表すが、それは流通経路の変化に起因している。70年代には炊飯器や菓子類が売られ、80年代以降になるとラジオやテレビがこの村にも入るようになった。

　また蓬渓村の五感による感覚表現の変容では、例えば通常の衣服は紺色や紫色などの濃い色が着られたが、80年代に入ると温州から流行の色柄やスタイルの衣服や靴が持ち込まれるようになった。それまでは新しい色柄の衣服を着ると人々の大半が笑って見ていたとされる。

　同じく、80年代には家屋内の壁の色と家具の色を同色にするなどの、色彩感覚を意識した表現が見られるようになった。

　90年代には各家で扇風機が普及し、またプロパンガスのコンロなどが導入された。

　かつて村の会合を報せる合図は、1958年まで大宗の祠堂にある太鼓を鳴らしていたが、その後背後の山腹にある「宣伝岩」でドラを鳴らしたり、メガホンを使って肉声で叫んでいたが、1986年にこの宣伝岩に拡声器を取り付け、放送するようになった。

　においや香りはこの村では自然の匂いを楽しむ傾向があり、例えば干し豆腐には五つの香りがあり、その内の一つには茴（ウイ）香を使用する。また木犀の花を茶に入れたり、チマキに槐（エンジュ）の花を入れて香り付けをするなどの優雅な食文化があった。しかし現在はこのような自然の香りを楽しむことは少なくなった。

　概して80年代から欧米の物質文化の導入が著しく、農村経済の問題を含め、そのような生活変容の実態に注目される。

　ここで取り上げた都市化とは、村の居住空間において木造から煉瓦やコンクリート造の住宅高層建築に変化し、また屋内の生活様式における近代化の問題である。

　このような高層化した住宅における個々の生活実態を見ると、まず家族の個室化が求められているが、全体には本来あった農村生活に必要な空間が平面の間取りから、上下の縦のプランに変更しただけの構造を持ち、むしろここでは

個々の家の資産形成をアピールし、ステータスを強調する風潮があるように感じられた。

　前述したように蓬三村の新興住宅地は、旧市街地の周縁部ないし入り口付近に求められており、この傾向は正に都市化の基本的要因であることに注目される。

　そして現在、この蓬渓村の経済は出稼ぎの収入に頼る傾向にある。しかし、出稼ぎは個人の活動であり個人の能力に係わっているので、個々の生活様式は変化しても村落全体が変化することは少ない。すなわち稼ぎ手の収入如何では突出した住宅が存在したりするが、一方では個々の家の貧富の差がきわめて顕著になりつつあることも事実である。

　聴取させていただいた二人の老人の性格にもよるが、この聞き書き資料からは、特に稲作以外の産業を何も持たない蓬渓村のような農村は、中国の国内の社会や経済、政治情況の動きにみごとに連動し、またその影響をもろに受ける性格の村落社会であることが考えられた。

摘要

农村生活的都市化问题

小林忠雄

自 1991 年以来，笔者多次在浙江做民俗调查，其间农村生活发生了巨大变化。本稿将着重报告有关永嘉县东皋乡蓬溪村地区农村生活的变容以及不断城市化及其社会原因。

蓬溪街贯穿整个村落，街道两旁林立着上至清初古居和 20 世纪 40 年代建造的祠堂，同时还排列着一些从 50 年代至 90 年代间改建和新建的新型楼房，这些民居及各种设施年代不一，不仅反映着不同时代的建筑风格，还象征着一个枯荣盛衰的家族史。早在 80 年代，改革开放政策深入农村，大量民工流入城镇，村子里的空房闲房与日俱增。至 90 年代，这些打工者陆续还乡，他们将积蓄起来的资本用来集资兴建新式楼房。

交通的日益便利，为蓬溪街街面小商店提供丰富多彩的货源创造了条件，如 70 年代以经销电饭煲、糕点类为主的商店，到 80 年代，电视机等高档电器已出现在橱窗里。

人们的审美意识的变化首先表现在对于服装色彩与花纹的选择上，之前的服装多单一色，如藏青色、紫色，进入 80 年代以后，温州城流行什么色彩、什么花纹，这里也紧随着潮流不放。另外，还表现在室内装修的色彩搭配上，力求做到壁面与家具色调的统一。

90 年代，各家各户已普遍使用了电扇、煤气灶。

1958 年以前，人们习惯鸣鼓传话通知各项村子事宜，之后在一大岩石上装置的扩音器渐渐替代了大宗祠堂内的锣鼓，这块大岩石久而久之便有了"宣传岩"这一美称。

蓬溪村有着崇尚天然香料的传统，比如，五香豆腐使用茴香，沏茶时放少许桂花，粽子里放些槐花，则清香扑鼻。相反地，现在这些习惯却所见甚少。

总之，80 年代欧美物质文化的大幅度引进，直接反映在农村经济，特别是农村生活的巨大变化上。

Ⅱ 环境与生产、生活

II 環境と生産・生活

麗水地区における経済活動の伝統と現代化
- 畲人のブタをめぐる生業戦略の継承と変化について-

菅 豊

1. 問題の所在

　広大な国土をもつ中国は、多様な自然環境をもち、その環境に応じて人々は多様な生業形態を有してきた。ひとつの国家のなかにおけるその多様性は、世界規模でみても特異な位相に存在する。しかし、その多様な生業形態は、かつて旧社会から「解放」されて以降、共同化、集団化という驚くべき画一制度によって大きな変化を遂げてきた。さらに、近年では、その指向性はまったく正反対ではあるが、「改革開放」という、同様に激しいうねりをもたらす運動のなかで、画一的な方向へと突き進んでいるように語られている。

　この大変革期にあって、人々の生きるための生業戦略は、どのように変わり、あるいはどのように変わっていないのであろうか。現代化、あるいは「改革開放」の状況が、どの程度、農村社会の生業に影響を与えているのであろうか。本報告では、そのような問題に、現在学としての民俗学からアプローチするための、基礎的資料を提示することを目的としている。

　対象としては、浙江省麗水市曳嶺区老竹鎮黄桂行政村に居住する畲人[1]を対象とする。彼らは、解放以前より、漢人との交流が深く、浙江省地域に居住する他の畲人集団に比べても、経済生活の面において既に民族的アイデンティテ

---

[1] 本報告で「畲人」と表記するのは、中国広東省や福建省から浙江省にかけた山岳部に居住するミャオ・ヤオ系の少数民族である。日本では「シェ族」、「ショオ族」という表記をすることもある。

ィーを失っている。しかし、ほとんど漢人とは差のない経済生活のなかにも、彼らが伝承的に受け継いできたと認識する活動、技術、知識は存在するのである。それが、オリジンとして漢人の文化に由来するものであったとしても、現在、それは彼らの生活の一部となっているのであり、現在の変革のなかで、変わりいく可能性をもった伝統と考えられているのである。

今回は、特に、家畜飼育、そのなかでもブタ飼育にみる伝承性と、現代化への適応を素材とする。登場する二人の中心人物は、かたや伝統的と称する小規模な飼育方法で市場にアプローチし、かたや新しい方法と称する拡大的な方法で、現代化に乗り遅れまいとしている。この二人は、方法こそ違え、栽培農業の合間に少しでも収入をあげ、少しでも生活を向上させたいと願ってブタ飼育を行っているのである。その点において、ブタ飼育は、彼らの経済生活のマジョリティーを占めるような、いわゆる「本業」ではない。しかし、「副業」として意識化され、現実に生産の周縁的な部分を占めるがゆえに、個人の意図や自発的創意が、むしろ反映されやすくなっている。彼ら自身の、「改革開放」以後の、生業に対する考え方を、より強く反映しているのである。

2.「かつて」と現在の経済の構造

本報告で対象とする黄桂行政村は、現在、浙江省麗水市老竹畬族鎮に属する。老竹畬族鎮は、麗水市区の西端に位置（北緯28度30分、東経119度44分）し、人口約1.4万人、そのうち約5パーセントを畬人が占める鎮である。この老竹畬族鎮の北部、武義県との境界をなす山岳部に黄桂行政村がある。黄桂行政村は、上井村、平坑村、高水尖村、横塘村、黄桂村[①]の5自然村からなり、1997年時点で戸数202戸、人口705人である。大半が雷、藍姓の畬人で、周姓などの漢人が少数ながら居住する。

畬人は、本来山岳地に依拠した「刀耕火種」と呼ばれる焼き畑と、狩猟を生業の基盤としてきたと一般的に考えられてきたが、現在の黄桂行政村においては、焼き畑、狩猟などはほとんど行われていない。その生業の基盤は、稲作を中心とした農耕にあり、周辺の漢人と生産生活面において大きな差は

---

① 本報告では、自然村は地名の後に「〜村」、行政村は「〜行政村」と表記する。

ないといえる。

　彼らが、「かつて」自分たちが行っていた生業を語る時は、解放前にその話題が集中する。人民公社時代は、今でも「かつて」ではない。

　解放前、黄桂行政村でも、畲人は耕作地を求めて焼き畑を造成していた。山中の焼き畑開墾地はサンヂィ（山地：焼き畑開墾地）①、あるいはサントウタン（山頭田：焼き畑開墾地）と呼ばれ、集落周辺に広がるシータン（水田：水田、あるいは水田および畑）と区別される。

写真1　黄桂村の遠景

　解放時には、地主（5畝〈1畝＝6.667アール〉以上の土地所有で、土地を貸与する）、富農（1～5畝の土地所有で、農耕牛、農具をもち、自作および雇用する）、富裕中農（1畝以下の土地所有で、農耕牛、農具をもち、自作する）、下中農（土地をもたず、農具のみをもち、地主の土地を借用する）、貧農（土地、農具等を所有せず、1日米5斤（1斤＝500グラム）、3食付きで雇われる）の5階級に区別されて、シータンはほとんどが村内外の地主、富農によって所有されていたという。そのため「富家人的田、好家人的山（富める家のものは田をもち、力のある家〈金はないが、労働力のある家、畲人をさす〉は山をもつ）」とまでいわれていた。

　この地域の水田の貸借による耕作関係において、土地を貸与する地主はザッチニン（財主人：地主）、借用者をツォタイニン（作田人：借用者）と称し、1畝あたり2小担（ここでは1小担＝80斤）のコメを借用料とする、いわゆる定額小作であった。当時の1畝あたりのコメの生産量は、およそ200～300斤であったというから、小作率はよくても5割程度、作柄の悪い時は8割ほどと高率であった。村の9割以上は下中農、貧農であり、このような土地貸借による水田耕作に従事

---

①　本報告では、現地発音の聞きなしをカタカナで表記し、さらに括弧内に「（彼らが意識する漢字表記：意味）」を付している。この地域の畲人は、日常的には、麗水方言と畲語の両方を用いて会話するという。

するとともに、生活維持の不足分を山間部の焼き畑に求めていた。

　山間部の土地所有は明確ではないが、その使用においてかなり粗放的であったようである。誰も使用していない（栽培していない）サン（山：山）は、解放前は誰でも利用することができたとされる。毎年、春節後、山を切り拓いて、火入れしていた。表土が厚く土質のよいところでは、農暦4月～9月にかけボーロー（玉米：トウモロコシ）、あるいは農暦5月～9月にファンシー（蕃薯：サツマイモ）を栽培し、傾斜があり表土の薄いところではヨウチャ（油茶：アブラツバキの仲間）を植えた。ヨウチャの実は、搾油用である。サンにはズィー（竹：タケ）も植える。ヨウチャやズィーは、その所有は明確であり、その植物が生えている間は、その土地も植物の所有者によって占有されていた。ボーローやファンシーの栽培地は、数年もすると地力が落ちるため放棄されブッシュ化するが、この場所は、その後誰が使用してもよい。

　サンは、このような耕作地として利用されるとともに、薪炭の採集地でもあった。また、野生ミツバチの蜜取りなども行われ、在来養蜂も行われていたが、現在では消失している。

　黄桂行政村域の解放前の家畜飼育は、現在と同じく個別的、小規模なものであった。たとえば、ブタは富裕中農、下中農で1戸に1～2頭ほど、地主、富農で3～4頭飼育していたという。そのほとんどは、換金用で、自家で肉を消費することなど、地主や富農層以外ではほとんどなかった。

　現在の黄桂行政村の経済状況は、統計的[①]には以下のようになる。

　黄桂行政村には、村民委員会が1組織、その下部組織として村民小組が9組設けられている。電気普及率は100パーセントで、上水道普及率は、約95パー

---

　①　この行政村の統計を管理、集計するのは行政村の会計 L.L 氏（1932年生：畲人、男性）である。彼は、1953年から統計作成に関わっていたが、正式に会計の職についたのは1963年からである。彼は、毎年12月20日までに村内の統計資料を取りまとめ、鎮政府へと報告してきた。彼は、最初に統計と関わった1953年の数値を若干記憶している。当時は、戸数119戸で、人口565人（うち約280人が畲人）。この村は、977.45畝の耕地面積を既にもっており、その面積は現在より広い。彼は、政府によって決められた経済、社会に関する統計を集計している。その数値の正当性には、いささか疑わしい部分もあるが、基本的に彼は、この数値は歪められていないという。ただし、平均収入については、若干高めに報告しているようである。報告値は年間平均所得は2150元であるが、実際は1750元にしかならないという。

セント、テレビも102の家庭に普及している（『1997年農村基本情況』による）。耕地面積は、水田683畝、畑作地77畝で計760畝、その他山林3551畝（『1997年耕地面積』による）である。全人口705人中、約37パーセント、263人（うち16歳から59歳までの男性205人、16歳から54歳の女性58人）が、「労働力資源」として計算され、その内訳は、農業201人（約76.4パーセント）、牧畜業12人（約4.5パーセント）、林業1人（約0.4パーセント）、漁業2人（約0.4パーセント）、通信・交通運輸業5人（約1.9パーセント）、商業5人（約1.9パーセント）、その他37人（約14.5パーセント）であり、大部分の労働力が農業生産に配置されているといえる（『1997年農村労働力資源および主要行業分布情況』による）。

しかし、農業従事者として計算される人々は、実際には自家でブタやニワトリなどの家畜・家禽飼育を行ったり、山林の木材伐採に従事したりしており、統計上にあらわれるような専業化は大きく進んでいない。

長期外部へ流失している「臨時工」は37人、短期の出稼ぎ「外出労働力」は18人（うち省外6人）であり、村外に働きに出ている人口は、村の全人口の約7パーセント、全労働力の約21パーセントにあたる。

表1は、黄桂行政村における、1997年農作物の作付面積と、1畝あたりの生産量、全生産量をまとめたものである。黄桂行政村では、耕地における粮食作物の作付面積は1500畝、非粮食作物は485畝、合計1985畝で、耕地面積760畝に対する作付面積比は約2.6倍である。つまり、作物の栽培季節、期間のズレを利用して、全耕地を1年間に2.6回使用しているということになる。

非粮食作物が全作付面積に占める割合は、約24パーセントである。粮食作物はイネ、ムギ、雑穀など食糧用作物として位置づけられる穀物であり、これは食糧生産政策の管理下にあるのに対し、非粮食作物は主として換金を目的として市場に対応した作物である。この割合は、市場経済導入後、徐々に増加しつつあるという。しかし、現状として作付けの主たる作物は、全作付面積の約53パーセントを占めるイネで、黄桂行政村の農業生産は、現在においてもイネを中心とした穀物生産に比重がかけられていると、統計的にはいうことができる。

表1：1997年農作物の作付け面積と、1畝あたりの生産量、全生産量

		作物名	播種面積	畝産	産量
粮食作物	春期生産の粮食作物	コムギ	65	105	6.8
		エンドウマメ	55	45	2.5
		ジャガイモ	165	140	23.1
		イネ（早稲）	485	395	192.0
		＊そのうちハイブリッド米	160	420	67.0
	秋期生産の粮食作物	イネ（単作、すべてハイブリッド米）	50	420	21.0
		イネ（連作晩稲）	520	400	208.0
		＊そのうちハイブリッド米	500	410	205.0
		サツマイモ	45	800	36.0
		ダイズ	115	150	17.2
非粮食作物	水田、畑など耕地で栽培するもの	ナタネ	120	80	9.6
		その他の野菜	185	1250	231.0
		スイカ	180	622	112.0
	山地、果樹園など耕地外で栽培するもの	シイタケ	—	—	200.0
		茶	5	—	15.0（そのうち春茶10、夏茶5）
		ミカン	110	3681	405.0
		モモ	5	—	—

（『1997年農作物播種面積と産量』および『1997年茶葉と果樹生産状況』をもとに作成）
備考：
播種面積は作付け面積：単位は畝（1畝＝6.667アール）
畝産は1畝面積あたりの生産量：単位は公斤（1公斤＝1キログラム）
産量は全生産量：単位は噸（1噸＝1トン）
粮食作物はイネ、ムギ、雑穀など穀物の総称。

　表2は、黄桂行政村の1997年の総収入、表3は総支出をまとめたものである。総額2093200元の生産をあげるが、そのうち約58パーセントは農業生産によるものである。その農業生産のうち、約55パーセントは市場に対応した売却用の産

品である。つまり、作付面積では政府買い上げの穀物生産に比重がかけられているものの、農業収益の面からいうと、市場対応型の経済作物生産が大きな意味をもっているといえる。牧畜業による収入が農業収益に次ぎ、約15パーセントを占めるが、これも市場への売却を主たる目的とした産品であり、黄桂行政村は収入の基盤を市場経済にある程度委ねていることが理解される。黄桂行政村の総収入と総支出の差、つまり純益は1518200元で、人口1人あたりの年収は約2150元[1]である(『1997年農村経済収益分配情況統計表』による)。

表2：農村経済総収入（万元）

項　目	収入
農　業	121.00
・栽培農業	113.00
	（そのうち一般市場への売却用産品 67.00）
・その他農業	8.00
林　業	10.32
	（そのうち一般市場への売却用産品 0.32）
牧畜業	31.00
運輸業	2.00
商飲業	4.00
サービス業	21.00
農村外労働収入	20.00（村外出稼ぎを含む）
総計	209.32

　このような生産活動の経営は、個人の裁量に委ねられた「家庭経済」がほとんどで、集団的な「村組集体」の経営は現在では0.5パーセントにも満たない。耕地の「承包」率（生産責任（生産請負）の率）は100パーセントで、生産責任制のもとで経済の個人化は進展している（『1997年農業承包経営責任制情況統計表』および『1997年農業承包合同情況統計表』による）。

---

[1] 実際に純益1518200元を、人口705人で割ると約2153元となり、統計上の数字と3元誤差がある。

表3：農村経済総支出（万元）

項　目	支出
生産にかかる費用	42.00
・栽培農業	28.00
・林業、牧畜業、漁業	4.00
・その他	10.00
管理にかかる費用	4.60
その他	0.32
国家税金	8.00
・農業税	4.50
・農業特産税	3.50
その他税金	2.58
・村控除分	0.92
（積立金、公益事業費、幹部報酬等）	
・郷控除分	1.66
（学校、計画生育、軍への特別慰問金、郷村道修理費等）	
総計	57.50

　以上のように、現在の黄桂行政村の農業は、解放前のような山間地の焼き畑と、集落周辺部の耕作地に依拠する形態から大きく変わっている。そして、その生産形態は現在でも、外部的な市場経済に対応して明らかに変化しつつある。この変化は、家畜飼育の方面にも大きく影響を与えている。

　黄桂行政村では、畲人語で農作物をオンフォ（黄貨：農作物）と呼ぶのに対し、家畜をタオサン（?：家畜）と呼ぶ。タオサンとしては、ジー（猪：ブタ）、ノウ（牛：ウシ）、ヨン（羊：ヒツジ、ここではヤギ）などとともに、ガイ（鶏：ニワトリ）、アオ（鴨：アヒル）、ガオ（鵝：ガチョウ）など家禽も含む。

　解放前から、人民公社時代を通じて、これらの家畜・家禽飼育は行われていたが、現在のように収益として大きな意味を認識され始めたのは、「改革開放」以後のことである。ブタの飼育を例にあげれば、解放前でも下中農レベルまで飼育は行われ、ほとんどが売却され収益はあげられていたものの、それを生業の中心とすることはなかった。自家消費も、ほとんどが春節などの祭事に限定されていたという。

1997年のブタの「年末存欄総頭数（年末に存在する総頭数、当歳の子ブタも含む）」は、432頭で、年内に生産売却されたブタの頭数「出欄」298頭をあわせても全生産数は730頭（うち繁殖用メスは18頭）である。1戸あたりの頭数は、単純計算約3.6頭で、現在でも経営頭数は特別拡大していない。現在、一部飼育頭数を増やした家も存在するが、多くは1～2頭を小規模に個別飼育する形態のままである。経済的には、見込みがあると認識されているものの、さほど極端な増加は示していない。

ヤギは「年末存欄」は僅かに2頭（すべてメス）にすぎない。ウシは「年末存欄」51頭で、黄牛36頭（うちメス10頭）、水牛15頭（うちメス6頭）である。ウシは、農耕用の役牛で、田を耕すことのできる「能耕牛」は34頭。

ニワトリ、アヒルなどの家禽は、「年末存欄」は、2900羽、売却された「出欄」は1700羽で、産卵量18トンである。数字上、概数と思われるが、1戸あたりの年間飼育羽数は、おおよそ22羽程度である（『1997年畜牧業生産情況』による）。

3. 伝承的な家畜飼育、利用の様相

L. X氏（1926年生：畬人、女性）は、黄桂行政村に属する上井村に娘夫婦とともに住んでいる。彼女の家庭では、1997年12月時点で、ブタのオス2頭と水牛オス1頭を飼育している。ニワトリは、夏まで飼っていたが、すべて病気で死なせてしまって、12月現在はいなかった。また、年が明けてから飼い始めるつもりである。L. X氏は、家畜・家禽飼育に熟練している。ただし、彼女は、飼育数でわかるように、家畜・家禽飼育に専門化しているのではなく、あくまで栽培農業を基盤とする生産活動の合間に、動物たちを育ててきたのであって、他の大多数の黄桂の人々と何ら変わるところはない。その飼育は、あくまで伝承的な方法をベースにしていると考えられている。

近年、黄桂行政村におけるブタは、換金を目的としてその生産はより重要視されているものの、先に紹介した統計的な飼育頭数のように、特にそれを拡大する指向性はみられない。以前と同じく、農業生産の合間に、伝承的な方法で、少数のブタを小規模に飼育する者がほとんどである。その日常的な飼育技術も、基本的なところで大きく変化していないが、繁殖や品種の側面におい

て、現代化、あるいは市場経済に対応した変化がみられる。それでも、L. X 氏は、自分の行うブタ飼育は、本来の畬人の飼育方法であり、自分は伝統的なやり方を守っていると強調する。

　L. X 氏は、昔ながらのやり方を守り、さらにその才は抜きん出ていると、村の人々に評価される人物である。ある時、70斤（35キログラム）の子ブタを、10カ月間肥育し299斤（約150キログラム）まで育て上げたことがあり、また、今年、ある1頭を、約7カ月間で10カ月飼育並の大きさまでに仕上げて売ることができたので、村中で話題となっている。人々は、「L. X 氏の水桶はとてもよい（ブタを大きくする水が入っている、転じてブタ飼育に優れているの意）」と表するほどである。彼女は、現在でも基本的に解放前とほとんど変わらない方法で、ブタを飼育していると語る。そして、この方法は、人民公社時代も変わらなかったという。

　伝統的に、ブタやニワトリの日常的な世話は女性が行う。L. X 氏の実家は、黄桂行政村の黄桂村で、子供の頃から母の手伝いをするなかで、家畜、家禽に慣れ親しんできた。本格的に自分が主体となって飼い始めたのは、18歳の時、上井村に嫁いできてからの話であるから、現在で、もう50年以上の飼育の経験があることになる。

　ブタは、昔、春節や清明節、端午節、中元節などの節事に食べられればよい方で、日常的にはほとんど食卓にのぼることはなかった。彼女は、この貴重なブタに関して、人間と変わらぬように丁寧に育てれば必ず大きく成長すると、手をかけることの重要性を指摘する。毎日3回、ダイコンや野菜のクズ、サツマイモ、ヌカ、雑草などを混ぜて、1回で食べきれる分だけ給餌し、配合飼料は用いない。給餌の際には、消化を助けるため必ず煮て柔らかくする。朝に餌を作り置きするが、給餌の際は暖め直す。子ブタの時には、特に注意を要し、コメの粥や卵を混ぜたりして、体調に気をつける。時々、虫下しとしてヨウチャ（油茶：アブラツバキの仲間）の実の搾りかす（燃料として用いている）を燃やした灰を粥に混ぜて与えるという。滅多に病気にはならないが、食欲などもみて、もし何か問題がありそうな時は、老竹村にいるこの村出身の獣医 Z. L 氏を呼んで治療してもらう。

　もともとブタは、自分の家で繁殖させていたが、数年前に繁殖は止め、現在

では肥育のみを行うようになっている。ジーツォイ（猪仔：子ブタ）は、娘夫婦が、2と7のつく日に老竹村で行われるオネッ（過行：定期市）で購入してくる。

先にも述べたように、黄桂行政村のブタの全飼育頭数は730頭で、そのうち繁殖用メスは18頭にしかならない。この行政村では最高でも全戸の約9パーセントほどしか、繁殖ブタを保持せず、ほとんどの家庭がブタの自家再生産を行っていない。大半の家庭では、村内外からブタを購入しているのである。

解放前には、ウージー（烏猪：黒ブタ）を繁殖させていた。これは、縉雲からもたらされたとされるブタで、これをベンディージー（本地猪：地元のブタ、地ブタ）だと考えていた。ところが、1958年に杭州から白いブタを獣医たちがもってきた。その後、様々な品種が村にきて、ウージーはほとんど姿を消すこととなる。現在僅かに残るウージーは、同じ麗水市内の碧湖鎮からもたらされた碧湖猪という地方品種であり、現在では、これをベンディージーと考えている。

写真2　老竹鎮の子ブタ売り

現在、黄桂行政村では、全生産数は730頭中繁殖用メスは18頭にすぎないことは既に述べた。このうち、ウージーは5頭を数えるのみである（黄桂村1頭、横塘村1頭、上井村3頭）。

本来いたウージーは、体が小さいため減っていったという。どんなに時間をかけて、丁寧に育てても、200斤を越すことは滅多になかった。普通は、9カ月齢120斤ほどで肉用として出荷していた。成長も遅く、3カ月齢でも25斤ほど

にしかならない。この頃からジーニョウ（猪娘：ブタのメス）は、ザオラン（走欄：発情）し始めるが、実際は9カ月齢頃から交配させ、繁殖させていた。産子数は多く、普段でも10～14頭、多いと16頭ほどにもなったという。種付けは、村のなかでオスをもっている人に幾ばくかの謝金を支払い、借りてきて行った。

　産まれた子供は、ジーニョウとして残す必要がなければ、オス・メスともにゲッ（結：去勢）して、自家で肥育する分以外はすべて売却した。これは、老竹村に住むゲッジーラオスー（結猪老師：ブタの去勢師）に頼んで行っていた。

　現在は、このような繁殖は、手間とリスクを考えてあまり行われていない。ブタでの収入を大きくしたいと考える人々が、若干行うのみである。老竹村の市には、子ブタ市があり、そこで購入する人が多い。このように繁殖、品種などの面において、明らかな現代的な変化が起こっているのにもかかわらず、L.X氏は飼い方はあくまで伝統的であると主張する。

　子ブタは、毛に光沢があり前足が太く、背の幅が広いものほど、成長がよいと考えられており、そういうものを選んで購入する。品種は、様々であるが、最近は碧湖猪と長白（ランドレース種）をかけ合わせた「雑交種」（F1）が、成長がよいということで多く出回っている。この肥育用の「雑交種」のジーツォイ（猪仔：子ブタ）は、通常、約4カ月齢（体重70斤前後）まで繁殖者が肥育して売られる。それは、小さいものほど病気になりやすくリスクが高いと考えられているので、4カ月齢前後のものが好まれるからである。L.X氏も、70斤前後の子ブタを選んで購入するという。この「雑交種」の子ブタは、みた目では単なる雑種か、ハイブリッドか見分けがつかない。なかには、普通の雑種を、「雑交種」として売るものもいるという。

　L.X氏は、繁殖をとり止めたものの、他の部分では、かつてとほとんど変わらない方法で熱心にブタを愛育している。そのためか、L.X氏はここ数年、飼育したブタについての記憶が鮮明に残っている。

　図1は、それを生産暦にまとめたものである。彼女は、95年初頭には、94年春（A）、11月（B）、12月（C）に購入したブタ3頭を飼育していた。Aのブタは95年3月に売却し、これに代えて6月にDのブタを購入した。B、Cのブタは

中国浙南民俗文化

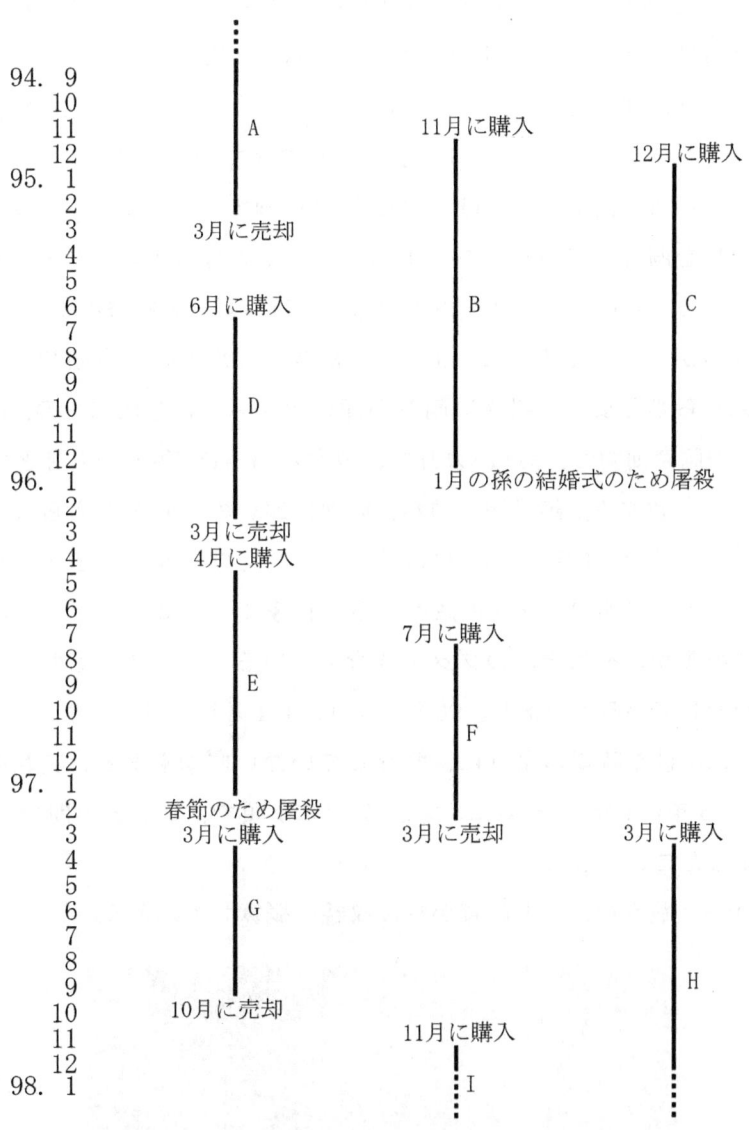

図1: L.X氏のブタの生産暦

　96年1月1日に行われた、孫の結婚式の料理用に屠殺した。屠殺は、この村のラッジーラオスー（殺猪老師：食肉処理者）に頼んでやる。ブタを売却する時も、このラッジーラオスーに頼んで、屠殺、食肉処理を済ませて売る。特に、謝礼は支払わないが、ブタの大腸はラッジーラオスーの取り分となる。

　Dのブタは、96年3月に売却。これに代えて4月にEのブタ、さらに7月には

・107・

Fを購入し、Eを翌97年の春節の料理用として屠殺し、Fを3月に売却した。そして、これらに代えてG、Hを購入した。このGが、約7カ月間の飼育で10カ月並の大きさ（肉だけで約200斤（約100キログラム））までに仕上げて、村中で評判となったブタで、10月に売却することができている。これに代えてIを11月に購入している。彼女の家では、1997年末存欄で、2頭のジーコウ（猪公：ブタのオス）を飼育している。このH、Iはすべて去勢したロウジー（肉猪：肥育ブタ）である。現在、子ブタを購入する時には、既に去勢済みである。

　この生産暦からわかるように、95年～98年のL.X氏の飼育頭数は9頭にのぼる。購入から処分まで、明確に飼育期間のわかっているB、C、D、E、F、Gの6頭の平均飼育期間は、約9.8カ月で、彼女が語るほぼ9～10カ月という飼育期間の数値と一致する。年平均3頭が、彼女に飼育の上限と考えられている。これ以上飼育すると、飼料上あるいは手間からいって、自分ひとりで面倒をみられないという。通常は、ブタの成長具合、自家での需要に応じて、購入、販売、処分の時期が、それぞれのブタで異なっているため、頭数は変化する。最大で3頭飼育しているのであり、96年の3月から4月にかけて、また、97年の2月から3月にかけた時期のように、飼育していない時期もある。実際の販売、処分頭数は95年に1頭、96年に3頭、97年に3頭で、ここ3年間で年平均約2.3頭生産したことになる。

　この値から、彼女の、ブタ肥育からの収益を概算してみよう。

写真3　シェザイ

たとえば、97年Gのブタの場合、67斤の子ブタを最初に購入してきた。この時、同時に購入したHは71斤で、通常、彼女は70斤前後のある程度育った4カ月齢前後の子ブタを選ぶという。購入時の子ブタの価格は、体重1斤あたり6元であった。したがって、Gのブタは、402元で購入された。これが、売却時に肉のみの重さ200斤になっている。この時の、ブタ肉の価格は1斤5.8元であり、1160元になる。これに、肝臓などの内臓分30元を加えて、1190元の収益をあげたという。

先にも述べたように、L.X氏は、飼料を自家で賄っているため、ブタ生産には、子ブタ購入費、および労働力以外のコストが、ほとんどかからない。したがって、ブタの購入費を収益から差し引いた額を、基本的に純益とみなすことができ、これは758元になる。もし、年平均約2.3頭生産するブタをすべて売却用に回すとしたら、L.X氏は1743元収益をあげることができる。この額は、先に紹介した黄桂行政村人口1人あたりの年収約2150元の約8割を占めることとなり、70歳を越した高齢の女性があげる収益としては、決して低いものではない。L.X氏は、ブタ飼育の収益を蓄え、子供の教育や、結婚の費用に使ってきたようで、その経済的な意味は、主たる生業の収益に比べ個別性が強いようである。

L.X氏は、このように自分の収入の一部分を確実に補助してくれるブタの成長を願って、儀礼を欠かさない。たとえば、ブタを屠殺する時には、その血を紙に付け、ジーラン（猪欄：ブタ小屋）の戸口に挿し、線香を供え祀る。これをシェザイ（血財：ブタの血を付けた紙）と呼び、これが多いほど、家は豊かになるといわれる。また、このシェザイは、ブタが下痢した時に、燃やして与える民間治療薬ともなる。

さらに、ブタに限らず、家畜の飼育場所の入り口には、年越しにその成長を願った札を貼り付ける。ジーランには「血財肥大（シェザイ（ここではブタをさす）が、肥えて大きくなるように）」、「猪大如象（ゾウのようにブタが大きくなるなるように）」、「猪大如牛（ウシのようにブタが大きくなるなるように）」、ガオラン（牛欄：ウシ小屋）には「力大如虎（トラのように力が強くなるように）」、「六畜興生（家畜が栄えるように）」、ガイジー（鶏？：ニワトリ小屋）・ガイロン（鶏籠：ニワトリ籠）やアオジー（鴨？：アヒル小

屋)・アオロン（鴨籠：アヒル籠）には「鶏鴨成群（ニワトリ、アヒルが群れになるように）」といった、文言の書かれた紙札が貼られ、その家畜・家禽の成長の安寧が祈願される。

　L．X氏は、家禽飼育に関しても、ブタと同じく伝承的な技術、知識を有し、それを実践しているという。特にガイ（鶏：ニワトリ）は、いつも最低でも5、6羽は飼育しているという。しかし、1997年夏に、病気ですべてを失い、12月現在は飼育はない。

　解放前には、たいてい、どの家でも数羽のニワトリを飼育していたという。富農のなかには、50羽以上も自家用で飼っているものがいたという。ニワトリは、節事のみならず客をもてなす食材として一般的であったが、中農以下の家庭では、日常的に食べられるものではなかった。しかし、嫁の両親をもてなす時には、必ずニワトリ料理でもてなしたものであるという。

　L．X氏らの行う伝承的なニワトリ飼育は、放し飼いである。夜間、ニワトリを家のなかのガイジー（鶏？：ニワトリ小屋）・ガイロン（鶏籠：ニワトリ籠）で休ませるが、朝には家から出し、周辺部を徘徊させる。これら巣のなかには、卵を1個とらずに残すか、あるいは、卵の殻をくっつけて卵状にしたものを置いたり、ガンラン（假卵：偽卵）という木製の卵を置いておかねばならない。そうしないと、ニワトリは小屋のワラや薪のなかなど別の場所で卵を産むという。

　餌には、トウモロコシ、ヌカ、残飯を混ぜて与え、コメに余裕のある家では、籾も与える。朝晩2回、決まった時間に与えるのが、放し飼いから規則正しく戻ってこさせるコツである。ニワトリはアヒルに比べ、早く家を出て、早めに家へ帰るという。行動範囲もアヒルより広いが、各戸のニワトリは家ごとに群れをなして、混じることはない。通常、自分のニワトリ群は見分けがつくが、まだ小さい頃には特徴がないので、頭の毛を抜いたり、色を塗ったり、赤、緑などの色の付いた糸を翼につけることもある。

　ニワトリは、昼間、集落そばの雑草や、虫を啄み歩く。これは、普通の時には、餌の節約になってよいのであるが、ことイネの収穫期などは、籾を啄むので問題となる。そのため、セークーチョン（晒谷場：籾干し場）には子供や老人などの見張りを置く。野菜畑なども、葉物は食べられやすいので、シャオトン（？：棘のある木の一種の名前）という木の枝で作った、ピュアリー（？：ニ

ワトリ除けの柵）と呼ばれる柵で囲んで自己防衛する。また、イネの出穂期には、やはりニワトリが啄むので、飼育者はできるだけ外に出さないように自重した。もし、他の人の穂を啄むところを見咎められたら、その鳥を勝手に処分されても反論できないという。

現在、放し飼いにしているニワトリは、在来のニワトリという認識がある。しかし、品種名としては特定されず、ただベンディーガイ（本地鶏：地元のニワトリ）と表現されるのみである。在来鶏の場合、たいていの家は、ガイコウ（鶏公：ニワトリのオス）、ガイニョウ（鶏娘：ニワトリのメス）ともに飼育しており、自家で再生産も行うが、ガイラン（鶏卵：ニワトリの卵）を産めないオスは、数の上で少ない。

通常、この地では春節あけに産卵、ふ化させ、ヒナをとる。春節にガイコウは、背が大きく足の太い健康なもの1羽を除き、すべて処分してしまう。このオスは、農暦2～3月まで、種オスとして用いる。産卵量が多く、就巣性の強いガイニョウを種メスとして選び、その卵をふ化させる。

ふ化させるために就巣するニワトリを、ラッピュガイ（懶孵鶏：就巣鶏）という。ラッピュには、農暦2月、8月頃になりやすいという。L. X氏は、例年、春節あけから、種メスとして選んだガイニョウの卵を主に、20個ほど集めてふ化させる。この地のニワトリは、月15個程度の産卵量なので、足りない分は別のメスの卵を用いる。23、24個もふ化させることはできるが、数が少ない方がふ化する率は高いという。

さらにふ化率を高めるために、有精卵か無精卵かを民俗的な技術で見極める。黄桂行政村では、有精卵と無精卵は、畬語でデェーン（布：有精卵）、ポーン（冇：無精卵）①と区別される。燈火に照らしてみて、なかに白い模様がはっきり出るものをデェーンと判断する。

卵が集まると、ラッピュになったニワトリにピュガイツォイ（孵鶏仔：抱卵）させる。ちょうどラッピュになるメスがいない場合、余所からラッピュガイを借りてきてふ化させることもある。抱卵させて約10日後に、再び燈火に照らし

---

① デェーン、ポーンという表現は、イネの籾の入り具合にも使われる。また、スーという表現も、すべての動植物の交配を表現する言葉で、たとえば、「スイカは、早朝にスーする」と語られる。

ヒナがいるかどうか確かめ、ポーンを取り除く。また、デェーンでも死んでいる場合があり、冷たい水に軽く浸け、動きを確かめる。ふ化日数は、20日と考えられていて、約8割ほどふ化する。

　ヒナはガイツォイ（鶏仔：ニワトリのヒナ）と呼ばれ、数カ月でオス・メスの区別がつく。オスは1斤位に成長してから必要に応じ、処分する。農暦7～8月頃の生後およそ6カ月齢でガイトゥン（鶏?：若鶏）と呼ばれるようになると、メス（約1.5斤）は産卵を始め、オス（約2斤）は交尾を始めるとされる。同時に、ラッピュになるメスも、出始める。

　ラッピュ時には放っておくと、20日から1カ月以上も巣ごもりし、産卵を停止する。ラッピュになると、若干の餌を食べる時以外、巣から出なくなり、人が近づくと羽を逆立てて威嚇するのですぐにわかる。ラッピュになるのは鳥ごとに違いがあり、なりやすいものは20数日ごと、また、まったくラッピュにならないものもいる。

　メスは、卵をとることを目的として飼育されているため、再生産に必要なラッピュも、子とり以外の季節には不都合である。そのため、ラッピュを解除する民俗的な技術が存在する。これをギンサンレイ（赶醒了：急いで眠りから醒ます）と表現するように、ラッピュは眠っている状態と考えられている。その眠りから、目をさまさせるために、目を布でふさいで竹竿の上に立たせたり、浅い水の上に立たせて腹を冷やしたり、子供靴を無理矢理はかせて縛ったり、ガイロンに閉じこめ断食させたりする。こうすると約1週間ほどで、ラッピュからさめて、再び産卵し始めるという。

　同様に、卵を産まなくなる現象にダンマオ（撣毛：換羽）があるが、これは秋から冬にかけて、ニワトリの羽が生え替わることであり、対処法はない。年をとったメスのラオガイ（老鶏：当歳過ぎのニワトリ）に多いと考えられている。

　ガイトゥン期は、1～2カ月と短く、それより大きく成長すると、オスはガイコウ、メスはガイニョウと呼ばれるようになる。ガイトゥンの肉は、美味で栄養があるとされ、「斤鶏馬蹄鼈（ニワトリは1斤ぐらい、スッポンは馬の蹄位が美味で栄養がある）」という俚諺が語られるほどである。また、メスがガイトゥンになって最初に産んだ卵は、シンガイラン（新鶏卵：最初に産んだ卵）、あるいはタウサンラン（?：最初に産んだ卵）と呼ばれるが、これには血が付

いてるといわれ、栄養があるため子供に食させるものとされる。

　L. X氏は、ガイニョウになったメスを、コンスタントに卵を産み続ける限り飼い続ける。だいたい3、4年は卵を産み続けるが、2年ほどで産卵能力は落ちてくるため、できるだけ若いメスへと毎年更新する。オスは、順次、必要に応じて処分され、春節には種オスとなる頑強なものを除き、すべて処分される。このような、サイクルでいくと、農暦1年間の上半期は、下半期に比べ、ニワトリの肉、卵ともに生産は相対的に少なくなる。

　黄桂行政村の大部分の家庭で行われている伝承的な家畜・家禽飼育は、日常的な直接の経済において基盤となるほどの経済性をもっていないが、非日常的な機会を支える経済的な役割をもつ。日常的に大きな労働力を必要とせず、余剰の老年の労力をもっても飼育が可能な点、その飼育のコストが大きくない点、リスクが小さい点から、主たる農業生産を補充する役割としては、十分な意味をもつ。それが、近代化されていない技術であると、認識されていても、経済的には決して不利ではないのである。そして、それは、時には、春節、結婚式などの儀礼時にも自家消費されることから、経済的な意味以外の役割も期待されていると考えた方がよいであろう。黄桂行政村の多くの人々が、家畜・家禽飼育を「副業」と語る由縁はここにある。しかし、その「副業」は、ミニマムの生存に寄与するために行われているのではなく、生活のより一層の向上を目指した活動であることに注目せねばならない。

4. 家畜飼育の新しい展開

　L. Z氏（1973年生：畬人、男性）は、黄桂行政村に属する上井村に両親とともに住む若者である。彼は中学卒業後、しばらく出稼ぎにいっていたが、家族の面倒をみるために22歳の時この村に戻ってきた。彼は、伝承的な方法で小規模にブタを飼育することに飽きたらず、できるだけ新しい方法でブタを飼育しようと考えている。それは、肥育ではなくジーツォイ（猪仔：子ブタ）の生産、つまり繁殖である。

　現在、都市部を中心に肉需要が高まるなか、ブタが商品としての可能性を大きく有することを、黄桂行政村の人々は熟知しているが、L. Z氏のように飼育頭数を増やしてまで拡大しようとするものは、あまり多くはない。それは、ブ

写真4　L.Z氏の持つブタ飼育書

タ生産を子ブタ生産で拡大させるには資本が多く必要で、病気などの生産上のリスクを余計に抱え込むことになるからである。特に、子ブタの繁殖生産は、そのリスクも高まる。

　L.Z氏は、1997年12月時点で、36頭のブタを飼育している。そのうち、34頭がロウジー（肉猪：肥育ブタ）のジーツォイ（猪仔：子ブタ）で、残りの2頭が自家消費用として肥育しているロウジーと繁殖用のジーニョウである。L.Z氏は、種メスであるジーニョウの品種を、「浙江大白猪」と語る。彼は、自家で繁殖させ肥育するとともに、今年から購入した子ブタも肥育している。12月時点で飼育中の34頭のロウジーのうち、12頭が10月3日に自分の家で産まれたブタ、22頭が11月26日に購入したブタである。自分で生産したブタは約3カ月、購入したブタは2カ月ほど肥育して、需要が高まり価格が上昇する春節の頃に売却する予定である。

　L.Z氏がまだ8歳頃、彼の家庭では初めてブタを飼い始めた。その頃は、母が主としてブタの世話をし、L.Z氏も時折手伝うことはあった。しかし、その方法は、先に述べたL.X氏など大半の村民が行うような伝承的な小規模の肥育である。子とり、繁殖の経験はなかった。

　彼が、伝承的な肥育ではなく、新しい繁殖を企図したのには、出稼ぎ中の知見や経験、また、友人の獣医Z.L氏からの助言が大きく影響している。そして、自分自身で畜産指導書を読みあさったことが、その技術の裏付けとなっているようである。

中国浙南民俗文化

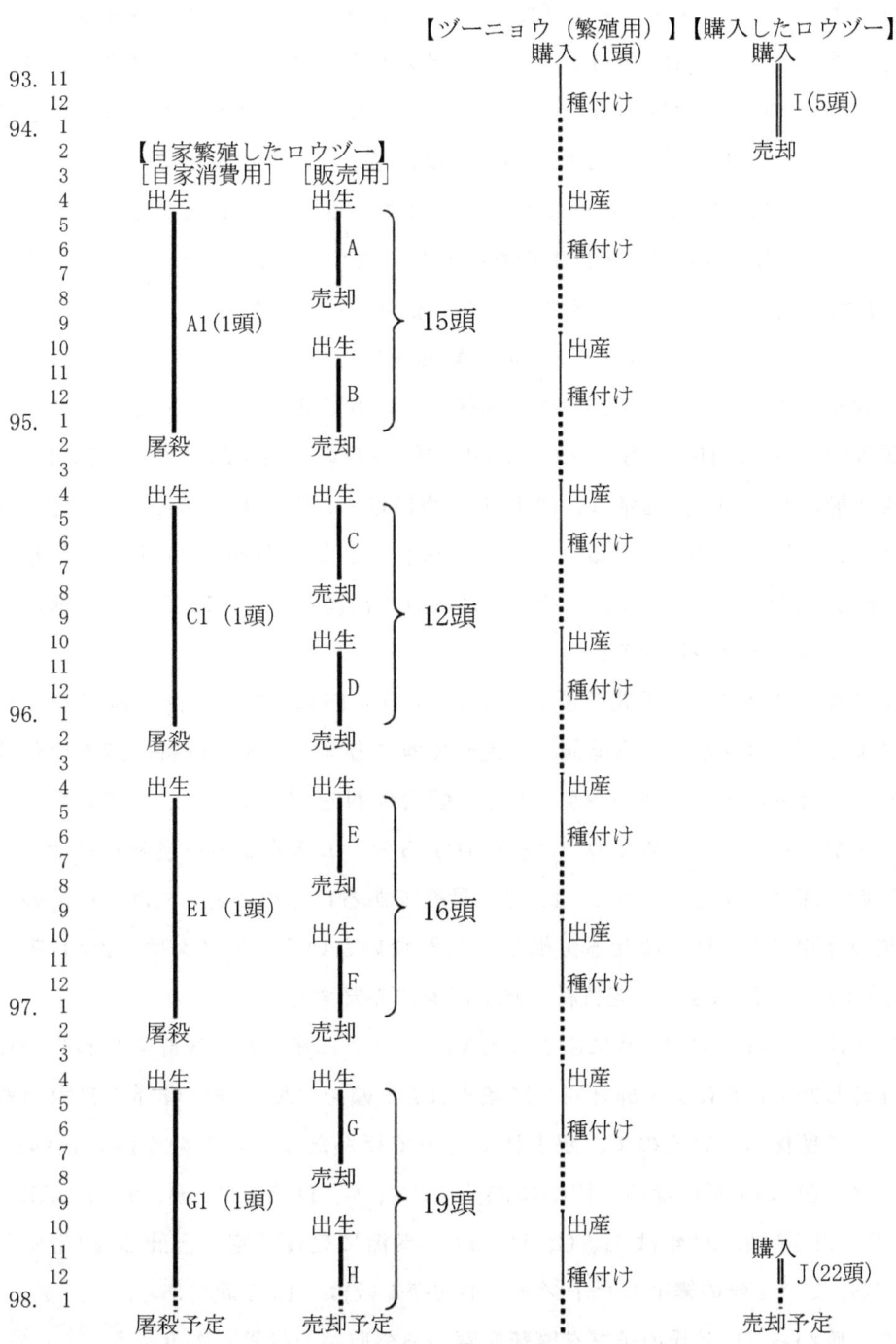

図2： L.Z氏のブタの生産暦

図2は、L.Z氏のブタの生産暦である。彼は、帰郷後、1頭の繁殖用ジーニョウと5頭のロウジー（I）計6頭のブタを購入した。ロウジーの子ブタは、翌年94年の春節の頃すべて売り払った。彼は、子とりをする目的でジーニョウを購入したので、12月に種付けした。種オスは、老竹村にいる長白種（ランドレース種）で、老竹村では2頭種付け用に飼われている。30～40元の謝礼で、種付け1回。受胎しなければ、何度もやり直してもらえる。このジーニョウは、5～6年繁殖に使用して、新しいメスと更新するつもりである。

　彼は、年2産、すなわち1年に2回の繁殖を行っている。そのうち1回は、売却時期を子ブタの値段が上がる春節前後にあわせるようにしている。ブタの妊娠期間は、110日前後と考えられており、約70日の間隔をおいて、年2回の連産を可能にしている。通常は、12月中に種付けし、翌4月に出産。その後1カ月半～2カ月ほどで断乳すると、ジーニョウは発情し種付けが可能となるので、6月中に種付けし、10月にその年2回目の出産を行い、12月に再び種付けするというサイクルになる。

　産まれた子ブタは、断乳の後2カ月間、1日3回に分けて、配合飼料をサツマイモやダイコンなどの自給飼料に混ぜて煮て与える。配合飼料は購入せねばならず、当然コストがかかるが、もし、配合飼料を使わないと、成長に2倍の時間を要するという。多くのブタを飼育する分、伝承的な小規模肥育に比べ、給餌の手間はかかる。しかし、20歳代男性であるL.Z氏にとっては、日常の農作業の合間に十分にこなせる労働量でしかないという。子ブタは、4カ月齢約70斤ほどまで肥らせて、老竹村で肥育農家に売却する。

　L.Z氏は、94年には4月に産まれたA群、10月に産まれたB群をあわせて15頭売却した。さらに、A群と同じに産まれた1頭を（A1）を、春節の自家消費用として留保しているので、産まれて途中で死んだりしたものを除いた94年のブタ生産は16頭になる。同様に95年はC1、C、D合計13頭、96年はE1、E、F合計17頭、97年はG1、G、H（98年春節に売却予定）合計20頭生産している。ここ4年の繁殖した子ブタの平均売却数は　15.5頭である。

　この値から、L.Z氏の子ブタ繁殖飼育からの収益を概算してみよう。

　子ブタの値段は、97年にはおおよそ体重1斤あたり6元前後で推移していたというから、約70斤まで成長させて売るL.Z氏の子ブタは、1頭あたり約420

元になる。

　この額を、ここ4年の繁殖した子ブタの平均売却数15.5頭に乗すると、6510元になる。肥らせるための断乳後2カ月分の配合飼料（1斤1.45元）は、1頭あたり80斤116元分必要で、15.5頭分で1798元のコストがかかる。また、種付けが97年の場合、2回で76元かかっている。したがって繁殖生産したブタの平均的な売却における純益は4636元、子ブタ1頭あたり約299元となる。

写真5　子ブタへの給餌

　このL.X氏がブタ繁殖飼育であげる収益の概算は、先に紹介した年平均約2.3頭肥育生産するL.X氏の見積収益1743元（1頭あたり約758元）の約2.6倍となる。L.Z氏の収益には、例年生産する春節用のブタを含んでいないので、さらにブタからあげられる収益差は大きくなるものと考えた方がよい。

　この収益を、もしL.Z氏が伝承的なブタ肥育のやり方であげることは、いくら若いL.Z氏とはいえ容易なことではない。約2.6倍の収益をあげるためには、6頭の成豚を飼育せねばならず、先にも述べたように、飼料の自給の面からいって不可能である。配合飼料を与えると、食餌量の多い成豚ではコストが見合わない。成豚は、純粋に配合飼料のみで育てると、1日に8斤は必要であると考えられている。肥育期間を普通の人が行う約10カ月300日とすると、売却まで2400斤の配合飼料が必要なことになる。このコストは、約3500元にものぼる。配合飼料を用いれば、肥育期間が短縮されることは間違いないが、200斤の成豚が1200元足らずで売買されていることから考えると、配合飼料の

みで肥育生産するメリットはなさそうである。その点からいって、L.Z氏の行っている子ブタの繁殖生産は、肥育生産の拡大の限界を乗り越えることのできる、「新しい」飼育形態とL.Z氏自身に考えられている。

　以上のような、コンスタントな繁殖生産に加えて、L.Z氏はさらにより収益のあげられそうな飼育形態を模索している。それは、小さな子ブタを購入し、短期飼育して大きい子ブタとして売却するという、さらにリスクの大きいやり方である。

　1997年12月時点で、36頭のブタを飼育していることは既に述べた。そのうち、34頭がロウジー（肉猪：肥育ブタ）のジーツォイ（猪仔：子ブタ）で、12頭が10月3日に自分の家で生産したブタ、22頭が11月26日に購入したブタである。この22頭（J）の飼育が、新しい飼育形態の模索である。

　購入したブタは2カ月ほど飼育して、自分で生産したブタ同様、需要が高まり価格が上昇する春節の頃に売却する予定である。彼はこのブタを、老竹村の獣医Z.L氏と共同で購入した。この購入についていい出し、斡旋したのは、このZ.L氏である。Z.L氏がいうには、安徽省に成長のよいブタがいるという。これを松陽県（麗水市の隣県）の知人が、多数安徽省から仕入れているという。

　これは約2カ月齢の断乳の済んだばかりのもので体重25斤前後しかなく、輸送料込み1頭200元、1斤あたり8元と、このあたりで売っている子ブタよりも単価が高かった。しかし、老竹村の市場では、小さいものほど病気になりやすくリスクが高いと考えられているので、4カ月齢前後のものが好まれる。そのため、ほとんどこのようなブタは大量には出回らない。

　Z.L氏は、この子ブタを2カ月で70斤にすれば、今の子ブタ価格でいって420元で売れる。それから2カ月分の配合飼料代1頭あたり80斤116元と、購入費用200元を差し引いても、100元あまりの利益が上がると計算した。L.Z氏もこれに納得し、父母の貯金を借りて22頭計4400元投資したのである。しめて2000元あまりの儲けを目論んだのである。その後、22頭のブタは、問題なく順調に育っている。

　ところが、購入してちょうど1カ月後の12月26日。老竹村の市に、碧湖鎮から、碧湖猪が大量に入ってきた。そのため、子ブタの価格が、1斤あたり4.5元まで下落してしまった。この相場で売れば、70斤で315元でしか売れない。購

入費用と飼料代をあわせただけで316元になるのに、このままいけば赤字になるかも知れないと、L. Z氏は危惧しているところである。彼は、初めて市場経済の難しさに直面しているのである。

5. 家畜をめぐる現代への適応戦略

以上、畬人を主体に構成される麗水市老竹畬族鎮黄桂行政村における、現状の経済的な変容に対する対応の様相をみてきた。本報告は、そのなかでもブタという家畜飼育に着目して、伝統と現代化の狭間に生起する人間の生業戦略にアプローチした。この視点は、他の家畜、家禽でも同様に有効である。黄桂行政村では、ニワトリやアヒル飼育を通じた、現代経済への対応が顕著であるが、本報告では紙数の都合上、触れることはできなかった。それはまた、ブタと同様、伝統と現代化の狭間で揺れ動いていた。一方向的な現代化の流れに単純に飲み込まれ、変革されているわけではないのである。

今後、主たる生産を占める栽培農業の動きや、国家政策とのかかわり、地域経済のネットワークにおける位置づけ、少数民族としての畬人経済の独自性など、残された問題は山積している。しかし、いくつかの点で、この地における、近年の生業戦略の動向を明らかにすることができた。以下に、その点を整理してみる。

まず、第一に、黄桂行政村の人々が、経済の伝統と現代の狭間で、様々な模索を未だ繰り返しており、特に現代化に特化した状況にはなっていない点が指摘できる。

黄桂行政村における経済の現代化は、着実に進展しつつあることが、統計上も理解できるが、しかし、現状でも旧来の穀物生産主体の農村経営から脱却していない。これは、行政的な管理、指導の強さと、それに応える住民意識に、大きく規定されているのであろう。江南地域の大都市周辺農村経済が、現代的商品経済の浸透により大きく変貌しているという一般的な状況と比べ、まだ、それへの対応はあくまで相対的にではあるが、緩やかであるといえる。現状として、現代化に対する欲求が高まりつつある過程であり、そこには伝統的な世界から完全に離脱できない状況が未だ存在しているとみるべきである。

ここでいう伝統とは、畬人の生活様式が、解放前から既に大きく変容された

後に形成されたものである。ブタを伝承的に飼う方法は、その経済的位相が周辺的であればあるほど、影響は受け難かったようであるし、その伝承性を保持した人々も伝統の名にいささかの価値も置いていない。つまり伝統自体には、別に民族的なアイデンティティーを求めるような価値はないのであって、それに価値があるのは、実践して人々の生活の一部でも豊かにしたいという彼らの欲求をある程度実際に具現化するからである。労働力や資本、コストといった側面から、大きすぎもなければ、小さすぎもない活動なのである。伝統は、「意味ある停滞」として考えられている。それは、経済が大きく変わろうとしている今こそ、変化する可能性がある。その可能性が、L.Z氏など若い人々のなかに萌芽している生業戦略なのである。

　しかし、第二に、この戦略が、黄桂行政村では、根本的な技術変化、改良、革新ではないことを指摘しておかねばならない。

　L.Z氏が、繁殖に完全に特化した点は、現代化へ対応した戦略であると評価できる。しかし、彼の行っている繁殖生産は、技術的には根本的な改良を行っていない。L.Z氏は、配合飼料を使って短期間の子ブタ肥育を可能にしているが、それ以外の面では伝承的な技術とそれほど大きな差はない。品種に関する関心も薄ければ、生育環境に関する意識も希薄である。むしろ、飼育技術ではなく、販売の回転をよくする飼育形態、システムの改良に彼は関心をもっているのである。つまり、現代への適応にあたって、農学的な適応ではなく、経済学的な適応を重視しているといってよい。

　よりたくさんの子ブタを生産するという拡大戦略ではなく、よりたくさんの子ブタを売るという拡大戦略をとっているのである。この指向性が如実にあらわれるのが、97年にやり始めた、子ブタ購入肥育－子ブタ販売である。彼は、普通の人々がやらないような投資をして、その拡大に努めた。しかし、それは売却時の値動きのリスクを、従来の方法より強く受ける方法である。そのため、彼は現状として値動きに敏感になり、市場経済の動向が、第一の関心事となったのである。これは伝承的なブタ飼育を行ってきた農民たちが、ブタの健康に敏感であり、ブタの発育こそ第一の関心事であったこととは大きく異なっているのである。

　ブタを商品としてみる見方は、彼らの語る「かつて」からあった。また、現

在、伝統的と自負する肥育生産を行う人々も、この見方から逃れられない。しかし、現在、最も新しい方法として認識されている飼育形態は、この見方に囚われすぎているのである。もともと、ブタ飼育は農耕の余剰かつ残滓を用い、それを有効に資源化する方策であった。そのため、あくまで経済的に余剰であって、これが主たる本業になることは、多くはなかった。それが、本業化した時、高リスクの不安定性を抱え込んだ「意味なき進歩」と化す危険性がある。

　今後、伝統が「意味ある停滞」として存続するのか、あるいは消え去るのか、現代化が「意味なき進歩」の危険性を克服して人々の幸福に寄与するのか、あるいは農村を荒廃させるのか、といった観点から、「改革開放」以後の中国農村社会をとらえ直すことが必要であろう。

摘要

丽水地区传统的经济活动与现代化
——有关畲族养猪业的生产战略与变化

菅丰

本稿着重探讨居住在浙江省丽水市曳岭区老竹镇黄桂行政村的畲族人的传统农业生产如何受现代化以及改革开放政策之影响。同时,在研究现代经济之际,向作为一门现代学科的民俗学提供基础性资料,其意义重大。

在黄桂行政村,家庭养猪随经济的变化而发生着变化。这里的村民生活在传统与现代的缝隙间,但并未受现代潮流的单向冲击。从统计数字上我们可以了解到,经济的现代化的确有了着实的进展。但是,从另外一个角度来看,以农作物生产为主体的农业经营体制依旧存在,要完全脱离这种传统的生产方式还为时过早。

就黄桂行政村的养猪业的经营战略来看,并未有根本性的技术改良以及技术革新,对现代的适应,与其说是采用了农业学的方式,还不如说是重视并采用了一种经济学的适应方式。人们对猪的售价倍显敏感,市场经济动向已成为他们所关心的第一件大事,这已大大有别于以往那种只重视猪的健康发育问题,不重视商品价值的传统生产方式了。

传统的养猪业是在有效利用农田耕作中的残余物,使之资源化的前提下建立起来的,加之专业化养猪风险大等因素,因此,养猪业最多只能作为一种副业而存在,很少有出现专业化经营的可能性。

黄坑村传统造纸生产与生活习俗调查

林相泰

一、黄坑村地理、历史环境

黄坑村位于浙南丘陵山区，隶属浙江省温州市瓯海区西部乡镇——泽雅镇的一个偏僻山村。这里群山连绵，山峦起伏，河流穿切山岭，多形成河谷。大大小小村庄，星星点点，分布在河谷和山坡上。黄坑村就坐落在龙溪支流樟树溪的上游河谷。河谷两边的山上，一边是青山绿竹，苍翠茂生，一边是灰墙黑瓦，依山而筑。房屋的地基、墙根、台阶和围墙，采用当地出产的花岗岩、绿辉石等块石和条石砌成，山路的路面、水沟都用卵石铺就，给人以宁静、悠远且厚重感，折射出漫长岁月留给黄坑村的深厚的民俗文化积淀。

相传，黄坑村已有800多年的历史。据泽雅村族谱记载，北宋淳祐年间（1241—1252年）福建南屏一带居民迁居泽雅等地。黄坑村主要由黄、吴两个姓氏组成。黄姓先祖于宋末元初，自福建逃难到此地。这正是宋末朝政腐败，国势日危，政治动乱，人口转移时期。他们先在山下溪水岸边落户，开垦山地。约200年之后，吴姓氏族由军人吴碧山率众，为逃避沿海战乱，从温州海边地区迁徙到黄坑，沿着山坡向山上发展。过去有吴姓住山上，黄姓住山下的说法。现在，黄吴两姓间早已联姻，结成亲戚关系，融合统一成为一个村落群体，和睦相处，繁衍生息。

全村现有317户，1200人口，主要从事农业与造纸。有水田359亩，种植水稻，旱地90亩，种植麦子、番薯等作物，山林1300亩，植树育林。100多年前开始引种杨梅、桃、李等果树，因为可耕地少，只有人均四分水田，村里约占四分之三的200多户农户，除了种田耕地，还要从事造纸生产。所以，他们经济生活的主要来源，一是农业，种植粮食作物，解决口粮；二是造纸，经营传统的手

工业生产,增加经济收入。这两项生产劳动维系着黄坑村村民的生存,同时与他们的物质生活、精神生活息息相关,成为黄坑村生活方式的决定因素。

我们走进黄坑村后,到处可以看到用卵石垒成的腌塘。在阳光照射下,因长年风干而附着在腌塘边石头上的白灰,显得格外耀眼。它们默默地述说着这里一代又一代的农民,苦心经营手工造纸的历史。在泽雅镇地区黄坑村是制造南屏纸最集中的地方,也是至今仍然保留明代传统造纸工艺最完整的村庄。这次调查所要关注的,就是黄坑村造纸的历史与造纸的方法,和造纸有关的村民生活习俗与民间信仰,以及我国社会经济改革给黄坑村带来的变化与农民观念上的转变。

二、造纸生产的设施与工艺流程

造纸是中国的一大发明。公元 105 年,东汉蔡伦用树皮、麻头、破布、废渔网等植物纤维作为原料,改进民间造纸技术,造出了可供书写的纸(史称"蔡侯纸"),使我国古代的手工造纸形成一种工艺技术,并迅速流传到南北各地。"成都、宜州、歙州、杭州、越州、池州、衢州、婺州、吉州、南康、抚州、泉州等地,皆为重要的造纸业中心"(见陈正祥著《中国文化地理》)。唐宋以降,主要的造纸中心都在南方。所以,我们不难理解,黄坑村先民从福建南屏一带移民到这里时,随身带来造纸技术,在黄坑等地落地生根。他们制造的纸,因源出"南屏",故俗称"南屏纸"或"屏纸"。

浙闽两地自然地理条件十分接近,它们作为邻省地处我国东南沿海低山丘陵地带,气候温暖多湿,适宜各种树木与竹林生长,加上丰富的山泉溪水,给造纸生产造成了得天独厚的有利条件。造纸也是黄坑农民谋生技艺。他们的生存需要,成为引进和开发造纸技术的直接动力。可见,移民的文化传播要具备两个条件,即客观的可能与主观的需要。

造纸原料:

南屏纸的主要原料用水竹,他们认为这是造纸最好的原料。早先,这个地区不长水竹,水竹是黄坑先民从福建连根带土移植过来的,已经至少有四五百年的历史了。除了水竹,还有当地出产的丹竹、露竹、毛竹。竹材作为造纸原料,一般用一年生或二年生竹竿。毛竹只能用一年生嫩竹竿造纸。由于当地竹材产量不敷造纸需要,每年都要从周围山村大量购进。

造纸设施：

主要的设施有纸屋、腌塘、水碓、纸烘等。纸屋是纸农的作坊，大多建在自己的宅地上靠近水的地方，屋内有纸槽（贮浆池）和挤压湿纸用的设备和工具，例如，龙头板、垫板、高桩、矮桩、木杠等。腌塘是腌制竹材的小水池。先前用石头砌，后来改用水泥。因为建腌塘要有较大的场地，所以很少和纸屋挨在一起，多数建在离水碓近的地方，以便利材料的运输。新中国成立前，腌塘是作为家庭的遗产世代继承下来的。土改时，村政府将全村腌塘全部没收后，按政策重新分配给纸农。到1960年实行合作化时期，腌塘作为合作社集体财产，统一调配使用。80年代改革开放后，随着农村土地承包制的实行，腌塘也按人口进行分配，归纸农使用。人口多的分三口腌塘，人口少的一口。一户有五六口人从事造纸，备有四口腌塘才能满足生产周转的需要。水碓用于捣刷，最早使用的是脚踏石臼，后改用水碓。黄坑村使用水碓已经有600年的历史，位于凝潭的四连碓，已列为县级文物重点保护单位。水碓也叫水车，当地俗称"淋"。过去的水车全部用木头制作，浸水后很笨重。现在用铁片焊接而成，重量减轻，转动速度随之加快，维修也简便了。纸烘，即烘干纸张的设施，于1960年村民们集资建立。

造纸生产流程：

南屏纸的生产过程，从备料到完成造纸要经过20道工序。

1. 砍竹。这是第一道工序。因为竹材是季节性原料，必须要有足够的贮存量，以满足连续生产的需要。为保证竹材质量，砍水竹要在清明节前后15天内砍完。

2. 切断。按腌塘大小，切断竹竿。腌塘内一般可以放两节长度竹竿，其基本长度为1.3米左右。

3. 堆垛。切断后的竹竿应先经打捆，然后堆垛贮存。每垛间要留适当的通风道，以利水分蒸发和防止霉烂。堆垛力求平整，避免发生倾斜倒塌。为防雨水漏入，需在材料库贮存，如在屋外堆垛则要在堆垛顶面严加封盖。

图1 切竹

4. 晒干。将切断的竹竿在阳光下晒干。

5. 蒸煮。过去将竹竿打扁以前，要经过蒸煮的工序，现在则不用了。

图2 堆垛

6. 打扁。用锤子将竹竿打扁捣碎。

7. 浸泡。将晒干的竹竿经打扁捣碎后,在清水里浸泡十天至半个月,以除去各种杂质。

8. 腌制。将竹料放进石灰水腌塘里泡两个月。石灰与水反应,放出大量的热,竹料在高温中得到灭虫灭菌处理,而且进一步使竹料软化。黄坑纸农使用石灰水腌制的方法,是最近二三十年前才开始的。在这以前,他们一直沿用古老的方法,用蛎灰腌。蛎灰就是用牡蛎壳烧成的灰粉,和石灰、草木灰一样,都是碱性物质。但是,因为蛎灰的碱性弱,腌沤一次要用4个月的时间,而用石灰只需要两个月,大大缩短了腌制时间,提高了工效。而且,自从使用石灰以来,省去了蒸煮的工序,竹料经腌制后,可以直接捣刷了。

9. 翻动。半个月左右要翻动一次腌塘内的竹料,两个月内要翻动4次,以保证腌塘内竹料浸透均匀。

10. 捣刷。利用水碓,将经腌制已泡软的竹料放在石臼内捣碎。被捣碎后的竹料变成肉末状纤维块,叫作"刷"。

11. 脚踩。用脚踩"刷",让其充分润胀。

12. 搅拌。先把已润胀的"刷"放进纸槽内,再用清水稀释至所要浓度,用刷棒多次搅拌,使"刷"分散开,使竹浆纤维均匀地悬浮于水中。

13. 帘纸。用纸帘捞纸,也叫"抄造",这是最重要的一道工序。抄造要有三年以上的实际经验,才能胜任。纸槽上面,备有捞纸所用的纸帘、帘床、床竹、拉木、顶棍等工具。纸帘是抄造的主要工具,要由专门师傅制作,并在纸帘上写制作人姓名和制作年月,如,吴益飞造,一九九三年。纸帘的作用,是将经过制浆处理后的

图3 帘纸

植物纤维水悬浮液，在纸帘网上交错组合，使纸张成形和脱水。这道抄造工序技术要求最高，多由技术熟练的妇女操作。捞上来的湿纸一定要厚薄适中而均匀，既不能太厚也不能太薄。按正常操作，20斤的"刷"，可以出4000张纸，纸张晒干后，其重量应为13～14斤之间。

14. 压干。压纸用的木板叫"龙头板"。因为它在最上面，是"老大"，所以叫"龙头板"。用纸帘捞上来的湿纸，一张一张叠放在最下面的垫板上，然后用龙头板压纸，使纸张被挤压慢慢脱出水分。一次可以挤压1000张或500张纸，压干需要一个多小时，时间太快或者太慢，会压溃纸张。

15. 分纸。用纸牙在已压干的纸堆上刮一刮，使最上面的纸张松动、分开。一个人一天能分出4000张，而且不费力。

16. 晒纸。在露天阳光下晒纸，进一步减少纸张中水分。一般5～7张纸叠放在一起晒，夏天可以重叠9张纸。日晒时间，夏天2小时，冬天则需要4～5个小时。

图4 压干

17. 整理。通过一张一张检查，选择好纸，剔除已破或太厚等不符合规格的纸张。

图5 捆纸

18. 叠纸。先一张一张数纸，每100张为一刀，用红或蓝色毛笔做记号，叠放在一起。

19. 捆纸。按40刀纸为一条捆扎在一起。

20. 印纸印。过去在每条成品上印上自己的纸印。纸印宽5厘米，长18厘米。上面横写地名黄坑，下面竖写造纸人姓名。

成品与销售：

南屏纸是一种不经任何加工的原纸，呈自然的黄色，是竹纤维经石灰水浸泡后起化学反应而形成的。按纸张的用途分类，南屏纸属于生活用纸，历来有两种用途：一是卫生纸，也叫草纸。自1950年开始，普遍改称南屏纸为卫生纸，其特点是纸软，吸水性好，价格便宜。现在有些农村仍在使用，而城市里已经不多见

图6 成品

了。二是冥纸。屏纸上涂上银粉或金粉，用于制作纸钱等冥纸。当地一直叫作信仰纸。沿海渔民用南屏纸的量大。按渔民习俗，他们出海打鱼时，如遇上风暴，要向海底丢纸钱，以求神力的保佑，平安渡过难关。这无疑是一种迷信，但是作为一种渔民世代相沿的民间信仰，仍然在一些沿海地区盛行，足见任何已经沿袭下来的民间习俗是不容易消失的。一个渔民一次购买一年用纸几百条（捆），一次扔海里10条，一条37元，共370元。

因为黄坑村造纸历史悠久，远近闻名，到这里购纸的老客户多，支付方式也较灵活。一是，一手交货一手交钱；二是对熟悉有信誉的商人，允许他们先多次提货，到时一次付款。卫生纸由供销社收购，用支票支付。20世纪30年代到60年代，是南屏纸产量最多的时期，年产量达到4万多条。全村200多户纸农，造纸生产的收入，占他们总收入的百分之七十，人均年收入1000多元。以一个家庭为例，两个劳动力一天可以造纸4000张，100张为一刀，即日产量为40刀。40刀为一条，一年平均能生产300条。每条成本20元，纯利17元，年收入可达5000多元。可见，造纸是他们的重要生业，是现金收入的主要来源。

造纸技艺的传承与改进：

黄坑村造纸生产方法是非常古老的，也是非常传统的生产模式，以一家农户为单位，进行家庭手工业作坊式生产。他们造纸技艺的传承，主要是靠家传，"从一个人到另一个人，从一代到下一代的传承是靠口头的讲述或日常的表演和

模仿"（见 J. H. 布鲁范德著《美国民俗学》）。村里的孩子们从小跟在父母身边，在纸屋、水碓和腌塘边，看着他们劳作，耳濡目染，逐步学到生产技艺，长大了在父辈的指点下就能开始独立操作。劳动没有固定的分工，男的多做体力活，如砍竹，女的手巧，多从事帘纸、选纸等劳动。

我们在实地调查中了解到，传统手工技艺从表面上看似乎在沿袭成规，一成不变，其实它也处在不断发展与改进之中。帘床过去只有 4 张纸大小，只能一次帘纸 4 张，而现在改为 5 张纸大小，一次可以造出 5 张纸，效率明显提高了。这一改进始于 1992 年前后，但是，纸农们谁也说不清到底谁创造的或是先引进的，一切都是在不知不觉中改变着。压纸，有的纸农已改用螺旋调节压板，既省力又容易调整挤压的力度。不仅如此，我们还看到离黄坑村不远的周垜上村，已经由手工造纸改为机器操作，引进造纸机进行生产，预示着一种发展的方向。周垜上村 270 户，只有 40 户从事造纸，但全村年产量为 10 万条，远远高于有 200 多户纸农的黄坑村产量。原因在于周垜上村运用机器生产。周垜上村一家四户联办的造纸厂，一台造纸机一天能生产 300 条，相当于一户纸农两个劳动力一年的生产量。由于缺电等原因，这一联办厂一年平均只能维持 7 个月的生产，但，年平均净收入尚可达到一万多元至二万元。

三、处在当代社会变革中的黄坑村的传统

黄坑村农民对他们一年中的生活乐趣津津乐道的是"四季八节"。四季八节就是中国的传统岁时节日，与农时节令有关，它在中国农村生活中占有十分重要的地位，是全民的民俗节日，也是中国的传统文化。黄坑村的四季八节，其内容到形式，和其他地方大同小异，没有质的不同。除夕，全家人团聚在一起，喝过年酒。正月初一、初二、初三，家家摆酒席，款待走亲访友的客人，一同过节日。但，他们不把春节当作是四季八节中的一节，因为他们认为春节是大节，一年中最隆重的节日，不能和其他节日相提并论，可见春节在农民心中的分量。"四季八节"包括：一、农历正月十五元宵节，闹花灯。二、农历三月初清明节，上坟扫墓。三、农历五月初五端阳节，吃粽子。四、农历六月初六翻晒节，家家户户在庭院里晒衣被。五、农历七月初七巧食节。按此地习俗，父母给已出嫁的女儿送去芝麻做的点心作为礼，只有这一天长辈给晚辈送礼。六、农历八月十五中秋节，赏月吃月饼。七、农历九月初九重阳节，老人欢聚会餐，没有登高的习

俗。八、农历十一月冬至，吃汤圆。岁时节日作为中国传统文化的一个组成部分，它不可能尽善尽美，有精华，也有糟粕。但是，在社会发展进程中，优秀的民族文化传统和新的风尚，将成为我国广大农村的主流。

图7 纸屋

图8 腌塘

在当前的社会转型期，中国社会改革开放所带来的许多重大变化，不仅发生在城市和乡镇，而且，已经辐射到穷乡僻壤。黄坑村曾经存在过与造纸生产密切相关的祖师崇拜等行业习俗。过去，人们使用水碓捣刷以前，要举行供奉纸神的祭礼。因为水车的转动声和碓声，单调又扰人，加上劳动时间长，容易使人疲劳，常有工伤事故发生，所以，人们祭祀祖师，祈求劳作顺利，保佑人身安全。但是纸农说，解放以后已经看不到这种祭祀仪式了。在这次调查中，我们也没有听到和看到这类活动。这一点并不奇怪，除了我们调查时间短深入了解不够外，主要是因为时代变了。黄坑村现在的农民已不是昔日的农民。随着社会经济的发展和文化的变迁，农民的生活水平和科学文化水平在提高，他们的思想观念也在转变，旧有的信仰和行业祖师崇拜等意识已经淡化或正在消失。

要旨

黄坑村における伝統的製紙と生活習俗

林　相　泰

　黄坑村は温州市甌海区沢雅鎮の一山村である。村民は福建省の南屏一帯から移住してきた黄・呉の二姓を中心に、317戸、1200人である。

　当該村は、農業とともに製紙を主なる生業としており、産出する紙は南屏紙と呼ばれ、明代からの伝統的製紙方法を保持している。南屏紙は水竹を原料とする。水竹は先祖が福建省から移住してきたとき持ってきたものである。

　製紙に必要な施設は、作業場である「紙屋」、竹を水に浸しておく池＝「腌塘」、竹を潰すための水車＝「水碓」、紙を干す「紙烘」である。

　生産には、20の行程を経る。まず、清明節の前後15日のうちに竹を切り取り（砍竹）、腌塘の大きさに合わせて竹を切る（切断）。この竹を束ねて貯蔵し（堆垛）、次に天日干しする。竹を煮る（蒸煮）ことは現在では行われていない。竹を砕いて（打扁）、10日から半月清水に浸ける（浸泡）。次に石灰水の入った腌塘に2ヶ月浸す（腌塘）。この間4回ほどひっくり返す（翻動）。水車を利用した石臼で砕き（搗刷）、繊維状の塊になった竹をひろげ（脚踩）、紙槽にいれて（攪拌）する。紙帘（帘紙）で紙を梳く。梳いた紙を籠頭板にのせ水分を切る（圧干）、これを一枚ずつに（分紙）し、天日に干す（晒紙）。この後成形し出荷する。南屏紙は、ちり紙（草紙）、紙銭（冥紙）として使用され、黄坑村の主要な現金収入源となっている。

　南屏紙の生産は、伝統的な方法による家内工業的生産様式によっており、各家庭で代々受け継がれてきた。以前は製紙過程に関連した先祖祭祀などの行事が存在した。

温州山区四面屋民居及造屋习俗

曹启文

"宅者人之本，人者以宅为家。居若安，即家代昌盛；若不吉，即门族衰微"（敦煌《宅经》）。民居即是民俗文化的组成本身，更是民俗文化最为直观的研究载体。本人作为中日农耕民俗文化联合考察团成员，先后三次对浙南温州地区的山区民居进行考察。现将考察成果撰写如下。

考察时间：1996年2月份（自费）、1997年8月份和1998年8月份。

考察地点：温州瓯海泽雅乡黄坑村、永嘉花坦乡廊下村和东皋乡蓬三村、平阳顺溪镇。

考察对象：黄国香（女，50岁，黄坑村村民），董启槎（59岁，泽雅乡小学校长），朱家强（67岁，廊下村杂货店店主），朱家轩（57岁，廊下村务农），谢纯西（52岁，蓬三村村干部），谢选雷（66岁，蓬三村务农），谢纯杰（49岁，蓬三村务农），谢纯和（50岁，蓬三村经商），陈群（76岁，原顺溪镇中心小学教师）。

一、温州山区民居概述

浙南温州地区土地面积特点为"七山二水一分田"，山区属中亚热带季风气候，无严冬酷暑，雨量充沛，阴湿而常山洪暴发。根据这一特点，山民们在选基造房时，首先考虑的是住宅的安全和实用性，然后才顾及家居的审美意识。当然，在大部分的情况下，择宅时山民将自己的风水观贯穿始终，而且这几方面往往结合起来综合考虑。在山区比较平坦的地方，"知阴抱阳，背山面水"选宅原则，体现得非常充分和认真。在民居的样式上，根据地形、地势和家庭人口、经济等不同因素，各自选择合适的住宅规模和建造式样。

1. 温州山区民居种类

山区房屋简略分作六类：

（1）四面屋　温州山区普遍采用。它是用贝灰（或石灰）与泥、沙的混合料砌成内墙，屋顶多穿斗式，架梁盖瓦，大多双泄水的"硬山顶"结构。在格局上多为一宅一进"七间两横轩"，也有一宅二进"九间两横轩"。大门内为天井，井阶上为前廊。中间（明间）比其他房间要宽大，和廊联通为聚宴、祭祀、娱乐等"堂众业"服务。左右两间为卧室，厨房设在舍间（最边间），厕所设在墙外猪牛栏边。二楼比较低矮，一般不住人，置放农具和作谷仓之用。在温州山区，还存在四面屋民居群，建筑面积达数千平方米，套房计几十间，住几十户人家。本文将对四面屋作重点介绍。

（2）泥砖屋　这是一种较原始的建筑，它造价低，但怕水灾。山区没水灾的地方多建泥砖屋。泥砖的制作是：田涂掺沙约三分之一，加稻草碎，拌成糊泥，然后用规格的木模压印成块，晾干之后甚为坚固，便可垒砌成屋墙。

（3）石卵屋与石片房　这是接近江河旁和山边的村庄，就地建成的一种建筑。石卵屋是利用江河中被水冲刷成卵形的石砾，大小不一，用灰泥把它垒砌成墙，缝隙糊上灰泥，用竹片鞭打，使缝隙黏结坚固，显出石卵五光十色，另有一番风采。

（4）石条屋　山村的石条屋较为粗糙，有的用凿开的石条，筑成墙基约一米高，上面加叠泥砖；也有全用石条砌成，上面铺上石板。一般全用石砌起的屋都较小间，它受石板长度的限制，砌好后空隙再补上灰泥。

（5）草屋　用竹或杂木搭起屋架，屋墙四周用草毡围起来，有的在草毡上糊上泥浆，使它更加稳固和耐风日。屋顶有盖稻草的，也有盖蔗壳的，也有盖茅草的。这种建筑今已渐渐少见了，偏僻的山村还遗存一些。

（6）纯泥干打垒（泥间）　这是一种原始的建筑，就地采挖黄泥，然后起厚墙一尺有余，一般高约八市尺至一丈二尺，悬山顶，见水墙（受雨淋湿的墙）的外面钉竹钉，编草毡挂上，保护墙壁不易风化。

以上 6 类中，石卵屋和石条屋现在尚可一见，泥砖屋、泥间和草屋已经很少见了。有许多房子使用了木、砖、石、泥等各种材料，难以把它归入哪一类。当然，要判断房屋的类型，主要看它的建造格式。

2. 干栏式形式在温州山区民居中的运用

在论述南方四合院——四面屋结构之前，先将干栏式形式在温州山区民居中

的运用作一介绍。

干栏式建筑,又叫"麻栏"。《北史·南僚传》:"依树积木,以居其上,名曰干阑。"宋代以后,这种建筑又发展为"上以自处,下居鸡豚"的格式。干栏式建筑主要分布在中国南方。远在7000年前,浙江余姚河姆渡就有了比较完整的干栏式住宅。这种建筑形式以木桩为底架,铺上木板后上层住人,下面养牲畜。如此悬空建房,利于山区住宅通风、防水、防潮。有意思的是,起源于长江中下游流域的干栏式民居,如今在这里却找不到它原先的影子,而在中国西南地区的云南、贵州等地,可以看到典型的干栏式民居。干栏民居分高楼式和低楼式两种,高低的区别是指下层透空的梁柱空间的高度而言。温州山区民居还保留着少部分的低楼式建筑(图1),这种住宅一般多用石料、木料混合制建,很少用竹料。因下层不高,也从卫生角度出发,这里山民在住房楼下主要用作堆放杂物,而于正房一旁另搭偏房蓄养牲畜。

图1 依岩搭建的干栏式民居,在温州山区还能一见

1996年12月摄于瓯海泽雅乡黄坑村

与西南干栏式民居最大的区别是,温州山区民居没有独立构建的木搭平台,而往往依山傍坡利用地势建房。有的房子一面或两面是山岩,穿斗式结构架空的底层采光和通风性能都不理想,但作储藏室和柴仓是很经济实用的。据永嘉花坦乡廊下村村民朱家轩(男,57岁)介绍说,这类老屋现在不多见了,山里有的是好地方,房子可以造得宽大一些,底层有没有无大要紧,养猪养鸡可以放在屋后屋边,柴仓可以放在二楼,地基打高一些,就不潮了,房子四周围上围墙,就能防山洪。朱家轩所说的,正是目前普遍存在于温州山区民居的四合院结构民居四面屋。

二、温州山区的四面屋

1. 四面屋的多功能性

中国传统民间住宅大部分都采用四合院落式结构。一个或几个院落沿着中轴

线向纵横两个方向推进，间间相接相叠，规则方正的房子和院落，呈封闭式、对称式布局。四合院的民居结构在具体形态上，因南北方民俗、地理和文化环境的不同，各有自己的特点。在某些方面，可以说是自成风格和体系。

温州山区民居建筑的四合院格局，当地山民俗称为四面屋。四面屋民居的形成，首先，与山民求安稳心态有关。温州山区的居民，均不是本地的土著，他们都来自外地的移民（以福建移民居多）。永嘉花坦乡廊下村的朱氏宗谱《始祖操隐公传》记载："公讳兴一名谅字诚之，操隐公之所自号也。其先世自义阳徙闽，公由进士迁永嘉尉，值闽变兵阻，遂留温不返。初卜居城东之花柳塘，再迁于隔江之罗浮，三迁于清通乡之珍川……"可见，因自然灾难和兵燹，或因官场被贬及失意，不远万里历经千辛万苦举家举族迁徙至此的外来人，除了对自己的居址选择非常讲究外，房子的样式也将适应自己求稳求安的心态。事实上，成回字形的四面屋确实起到了防窃防盗的作用。

其次，适应山区环境和经济生产的需要。山区潮湿气候和多缓坡的地势，宽敞而多廊结构可以去弊兴利。四面屋有一层的（图2），也有两层的（图3）。两层二楼有住人的，也有不住人的。不住人而做储藏室之用，干燥而通风正好可储藏谷物及其他物品（图4、图5）。再次，人丁兴旺的居住要求和汇聚一家的传统观念的矛盾，可以在四面屋里得以解决。主人住一两间左右卧房，儿子稍大，则另分间居住。兄弟众多，则分给轩间居住。一进不够，再造二进。富家不单有房，还有厅，而且有厢厅配书房、灶间，门外有廊庑、天井、花圃、水井、鱼池等（图6）。

图2　单层四面屋，二进，前为道坦，后为天井

1992年12月摄于花坦乡廊下村

图3　二层四面屋

1996年2月摄于平阳顺溪镇

图4 二楼上面住人
1996年12月摄于泽雅乡黄坑村

图5 二楼作仓库用
1996年12月摄于泽雅乡黄坑村

相对独立的居住单元和汇聚一堂团圆观念的体现，使分家成为一种让山民可以接受的形式。与这种家族、宗族观念有关的家族生老病死、宗教祭祀活动，均可以在宽敞的四面屋里举行。从某种意义上来说，四面屋具有多功能性，它集山民生活、生产、宗教礼仪的综合需要，是精神和物质需求的集中体现。"小而全""万事不求人"的自成体系是其最大的特点。

图6 后院，花墙
1996年2月摄于平阳顺溪

2. 四面屋的基本格式

四面屋的基本格式是一家（三代最为普遍）一宅一进"七间两横轩"。主间上下两层，横轩间数3—4间，如砌围墙，则立门台并形成道坦（图7）。一进最为普遍，两进为数也不少。如两进，则前进一层后进两层，前为道坦（与门台相连称道坦）后为天井（图2）。房间布局为：从中间依次往左右分别是中间（明间）、正间、二间、舍间（最边间称舍间）。两横轩后建，间数视需要而定，一般建左右各三间（图8）。开间尺寸：深均为3丈7，各间宽则不同。中间宽1丈5

尺1（不少于1丈4尺6）；正间、二间宽1丈1尺1（或1丈1尺3、1丈1尺6和1丈1尺8），舍间宽1丈2尺6（或1丈3尺1）。中间是待客、供神、举办红白喜事礼仪之处，故需宽敞。这里将在中间举行的交际、宗教和生活礼仪活动，统称为"堂众业"。堂众业的具体表现方式就是酒宴。"摆下两桌酒，人亦正好走"，当地土话说得形象而实际，两桌酒宴的宽度成了中间宽度的最基本要求（图9、图10）。

图7 门台
1996年2月摄于平阳顺溪

图8 横轩
1997年8月摄于永嘉东皋乡

图9 中间（明间）
1996年2月摄于平阳顺溪

图10 中间正好摆下两桌酒
1996年12月摄于瓯海黄坑村

正间、二间作卧室，故对宽度要求不高。卧室分前后两部分，中间用箱柜作隔，但留有通道。舍间设有厨房，宽度要比正间、二间略大，但不超过中间。

房间宽度的数字，此地有约定俗成的规定。末数的寸数，必须是1、3、6、8，不可为2、4、5、7、9。为何如此，村民也解释不清（尺寸均为老尺，一老尺等于新尺的1.13尺，即37.6厘米）。

图11 溪水绕墙走
1998年8月摄于永嘉逢三村

图12 成"回字"的跑马楼
1996年2月摄于平阳顺溪

廊的深度,也与"堂众业"有关。这里民间有"八尺门头"的说法,指从房门口至檐下柱的距离为8尺。"八尺门头摆桌酒,边厢(旁边)还可走走人",门头尺寸以安排一桌宴席为准。柱至门口为8尺,柱至阶沿为2尺,柱至屋檐为4尺。这样,廊的地上深度为10尺,空间深度就有12尺。"八尺门头"宽松摆下一桌宴席,2尺阶沿成为甬道,2尺延伸的屋檐空间就可以遮阳阻雨。可见,四面屋廊的设计与中间的功用是一致的,都是为了"堂众业"的需要。局部如此,整体上的要求也是如此。"十三间跑马楼(图12),廊下可摆二十桌酒","堂众业"的需要自然也是放在首位。

图13 廊通联相邻的套房
1996年2月摄于平阳顺溪

四面屋的外墙呈上小下大的梯形结构。一般高3.2米,下基宽2.5~3尺,往上逐渐变窄到1.5尺左右。用卵石砌成2米左右后,再用砖来完成。这种砖是特制的,比内墙砖要结实宽厚。外墙上小下大并砖石混砌以石为主,据山民介绍,有这些好处:坚固耐撞,不怕贼,防水;石料不用钱,砌石不用请老司(师傅),可以省工省钱(图14)。

四面屋的照壁用得不多,其余如大门、庭院、厨房等单元,因与其他民居大同小异,故不作一一记录(图15)。

中国浙南民俗文化

舍间	二间	正间	中间	正间	二间	舍间
正间(轩)					正间(轩)	
中间(轩)			天　井		中间(轩)	
正间(轩)					正间(轩)	
舍间	二间	正间	中间	正间	二间	舍间
正间(轩)					正间(轩)	
中间(轩)			道　坦		中间(轩)	
正间(轩)					正间(轩)	

图 14　下石上砖的外墙
1998 年 8 月摄于永嘉花坦

图 15　二进"七间两横轩"四面屋
　　　格式示意图

3. 四面屋民居群

一宅一进的"七间两横轩"是四面屋的基本格式，而多宅重进的四面屋民居群，在温州山区也有存在。为全面了解四面屋，本人 1996 年 2 月赴温州平阳山区顺溪镇，对顺溪四面屋建筑群作初步的调查。

顺溪镇位于温州南雁荡山腹地。小镇老街北面，房屋稠密，幢幢第宅，形成了颇具规模的木结构四面屋建筑群，其中有七幢陈姓老屋最为典型，分别称为老屋、老大份、新大份、第二份、第四份、老七份和新七份（图 16）。

陈氏祖先名叫陈育球，在明隆庆年间举家从平阳山门大峹搬迁到此地落户。经过百年多时间的家族繁衍，传至陈嘉询一代（1691—1760），宗枝昌盛，人丁兴旺，便开始大兴土木，于清康熙年间营造第一座大屋（即目前的老屋）。

陈嘉询之子陈永千，生有七子，依次为陈显仁、陈安仁、陈为仁、陈作仁、陈深仁、陈景仁和陈崇仁。这七兄弟辈长大后，除老五、老六外，其余均从祖屋分出，各立门户，择地再建五幢大屋。现保存下来的老大份、

图 16　民居群鸟瞰
1996 年 2 月摄于平阳顺溪

第二份、第四份、老七份四幢系建于清乾隆年间。

新大份和新七份为仁字辈之子所建,营造时间稍晚些。以下逐一简介。

(1) 老屋　占地24亩,建筑面积4200平方米。建筑格局以中心纵轴为主体,形似"车"字,横轴为辅,步步推进。依次建有门台、前厅、中厅和后厅。两边横轩均有跑马楼,横轩后边有廊厢别院。每进9开间,中为天井(或道坦)。建筑群以回环的廊道分隔为6个既独立又交联的庭院,门户相对,四通八达。老屋套房计94间,大小天井6个,路巷14条,四周围以高墙。门台为长条粗石砌成,悬山顶,铺圆筒瓦,门台前两旁树立旗杆石3对。大厅悬有古匾8只(现存5只)。房子为穿斗抬梁式混合结构,屋脊悬山顶,饰飞吻,门窗雕镂精致,柱子粗壮,础为方形青石,地面铺设方砖(图17、图18)。

图17　老屋门台、旗杆石
1996年2月摄于平阳顺溪

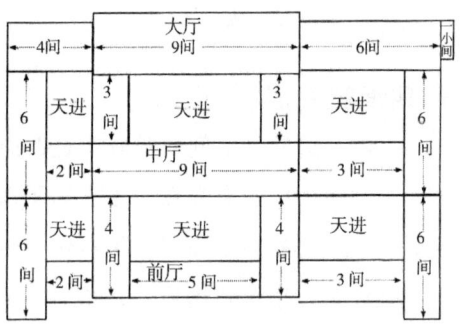

图18　老屋厅、间、天井布局示意图

(2) 老大份　占地面积2700平方米,正屋高3丈3尺(鲁班尺),房53间,路巷10条。

(3) 老七份　占地面积2730平方米,房58间,路巷10条,门台3间。

(4) 第二份　占地面积1780平方米,房35间。

(5) 第四份　占地面积1845平方米,房37间。院内有花厅、花园、鱼池(图19)。

(6) 新大份、新七份　规模小一些,各有房间24间。

陈氏家族现今总人口达7000余人,是此地最大的家族。现在这7幢古屋仍住着161户计583人(其中,老屋56户214人),外姓18户,其余均为陈氏家族后裔。

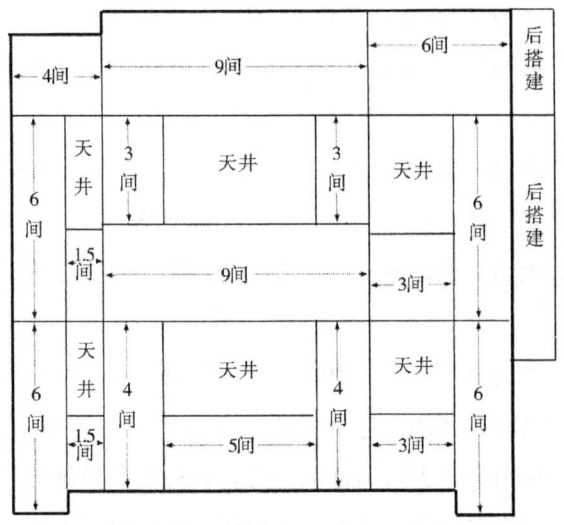

图 19 第四份间、天井布局示意图

如此众多的住户和人口合住在一幢大屋里，他们之间如何协调关系消解矛盾？陈群老人说，两百年来，他们住在一起相安无事，有一些小矛盾也能自行解决，如发生大事，则请辈分高的族人来调解。可见，宗法观念是维持宗族体系正常运转的核心，也是民居群赖以生存的基础。在这里，有必要将陈氏宗祠作一介绍。

陈氏宗祠始建于清雍正年间，民国时又做了扩建。现祠宇为前、中、后三进，每进5大开间，4间横轩，3间厨房，连同门台、内外道坦天井，纵深计69.2米，共计27间祠房。祠宇后进置设神柜，柜上摆4级梯形牌位，最上一级安放始祖陈育球牌位，其余各级放置族中死者的木主。左边一间设土地神神位。

陈氏族人家里中间（明间）只放一张神柜桌，上摆4个香炉，以奉祀土地神、地主神、陈十四娘娘和财神爷。族人去世后，即把香火送至祠堂，回山祭主（木主）仪式后，才将木主安放进祠堂神柜上。

每逢元旦、端午、中元、冬至、除夕，陈氏宗祠都举行祭祀活动。祭祀时先祀神再拜祭祖先。主祭者，清代由生员身份以上的人担任，民国时期由县学或中等学校毕业者担当，参加祭祀活动的还有各房分支的首事。祭祀活动经过概述如下：

元旦大节，大二房、三房七份、三房十份分别于正月初二、初四、初六三日举行祭祖，各房于祭祖之次日举行聚宴。大二房办酒席120桌，每户男丁老幼都

可参加。三房七份办酒席60桌,各户60岁以上男子被邀外,每户还可派一名男丁参宴。三房十份办酒席50桌,因户数少,故全部男丁参宴。酒宴由各支房子孙轮值负责经办。

端午、中元、冬至、除夕四节,每户人家都要置办十多碗菜肴挑到祠堂祭请。一户或两三户摆一桌,桌上菜肴必须码放得整整齐齐。菜肴中,端午必须有米粽,中元必须有大明斋馃,冬至必须有滚粉汤团,除夕必须有年糕。每个节日各祭祀三日。

清明节不在祠堂祭祖,而是每户将祭菜供品挑到坟山祭祖扫墓。

娶亲时,新郎新娘在新郎家拜过堂后,再分别坐轿到祠堂拜祖。自1990年后,每年元宵和中秋两节,由宗祠首事主持,举行春秋两祭的祭祖仪式,主祭人由现在健在的八个辈分字行中,各选一人担任,仪式较过去要简单一些。

三、温州山区造屋习俗

选基 山区山民在造屋之前,先要请风水先生来定向选基。根据地形地势、山脉溪河走向、路道布局等等,风水先生用八卦罗盘仪测定方位。"坐青龙之地,朝凤凰之山""东为青龙山,西则白虎山",在两山之间,有溪流(水脉)流过。而水脉又不能正对着宅门,必须从门前流过。这样,房屋处于山水环绕之间,也是最为理想的地基。朝向上,坐北朝南为普遍标准,但温州山区山民除了坐东朝西和坐西朝东外,其余朝向均有。如主街道为西北—东南走向,两边房屋则坐西南朝东北及坐东北朝西南(图20、图21)。

图20 "知阴抱阳,背山面水"

图21 依山势而建

1998年8月摄于永嘉逢三村

起土 选好宅基后,要举行"起土"仪式,阴阳先生选好吉日,时辰一到,在60厘米长的四方土牌上扎上红布,牌上四周画上"定心符",然后将土牌打下地基,上露20厘米左右。鸣锣放鞭炮后,主人可让泥水老司平基。

切木 也请阴阳先生选好吉日和时辰,然后按照栋梁、中间(明间)正柱等主要构件的要求,去选择木料。一般都在本地山上采选。梁、柱选用杉树,杉树不怕虫蛀(图22);宕料(宕,屋内用木料制成的隔墙单元,一间一般为4~5宕)用枫树;地步和门槛用苦槠树,苦槠树成才期四五百年,坚硬不易烂;瓦椽用杉树;楼板用松树。正栋梁木料采来切好后,不能放在地上,必须把它挂起来,以待上梁时用。

图22 柱料用杉树,方础年代要较圆础久

竖木 这里民居常用五架木梁柱构架承重,而将五根梁柱拼接好,称"一把木"。一把木中间柱称正柱,左右两根分别为一大步、二大步。在地面上将五根梁柱拼接好后,再择时辰竖木,一般3间房间竖4把木。竖木先竖明间的两把木,然后左右依次竖木。

上梁 在造屋中是很重要的一项仪式。请道士或阴阳先生择日择时辰后定下上梁日子和时辰。上梁这天,在栋梁中间缠上红布,两头分别挂上一个"五谷袋"。袋里存放稻谷、茶叶、黄豆、芝麻、酒曲等五种东西,寓意以后生活五谷丰登、年年有余。上梁时辰一到,点香烛摆祭品祭祀鲁班先师,然后将梁徐徐拉上。鼓乐声中,做木老司高声喊起吉利彩话,如"新造房屋八面开,文武状元进门来;脚踏金梯步步高,手攀杨柳采仙桃;出门得着摇钱树,进门得着聚宝

盆；……"每念一句，下面人齐声附和，气氛热烈。栋梁拉上正柱时，暂不对榫入楔。此时，做木老司将刚杀的雄鸡血洒在栋梁和柱脚上，然后唱起"吻梁歌"，吻梁即稳梁。"吻梁歌"其实是诵词，内容不外乎吉利颂语，如"一朵仙雾顶上开，鲁班师祖到来临；……左边青龙生得好，右厢银马作屏障；前面朱雀起云端，后方玄武把明堂；紫微高照吉庆宅，瑞气飘飘绕金梁。"这时，主人将盛有馒头和糖果的果盘，递交给做木老司，做木老司坐在梁头上再唱起"抛梁歌"，边唱边将馒头和糖果抛给下面的人（主要是小孩），让他们去抢。这些仪式过后，再把梁柱接上。

过屋 新屋建成后，旧屋搬迁到新屋，要举行"过屋"仪式。日子择定后，男主人背犁，女主人赶猪，小孩子手拿书本往新居而去，亲戚朋友敲锣打鼓一路送来。这几样东西象征迁入新居后，"耕读人家""六畜兴旺"。同时，在新居的正门前，置一水桶（盛水），水桶插入一根用方木做的"丈杆"靠在门墙上。丈杆上扎红布、挂米筛镜子和谷麦种子袋，以示驱邪避灾，祈求五谷丰登。有意思的是，这新屋周围的人家，也用此法来守住自家的风水，怕好风水被新家独占了。

建房时间一般安排在农历八月以后，这时节雨量少，农闲季节人工不忙。要造屋的人家三年前就开始准备，头年准备几千斤谷，作为买建材和支付工匠的资金（一位木匠老司一天的酬资约10斤谷）；第二年准备材料，一间房子的木料大致为7～8方（立方），砖瓦届时视需要多少而定；第三年即将开工，需确定木匠和泥水匠人员人数，一般"七间两横轩"规模的四面屋，请10位木匠、5位泥水匠就够了。

图23 宗祠

图24 窗棂上用竹篾编成的"双喜"
1996年12月摄于丽水山区民居

因民居以木结构为主，故木匠老司待遇要比泥水老司高。三位木匠老司（老司、二甲老司和学徒）组成一副人马。学徒随老司学师三年，三年后出师成为二甲老司，可独立揽活。但二甲老司还随老司干一段时间的活，他把一天10斤谷的报酬再称出两斤孝敬老司，以显尊师之意。

图25 成"Y"形楼梯　　图26 泰山石敢当

图27 莲花顶筒和牛腿　1996年12月摄于温州、丽水山区民居

要旨

温州山間部における四面屋民居とその建築習俗

曹　啓　文

　本論は、浙南温州山間部の民家の四面屋民居と呼ばれる建築様式に関わる建築習俗を主に記したものであり、1温州山間部の民居の概述，2温州山間部の四面屋，3温州山間部の建築習俗の三つの部分からなる。

　中国における伝統的な民家は多くは四合院形式の構造をとっている。南方と北方の民俗的、地理的、文化的環境が異なるため、四合院は具体的な形式において各地で特徴がある。温州山間部における四面屋方式は古民家建築中にあっては四合院形式の一系統であり、構造形式は当地の気候、生活生産習俗、及び宗族概念や文化等と関連し、温州山間部の民俗文化の独自性を示している。

　四面屋民居の基本的形式は、一家（三代が最も一般的である）一宅一進、七間両横軒である。四面屋住宅は中間と廊下を重要部分とする設計になっており、堂の行事（堂衆業）を行えるようになっている。一宅一進や一宅二進の形式のほか、多宅重進の四面民居群も温州山間部には存在する。宗法観念からみると宗族体系を正常に機能させるための中心であるとともに民居群存在の基礎となって居る。本稿においてはこれらについて紹介した。

　温州山間部における民家建築に関する習俗については、本稿では多くを述べられなかった。建築過程での「選基」「起土」「切木」「棟上げ」「過屋」の儀式について述べるにとどめた。

古典的精致
——浙南山区三村传统民艺特征*

白旭旻

一、总说

以往三年所调查的内容，作为物，其总的数量正在减少；作为物的制造者，正以快于其制造物减少的速度在减少；作为传统技术，渐失传承；作为知识，其总量正在变少且正在变得不再重要。

1996—1998年间，考察团曾3次到蓬溪村，在这20个月期间，村庄的天际线和房屋疆域等外貌要素已经发生了变化。以往20年来，村庄的空间形状及具有象征性和标志意义的村庄主导（主流）视线和视野等的变化则更巨大，传自久远的有关村庄的知识变得模糊、含混，具体性知识正渐枯竭、断流，村庄的文化行为正在失去地方特点和固有的文化内涵。如在村口新筑的清风亭①与村中原有之康乐亭、三官亭在建筑形制上不具备起码的连续性，从而失去了地方特点。再如黄桂村本境庙人物造像，品位和技术的粗劣也反映出一种知识的断流。这样的例子是常见的。

---

* 古典，在这里用作表示时序的概念，指一物或多物所表现出的在趣味、品位、行为上的古典主义特征。

三村系指浙江省永嘉县东皋乡蓬溪村，青田县温溪镇洲头村和丽水市老竹镇黄桂村。本文调查的路线所及还包括：温州市瓯海区泽雅镇（西岸乡）黄坑村、周岙村，永嘉县巽镇小溪村，永嘉县东皋乡大山底村和丽水市老竹镇。其中蓬溪村三年三次，黄桂村三年两次到达。

本文所关心的内容为民艺及相关问题，进入本文视野的物，大体上有三个条件，一为非卖品，二为出现较早或遵从旧制，三为纯装饰性的、或为非实用目的和非使用性的物的形制、形状、做法等。

① 清风亭，亦供奉三官，六角攒尖顶，用黄琉璃瓦。筒瓦并不是本村常用的瓦型，仅在几处门台上偶有使用。依形制此亭类于明清皇家所用范式。

本文所关心的民艺品物等，像许多古老和故旧的东西所遭遇的情况一样，在经历了肇始于40年前的一次毁灭性破坏后，至20年之前，出于日用目的的新品就不再被大量制造。历史遗落下许多图案、图形等象征语汇在村中已无人解读，借以对之破解的常识、行业知识或个人知识，正消失着。这种消失或消亡的加速度将使村庄的故事很快远去。

如同在洲头村三港圣王庙，陪同调查的同志指着戏台的藻井说："现在做不出来的。"那一款藻井并没有工巧到做不出来的地步。这句话说明，藻井的营造技术和工艺已不包括在本村人的知识体系中了。

二、建筑及基细部

作为较古老的村庄，如蓬溪，如洲头，如黄桂之上井村，其建筑物大都在地势较平缓处，住宅区域内相对高度差别不大，这就为村庄的外形建设和房屋建造提供了较好的条件——相传蓬溪村老宅皆东向，面向"文笔蘸墨"的山水景致；而洲头村则依灵芝之形而建造，如此等等。在这样的前提（或假设相传为真）之下，更多的物品将作为有意识行为成为本文的研究对象。

在所调查的几个村落中，除以旅行方式匆匆走过的苍坡村似有稍大规模的建筑外，所见者多属民间的小式建筑。相对于独特性和个别性，这里的地方性特点更为显著。

但这并不是说，几个村庄的建筑没有给本文留下印象，正相反，如蓬溪村的房屋造势，洲头村的马头墙做法，黄桂村的夯土板筑墙体，恰具有识别性较强的外部特征；蓬溪的带有书卷气质的古老雅致，洲头村的俏丽花哨，黄桂村的简陋和清贫。这样的外部特征不仅存于整体印象上，且包含在许多细节里。

1. 院落和房屋

院落的闭合方式大体上有四种，第一种，建筑为二层，四周屋舍，中为天井（四面屋），两退或三退不等，出口一处或多处。第二种最为普遍，建筑为二层，一正两轩，三面屋舍，主建筑对面修墙，把左右两房的山墙联在一起完成闭合（三合院），出口在墙一面，多修为门楼。在黄坑及黄桂之上井村，门楼或大门墙外另有一道围墙围成一小院落，辟有大门称为外大门，为第三种。此外，主建筑除外的另一面至三面为一开放场地者亦有之，并不强调院落的闭合作用，可看作第四种。（这并不是绝对的，除原造的多样性外，由于很多房子建造日久，有自

然力损伤或人为的增减，使房屋或院落的形制更为丰富。）建筑之内露天空间为天井，普遍用较大卵石铺墁地面，形式上除了上面第四种无法描述外，主要形式有：一、比房基略低的一个完整平面；二、中心走道（建筑中轴线）高出地面，把天井分成左右两部分，可注水成池；三、在天井四周与房基之间建有水道，天井被水道所围。在处理一退或二退天井时上述样式可做不同组合。

在蓬溪村，祠堂与庙宇的建筑为另一类，大多是一层一退，以前门后堂（殿）左右廊间完成闭合；主建筑体形高大，中为天井，大门后有设戏台者，俯视屋面极规整。

房屋的构造如下：房基，一般先用块石、方石、卵石等大石围圈，内以大小石块、黄土等填平做成基台，在基台上造屋。基台立面方直或略成梯形，依地势其高低不等。蓬溪、洲头等村的房屋两山一般砖作垒砌，前后面和四面板壁屏窗等多用木作，不施油漆，不着颜色，素面迎人。房屋一至三层不等，以两层居多，下层住人，上层贮物。黄桂村（包括老竹镇在内）则不同，两山的墙体以夯土为多，三面土墙者也不在少数，赫然映目者，一层层板筑墙体。房屋一般高二层，下住人上贮物。三个村子比较起来，蓬溪的房屋造势乃至整体格调要高于另两村。

由于地处山区，三村中每个建筑单元外的公共空间较小，在建筑正前方较少有足够大的场地从较远处一览建筑外貌，包括大门、门楼、大门墙和主建筑等（而房屋及附件以较好的方式被看到是一些装饰性的构件和构件的装饰性产生的原因，如脊饰、花斗、牛腿）。

所幸有两三款就以上述方式被看到，即是蓬溪村的祠堂建筑，如老宗祠堂，西宗（红）祠堂和水口（关帝）庙，体形上尤以西宗祠堂为佳。在调查路线上，蓬溪村的祠堂建筑确有自己的特点，仅举一例介绍其大门一面：

迎面是6柱5间的格式，可名为大门间，左一右一和左二右二。在居中的大门间设门，左二右二亦可各设一门。正视，迎面5间的开间即有三种尺度，左一右一同，左二右二同，中2柱所夹之大门间比左右二间的尺度略大，却略少于左右一间尺度的2倍，这样视觉上即有一种节奏感。上视，中4柱3间共一屋盖，左右二自用一屋盖，此三屋盖可看作一主二副。主盖略高，在左右二间上方伸出约1/4间身收止，则两副盖探进主盖1/4间身，各向左右伸展至柱外1/4间身处收止，主副三盖一上二下密叠成重檐。屋脊亦为一主两副三个，中3间为主，左

右二间为副。主脊在大门间上方与地相平，自左右一间起处各向两头翘起，两副脊随副盖起于主脊以下，并向两边升起，但不高于主脊。这样，一主两仆三架屋盖两相交叠，形成飞势。整个建筑饱有丰富的内涵，丰韵内敛，书卷气十足。

如果我们有足够的篇幅把房屋各组件的细部尺寸和比例罗列出来，将会得到一串有趣的数字。

三个村庄相比较，蓬溪村的建筑法度严谨，尺度精确、素朴、简洁、不造作、不杂饰。对于人、建筑和环境三者的关系有深刻理解，没有深而长的文化积淀，很难形成如此品位。

如果上面表述不明的话，可以看个反例，即是永嘉县之孝佑宫。此宫各殿宇正脊的中部及两端，在垂脊及出檐，在屋面上，其他如在飞檐、梁枋、斗拱、戏台藻井等处，无止境地加上各种装饰，无所不用其极，繁杂无度，一身俗艳之气，这种做法是不被褒赞的。如果把建筑物比作人（事实上，以传统的眼光两者是有可比性的），这就如同是土财主或暴发户。另一个例子是苍坡村，在这里虽未做深入调查，然而还是能感受到其建筑之呆板和匠人之气，把一池清水修成方正以寓墨沼，以短街寓笔，指对笔架之山形等等，这种套路使得这里的建筑风格多外显而少含蓄，工整有余而灵秀不足，少了趣味，淡了味道。这并不是高的境界。

洲头村的房屋没有蓬溪的古雅之气，但在三村之中最为俏丽，也最为华丽。这体现在脊饰，大门的雕饰、窗饰，以及房屋内部装修上。洲头村现在的富裕程度在三个村中似乎最高。由于调查时间较短，未能做深入研究。限于篇幅，此处省去黄桂三村这个小项的调查文字。

2. 山面

调查路线上，山墙的做法差异最大。受屋顶做法的影响和制约，蓬溪、苍坡、黄坑等村山面及装饰也就被动地形成了多样化的特征。多数而言，蓬溪村的屋盖较大，做成悬山，山墙隐于其下，墙体砖作，素面，涂白色灰浆，间有梁柱露出。在墀头处，做成云头、如意头状或上勾之状。遇歇山顶时，山面更无修饰，在腰檐上方，或以瓦拼饰成各种图案，以下素白。在蓬溪及黄坑等村，山面没有成为装饰的重要部位。①

---

① 在蓬溪等村，屋顶形制多样，除四面坡（庑殿）屋顶外，类于硬山，悬山，卷棚和歇山屋顶都能见到，加之与廊轩屋盖的联接，使得屋盖的样式更为复杂。屋盖和屋脊的内容没有包括在此报告中。

一座房屋的两面山墙一般不会引起视觉太多的注意，在一些大型建筑中虽有山花，情况亦不过如此。一般而言，人们会把装饰的重点放在不同的房脊和各条房脊不同的部位上。如果山面需要引起足够的注意，马头墙（风火墙）就是一种很好的做法。

需要指出，所调查的三村之中都有马头墙，但其做法、风格及效果差异很大。在蓬溪，马头墙并不是很突出，在主要建筑中也较少使用，用也只有两层三脊，原造房主并没有把马头墙看成是一种象征或标志刻意去表现它。

在洲头村，马头墙是一种较普遍的山面做法，现存的马头墙也很成气候，不但数量多，形制复杂，且现存脊头饰物多保存完好。这里的马头墙一般体形较大，即使脊垛相当，其瓦道也较多。一方面说明这里房屋的进深大，另一方面也映射出这里整体上相对富裕。一层层举起的马头墙，加之繁复的砖石木雕，及多样性的房屋建筑，构成这次调查路线上最华丽的一站。

黄桂村的山面基本上有四种做法，第一种是马头墙，土作砖作两种，一般出为3脊，多者5脊（也仅见2~3户）。马头墙比正脊略高，多取平势，不设飞脊。在黄桂三村（上井、黄桂、横塘三个自然村），马头墙是那种较典型的象征或标志符号，它的有无、大小、修饰与房主的身份、地位和富裕程度等紧密联系在一起，拥有最美丽马头墙的人家，也拥有最精致的牛腿（装饰构件），墙体用砖最多因而也有最好的砖雕，大门墙白灰抹面因而壁画也最好（一般人家墙体是画不了画的）。时至今日，其房也最为深大洁净。第二种山面是夯土制作，自正脊下来至屋面斜坡1/2处起势高出屋盖，到房檐处打住，其最高处明显低于正脊。此种山面一般前后双起如翅，虽然翅膀弯翘短小，但尽量做个要飞的样子，似乎可以感觉到人们追求生活高品质的强烈欲望。第三种山面朝外一头随屋盖直坡，内里一头翘起，由于房间进深不大，所以弧度较大，其翘起之势往往显得十分勉强、生硬，再加上胡乱放置的几块灰瓦，显得力不从心。第四种山面使用最为普遍，此类房屋屋盖较陡，直坡，类于悬山，屋盖稍出，其下山面。简洁的屋盖，斑驳的山面，夯土墙体，用大小不一的块石墙基，几种东西搭配在一起，显出一种苍凉古意。

3. 花檐瓦

3年以来，花檐瓦一直是本文关注的细节之一，这种瓦在所经过的各个村庄都有发现。

花檐瓦也被称为瓦、瓦当、花瓦、花檐、滴水瓦等，上有吉祥花纹或字，此即"花"字的由来。

花檐瓦分为上下两片，分别结束一趟覆瓦和仰瓦，在檐端形成一道宽于屋盖的花饰，与屋盖及瓦道视觉上折成两个相垂直的平面，有较强的装饰性。此外，下雨时可引导雨水流下，对飞椽、梁柱、墙、板等有保护作用。

花檐瓦广泛用于庙宇、祠堂和较好住宅的主建筑上，据调查，初建时前后四周，上下两层的屋檐都有铺摆，现在则多见于迎对天井的屋檐上。其标志性较强——上好的房屋一定会使用这种瓦，反过来，见到一条有较多装饰的房脊或马头墙，也一定会在那里找到花檐瓦。

由于此物位于檐端，大风、暴雨或人为因素较易使其坠地破损，所以，无论是民居还是庙宇，几乎找不到一条上下片款式统一且无一缺损的房檐了，现存者大都包括有不同的款式、不同的大小、不同的图案，皆为后来房屋修葺时所补凑。

花檐瓦形制的收集是较为容易的，这次调查中被记录下来的有多处、多片、多款，大小不一，款式多样，或方或圆，或尖或钝，不一而足，其中品相较好且品质亦佳者也有发现。

花檐瓦上下片有多种片型，其边缘处理也多种多样。上片有方形、扇形、梯形、尖形；以方形和扇形居多；边缘有平、弧，及5、8、9、10、11、13小弧者。下片有方形、尖弧形、圆弧形；以方形和尖弧形居多；边缘有1尖2弧、1尖4弧、3尖、3尖4弧、5圆弧，及9、11、13小弧者。在匹配时上片与下片各种片形都可组合，以上方（扇）下尖弧者最多见。本文以为，仅就其上下片的匹配而言，以上扇下方，体形硕大者为最佳制，威威乎凛凛，隐约有君子之风。

在纹样上，一般上下两片为同一主题，但上下两片必有变化（仅在老竹发现两户上下片相同者，为新式样，不为古制）。通常下片为主，出主图案；上片为辅，更多装饰性。上下片通过文字、图形等组合，一组一个意象群，表达一个完整的意义。

所表达内容或是福，或是寿，或是其他吉祥花纹，题材比较单一。具体做法以双蝠、四蝠、五蝠等与寿纹寿字组合为最普通的纹式。寿字多为篆体，有方寿、有团寿；寿纹也有方有圆，变化很多。此外还见到下片福字款，和两款戏曲

人物，以及多种主花纹，其寓意有待进一步指认。①

作为修饰，在花檐瓦主字或主图外，有线纹、斜线纹、点线纹、月形纹、卷草纹等，另有回纹勾边，单、双线勾边等。

出于用土和烧制的原因，本文以为，以厚实片大、纹深清晰、匹配合宜并与整个屋舍融为一体者为佳制，次为下片工整而上片草草，再次者上下片皆小而薄，再次者上下片方圆尖匹配不当，最次者无上下片之分，片形尖小，图案草率，尤以上下两片不及屋盖之厚度者为最最次。

断定一所房屋的建成历史是较困难的，在调查中，当一所房子被说成400年或100年历史时，因为难以找到可以确认的证据，经常影响一些结论的给出。如果通过用料、蚀损程度、形制、纹式等角度能够估算出花檐瓦的年代，以此作为时间坐标，可传达并佐证更多的信息。

另外，此种瓦的流传范围如何，何时出现并兴盛，官阶、富贵程度、社会地位是否会影响瓦片大小和纹式，每片与一般瓦片的价格比，现存的古老建筑是否都曾铺有花檐等相关问题未能调查清楚。

4. 垒石、墁地

在苍坡民俗馆大门前古树下分别用绿青石和土黄色石铺排成八卦（阴阳鱼带爻卦相），在蓬溪也见到一座房屋正门前细小卵石铺墁成的梅花（据说梅花的朵数与官阶有关），此为墁地。垒石及墁地系指用块石、条石、卵石等垒砌成房基、墙壁和铺墁地面的做法。

单纯看石块的摆法几乎是没有意义的，所以石头垒砌和铺排的方法并不是一个经常被关注的问题，但是，类似垒石这样一些次要细节有时也能传达一些信息。

被调查的三个村庄中，越是讲究的房子用的石材也就越少，显示了三村对于土木的尊重和偏爱。不但如此，比较重要的院墙也不通体全用石材。不知是什么原因，三村的人们没有把石材作为主要建筑材料，有时人们宁可用生土夯制房屋。

---

① 在中国民间的符号系谱中，蝠为最常用之吉祥图案，以蝠寓福、寓富。寿、福是使用率最高的颂赞题材，也是颂赞语意的基本内核。寿、福字及纹具有字根意义，单独的寿字寿纹或福字福纹以100或更多的样式组合，即为"百寿图"或"百福图"。蝠纹与寿字或寿纹（包括桃纹、桃寓寿）的组合的可解读为"五福捧寿""福寿双全""多福多寿"等等。

唯其如此，垒石因为变得比较不重要而成为本文的一个话题。垒石有可能成为一种标志性的东西而存在。如果有一段围墙的石块大小划一排摆整齐，它所围绕的一定是比较重要的建筑，即使原建筑已不存在，如蓬溪村的新祠堂等。

如果不看一座院落的主要建筑和一个建筑的重要部分，那么石材在三村之中也被广泛采用，其中也有高下之分，等级之别。

第一种为最佳，即把大石采上加工成条石、方石，四面打凿得平整而规矩，以用于建筑。三村中，这种加工成大小厚薄一致的条石偶然见到者也是用于墙角，使来自两个方面的墙体稳定坚固，但所用不多。此外，此种条石用于室内墁地、基台收边以及台阶垛条者倒有一些，但总量并不很大。如果正房用石材的话，这种条石有可能成为主要建筑材料。另一种情况即是大小不一，一面或二三面取平的块石的使用，此法最为广泛，可以围圈垫基，也可用于做墙。

卵石用法常见的有两种，一种是直接用于铺设通道，或天井的地面，另有将其扁平者用于铺台阶。再有就是将卵石剖破开，用于垒墙和房基。其排列方式多样，其中品质最佳者是选择大小相差不多的卵石剖破开，间有形状工整的块石，下大上小，竖向斜纵铺排，隐有行列之势，或成人字纹式排列。在蓬溪的数家祠堂皆有这种情况，好的房屋的基台和下半墙体也如此用法。捡拾如此众多形状大小相似重量不轻卵石并不是一件轻而易举的事，怎么样形成这一情况调查没得到结果。那种卵石与块石相杂的情况因此用途有不同，其图案化程度也不同，在一些非主要建筑时其随意性也较大。

对垒石来说，时间或说时代的差异性极大，越接近现代，垒石也就越不当回事，即使上文所说清风亭这样的建筑，其下垒石基台也是相当马虎。这与乡间公路以及等级较高的县乡级公路路基是一样的。

相比较而言，黄桂村的房基垒石最为随便，其房基的垒作，甚至不如别村围墙的垒法。不知这是由什么原因造成的。对于石块大小均匀的偏爱显然是受砖作的影响，如果这种说法成立，黄桂三村的房屋墙体多用夯土而少用砖，故其房基垒石也最随意。这样说显然过于勉强了。

三、器与物

器物从用途上分为生产和生活两大类别，用于生产的器物种类和数量相对较少，除直接用于播种前后、田间护理、收割前后三大环节的农具外，还包括加

工、贮存、运输等环节用具，另有养殖、饲养、狩猎、副食品加工等相关用具。此不作为这次调查的主要内容。

生活用品分为大家具、日常用具和生活杂用等，日常用具和生活杂用类器物为此次调查的重点之一，因为嫁妆几乎囊括了此种器物类型的90%以上，调查便以嫁妆为线索展开对器物形制的收集。① 由于自己学术素养和调查技术等方面的不足，调查尚欠充分和深入，留下许多遗憾。

圆木

对于圆木的调查起于1996年的小溪村，以蓬溪的调查较为充分。对洲头村的调查时间较短，如果时间允许，在这里可能比蓬溪有更多的至少是不相上下的发现。黄桂村没发现圆木之名，偶有几物，如瓜子桶、花生桶、脚桶（蓬溪称高脚盂）、面桶等，合称为五子桶，数量已大降低。

通过3年的调查比较，圆木的形制有较严格的规定性，如果说名称有时还有区别的话，其形制的一致性是显而易见的。

圆木，似乎是一个对木制日常器具的统称。婚礼上有"方木利市"之说，方木，指大家具。用料大都为杉木，轻便、坚固、不易朽烂。杉木当地山上即有生长，取材方便。

其制作由专门的"木匠老司"完成（另有雕花老司、油漆老司之名），平均一天一件，大者一天半，每天人工3升米。

圆木的制作方法大同小异，用杉木若干片撖围而成，白藤勒边、束腹，体形

---

① 调查区域内旧时嫁妆分为家具、锡器、圆木、首饰、绵麻织物等类。最小的配置称为"一张半桌"，包括柜桌一张（1/2八仙桌大，放于内室窗下，因其小，故称"半"），高橱一对（每个可拆分为上下两截，故又称为共橱、重橱），柜一个，圆木两杠（以板棍等物交叉成十字，绊绳成网状，上叠诸物并用红色麻线绑扎，再以棕绳系揽，两人穿杠以抬，为一杠。2杠圆木有50~60件之多，亦说20~30件）。

稍好者称"两张半桌"，另加四把大椅，一个箱柜，三个木箱（柜在下，箱在上）。包括寿桃印，糖糕印等细小之物。

嫁妆多者无数，在黄桂之上井村，某老妇人的嫁妆已成村庄知识中的大事件，时称"五里红"，极言其婚庆时抬嫁妆队伍长达5华里。"五里红"一词大约相当于"掌故"名词。其嫁妆中还有土地若干，老妇一生不幸，现仍健在。在黄桂村，总体水平上嫁妆种类和数量很少，农具中如耙、犁等可做嫁妆。

在蓬溪，一般人家称"三杠红"（一杠桌子，一杠柜子，一杠圆木）。中户称"间底面"，嫁妆60杠。豪富者称"中间面"（三间面）等，所抬嫁妆多达120杠。相传八纯相娶妻时嫁妆大大多于120杠。

巨大者用毛竹束腰。若需提梁则用毛竹或沙桐等。壁板厚薄因用途不同而有差别。

圆木名目之众，用途之广，分工之细，花样之多难以令人漠视。

虽称圆木，其形制多种多样，其剖面及外形大致以石鼓形为多，在此基础上又有敞口和收口之分，深浅比例各异，形成很多变化。另外，其表面有梯形、方形、六角、八棱、喇叭等形状。成对挑起者，大都有提梁；体形大者有把手，此外，还有加提手者、有加盖者、外加箱柜者等等，依其不同用途，附件各不相同。

圆木以下的各种器物从名字上大约分为盂、桶、斗等类。盂者一般较浅，其高度不会高于底径的1/3，以盂盘为最浅；"盂"类的剖面以上宽下窄的斗形为多，桶和斗的高度一般大于其底径，但斗一般为收口，桶敞口和收口两者都有。

圆木因其用途，大小各不相同，就其容积来看，大者大约1.5—2千升，最小者仅有1升，仅可装一碗饭，可见其相差之大。而最大的口径与最小者比例亦在10∶1。

圆木大多为素面红色（尿斗、粪桶等为黑色），亦有刻有凹槽，饰以金粉者。在斗等量具上书"公平"字样。一般在每件底部写有"××遣适"字样，标明女家姓氏的出处。如谢姓则为"陈留遣适"，周姓则为"汝南遣适"（有专册可查）。

如其他器具一样，圆木的用途有一定的规定性，但并不是专用。从用途上圆木可满足日常生产生活诸多方面，举例如下：

一用于个人卫生的：洗脸、洗脚及洗浴、洗衣；二用于饮食的：盛饭、盛菜，田里送饭；三用于特别专项的：宰杀家禽、牲畜，装盛大小便；四用于量具的；五用于送礼的：品种和数量最多，讲究最多；六用于生产：浸泡种子，运送大小便；七用于贮物等。从另外的标准可以作别的划分。

圆木多以嫁妆的方式被制造，而且通常是多得"一辈子都用不完"（被采访者语），在结婚时已将一生所用之器物准备停当，现代社会使人们不具备这样的远见。虽然现在几乎已无新品，但现在仍在使用中的圆木还是随处可见，尤其如鹅斗（兜）等个别器物。经过3次调查，把历来收集到的圆木名目及数量罗列于下（部分圆木有内径及高尺寸）：

大脚盂2个（洗浴用，内放小凳坐于水中。或洗衣用）

高脚盂1个（洗脚等）

（三号）矮脚盂各 1 个（洗衣、洗浴等，大中小 3 个）

鹅斗 1 个（洗衣时提往水源处）

面盂 5 个（本制 2 个，铜 1 个，瓷料 2 个。洗脸用）

梗饭盂 12 个（种田路远中午不归送饭或带饭，或摆酒盛装饭菜）

盂盘 18 个（亦有 12 个一组，盛饭菜）

豆腐盂 1 个（做豆腐用）

饭桶 1 个

粉块桶 1 个或 1 双（贮藏粉块，以便加工粉干）

合盂 2 个（装饼、糕用）

盘菜盂 2 个（送礼）

金杏桶 1 个（送礼，一说盛放麻线等）

连子斗 2 个（放米、饼）

猪肾桶 1 个（杀猪，猪放于内）

杀猪盂一个（杀猪，接猪血）

升 1 个（量具，量米、谷等）

圆升 1 个（同上）

三升桶 1 个（3 升装）

五升桶 1 个（5 升装）

七升桶 1 个（7 升装）

斗 1 个（10 升装）

平桶 1 个（为 2 升 5，平时自用）

租桶 1 个（为 2 升 7，收租用）

租斗 1 个（收租用）

够桶 1 个（4 桶 100 斤）

黄斗 1 个（从水缸里提水）

小黄斗 1 个（从水缸里提水）

大水桶 2 个（挑水，较大）

切梁桶 2 个（挑水，较小）

花盂 2 个（一双）

大米粮桶 1 个（祝寿、节日等放鸡、鸭、猪蹄等。另说送饭用）

小米粮桶1个（同上）

米汤桶1个（同上）

模糍（食、仕）桶1个（结婚时装饼，一说模糍糯米制成，清明节等祭礼用）

油桶1个（食用油）

揭盛2个（节庆摆物）

揭（切）盒1个（形制很多，多饰有图案，探病、节庆送礼之用，可装猪肉等）

方揭盒2个（送礼）

八角揭盒2个（送礼）

扁揭1个（送礼，可放猪肉）

揭（切）斗1个（提酒用）

木酒海1个（置于果盆垫上）

果盆垫2个（祝寿、摆酒时用，放于供桌上）

（金丝）果盆（作席时用，三间面有）

暗囗盂1个

酒头盂1个

酒斗1个（从大酒缸里提酒用）

酒漏1个（放于酒罐上即漏斗）

马桶1个（附马桶箱1个，放于大床或凉床一退）

尿盆1个

尿盆柜1个

尿斗1个（黑色，提尿粪，浇田）

粪勺1个（同上）

粪桶2个（黑色，挑粪用）

衣架1个

面盆架1个（放木脸盆）

以下篾制：

"四样"2个（送礼用，上下有隔可挑起，四样即四种礼品，被称为圆婚四样，如猪肉、公鸡、鱼、粉干或面。四样既为器具名，也代表四样礼品）

样篮2个（放糕、饼等，如订亲时送礼，两个可挑起）

黄竹篮2个（送礼）

饭篮 2 个（送礼，或上供）

杭州篮 2 个（以上四种篮极相似，是否一物多名待考）

子筐 1 个（放针黹）

鞋老 1 个（放针黹）

头梳篮 1 个

以下食用模具：

饼印（双数，沉香木，樟木。节日、婚庆等做饼送礼）

糖糕印（同上）

（以嫁妆为线索，另有家具、桌面、锡器等名目几十种，在此不列。）

四、结束

3 年的调查，本文得出这样的印象：在全国范围内比较，此三村的民艺品物从地方性、独特性、多样性、种类、制作、技法、艺术价值等总体印象，大致属于中等偏下。

原拟报告中包含内容较多，限于篇幅，以"精致"为线索，取出 5 个小问题以印证之。本文认为，精致是古典精神最主要的品质和外在形式之一。

选取这 5 个小题材有这样的用意：村形建设、院落和房屋可以形成（对精致程度的）基本判断。其中村形建设最难控制，将因此失去（精致的）意义，院落和房屋往往因其整体性要求而使（对精致的）判断失去意义。山面为非重要细节；花檐瓦为极普遍细节；垒石及墁地为极不重要细节；从精致的角度，圆木是别类细节。当然，选取这 5 个题材还因为这几种细节在三村之中有可比性。

本文认为，用非主要细节、非典型化细节，即非重要细节所推导的结论具有最小的欺骗性。而用别类细节则可为上述推导提供背景。比如圆木，没有对生活内容细节化的深刻认识，就很难有如此众多的功能化的品物。这种延伸至生活本身的细化分类和对未来生活的精确预测和设计能力，在本文看来是一切"精致"产生的根源。

具体说，如此多的名目使人对其实用目的产生怀疑，尤其是用于送礼一项，因何派生出如此众多的器物呢？器型与所送之物品，器型与节日、岁时；器型与被送者的亲疏远近、地位高低等是怎样的一种对应关系。有一点是很清楚的，他们的生活曾被以细小的原则认真分割过，更深入的研究条件允许时将进一步展开。

参考书目

1 福田アジオ编《中国浙江の民俗文化》,1995。
2 刘敦桢主编《中国古代建筑史》,中国建筑工业出版社,1984。
3 梁思成《中国建筑史》,百花文艺出版社,1998。
4 孙大章编著《中国古代建筑史话》,中国建筑工业出版社,1987。
5 马炳坚《中国古建筑木作营造技术》,科学出版社,1991。
6 廉晓春、许平《中国民间工艺》,浙江教育出版社,1990。
7 曹焕旭《中国古代工匠》,商务印书馆国际有限公司,1996。
8 王子云《中国雕塑艺术史》(上下册),人民美术出版社,1988。
9 丛惠珠等编绘《中国民间吉祥图案集》,安徽美术出版社,1995。
10 潘鲁生编著《中国民俗剪纸图集》,北京工艺美术出版社,1992。
11 杨学芹、安琪《民间美术概论》,北京工艺美术出版社,1994。
12 常人春《红白喜事——旧京婚丧礼俗》,北京燕山出版社,1996。

图1　水口(关帝庙)外观
1996年12月 蓬溪

图2　水口(关帝庙)俯视
1996年12月 蓬溪

图3　蓬溪村民居山面作法
1998年12月 蓬溪

图4　铺街祠堂台门、马头墙、墙体垒石、山面
1998年12月 蓬溪

图 5　洲头村之马头墙
1997 年 12 月　洲头

图 6　黄桂之上井村马头墙
1998 年 8 月　黄桂

图 7　黄桂村之山墙做法
1998 年 8 月　黄桂

图 8　黄桂村之山墙做法
1998 年 8 月　黄桂

图 9　花檐瓦铺法
1998 年 8 月　蓬溪

图 10　花檐瓦细部（蝠纹福字）
1996 年 12 月　黄坑

图 11　花檐瓦细部（5 蝠寿纹——五福捧寿）
1998 年 8 月 蓬溪

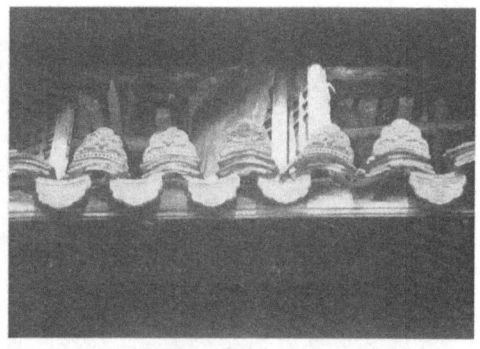
图 12　花檐瓦细部（蝠纹团寿）
1998 年 8 月 老竹

图 13　墁地（太极八卦）
1997 年 12 月 苍坡

图 14　垒石墙体
1997 年 12 月 蓬溪

图 15　垒石墙体
1998 年 8 月 大山底

图 16　垒石墙体（新祠堂外）
1998 年 8 月 蓬溪

图 17　圆木·寿桃印

1996 年 12 月　小溪

图 18　圆木·酒漏

1997 年 12 月　蓬溪

图 19　圆木·平桶、斗、五升桶、升（左至右）

1997 年 12 月　蓬溪

图 20　圆木·盂盘（带架，一套 12 个）

1997 年 12 月　蓬溪

图 21　圆木·四样

1997 年 12 月　蓬溪

图 22　圆木·揭盒

1997 年 12 月　蓬溪

图 23　圆木·扁揭盒
1997 年 12 月　苍坡

图 24　圆木·花鼓桶
1997 年 12 月　洲头

图 25　圆木·猪肾桶
1998 年 8 月　蓬溪

图 26　圆木·杀猪盂
1998 年 8 月　蓬溪

图 27　圆木·木酒海
1998 年 8 月　蓬溪

图 28　圆木·脚桶（高脚盂）
1998 年 8 月　黄桂

要旨

古典の精緻
- 山間部三ヶ村における伝統工芸の特徴-

白　旭　旻

　本編は古い工芸品を通じて、浙南山間部の三ヶ村における工芸の特徴を考察し、あわせて伝統的生活様式の精緻な様相を明らかにしたい。今回の調査では文献、図像、音響・映像などの大量の資料を入手した。これらの内容は多岐にわたっているので、今回は主に建築、廟堂、器物の三項目に係わる形や装飾に絞り考察した。

　建築に関するものとしては、①院落と房屋、②大門とその装飾、③屋蓋と出檐、④山墻四面、⑤檐頭と墀頭、⑥房背と背飾、⑦瓦作、⑧楣と栿、⑨板壁隔扇、⑩天花藻井、⑪梁柱、⑫斗拱、⑬柱礎、⑭台階と墁地、⑮塁石と基石、⑯その他の付属物、⑰人との関係、⑱環境との関係等である。工芸品には磚雕、木雕、石雕、鑲嵌、壁画、剪紙などでありその作り方、図案の分類、芸術的特徴をとりあげる。

　廟堂に関するものとしては、①正神造像、②配神造像、③その他の塑像、④龕座、⑤法器、⑥服飾、⑦霊物、⑧執事、⑨絵画、⑩香炉と燭台、⑪幡傘と幔帳、⑫牌匾と楹联等であり、工芸品には泥塑、彩塑、木雕、刺繍、書道、絵画等が含まれる。

　器物に関する物としては、①床（大床、涼床）、②橱（大橱、重橱、衣橱、碗橱）、③桌（八仙、小八仙、床前桌、華堂桌、琴桌）、④箱と柜（開門箱、開門柜、銅銭柜）、⑤梳粧用品（鏡架箱、梳粧台、脸盆架）、⑥椅（太師椅、紗帽椅、小交椅）、⑦凳（方凳、春凳）、⑧台（錫貨、木台）、⑨置物と玩具、⑩圓木、⑪首飾（金、銀、玉）、⑫服装、⑬帯と帽、⑭靴鞋、⑮刺繍製品、⑯寝具、⑰娯楽用品等であり、工芸品としては木製品、金銀製品、錫銅製品、塗装製

品、彩絵、鐫刻、鑲嵌、刺繡等である。

　本編において選択分類した建築分類中において、1・1院落と房屋、1・4山墻四面、1・7花檐瓦（瓦作）、1・14墁石、墁地（台階と墁地、墁石と基台）、また器物中の4・10圓木、の5つの小問題は従来多くの研究者に軽視されてきた細かい事柄を、別の角度から新たに調査対象として考察したものである。

Ⅲ 当地的信仰与礼仪

Ⅲ　地域の信仰と儀礼

浙南农村现存民间信仰调查报告

刘晔原

一、关于考查地

本文所指的"浙南农村",是指如下几个地区:温州市泽雅镇周岙村,永嘉县花坦乡廊下村、花坦村,永嘉县东皋乡蓬溪村;丽水市老竹镇横塘村、黄桂村、上井村。笔者在1997年暑假和1998年暑假,对上述地区进行了两次实地调查。前此,自1992年以来多次深入这些地区,前次报告仅就"龙"的信仰进行梳理。现在多次调查基础上对该地区民间信仰给予更广泛的关注。在材料使用上以上述三地七村的调查所得为主,兼及1992年以来的调查材料。

二、温州瓯海区泽雅镇周岙村民间信仰

周岙村。岙音ào,是浙江、福建沿海地区常见的村镇名称用字,意为山间平地。用岙字为名的村镇,都是四面环山的山村。周,是该地居民的姓,周岙这一村名,已经交代明白该村是姓周的人聚居、处于山区的村子。全村近900户,是一个大的自然村。

周岙村原称"梅溪村",村南一条大溪自西向东,水面宽达100多米,两岸原有梅树。现在该村以水稻种植为主,兼有临时性副业,在温州地区属于经济比较落后的村镇。

周岙是一个自然村,分为3个行政村,即周岙上村、中村、下村,各村有自己的村长和村支书负责日常行政。但因为都是周姓,原本是一家,又是世代聚居,许多活动是相通和协作的。我所访问的主要对象是周岙上村。

周岙村的信仰从系统上来说,分为两系。

其一,信仰基督教。温州地区是基督教信仰比较集中的地区,连周岙这样偏

僻的山村，也有自己的教堂，信教者崇奉一神教的原理，不祭祖，不信风水，唯"主"是信，占村民 2/9 左右。村民简称为"信教的"。

其二，信仰神灵。这是中国农村比较有代表性的多神信仰，村民简称为"信佛的"。其活动地在村外的庙内，故又称"信庙的"。这两部分村民同姓同根，平日和睦相处，互通有无，在信仰上却彼此回避，不相往来。我所考查的内容是民间信仰，即村中"信佛的"人群。

1. 主神"石马王"

石马王庙位于村南约 3 华里处，一层一进五间，有灶间。有两廊和围墙。正面供有四尊神像，依次为石马王、陈十四夫人、张三令公、土地。

石马王是村民信仰的主神，其庙称"石马王庙"，庙址被认为是村子的风水口，是周岙兴盛发达的保证。村民每月初一、十五（农历）都去烧香告祭，平时有宗教活动如超度亲人亡灵，免灾去病都在庙内举行。

据周有龙先生（65 岁，男，小学三年级文化，会讲故事，担任过村长、大队长）讲，石马王姓林，叫林振才，是明朝人，他原是温州守将，与一姓胡的匪寇作战，弹尽粮绝，以石头为兵马（代指武器）坚持，最后退至瓯江大桥北（今瓯北）被百姓藏匿。胡匪扬言要杀光百姓找出林振才，林为救百姓挺身而出，被胡匪烧死，胡又屠杀当地百姓，百姓以石头、柴棒打死了胡匪。而后，火烧了胡匪大营。为纪念林振才的忠勇，当地人奉之为神，称石马王。并从烧死林振才的柴灰堆中取回未燃尽的柴棒，象征石马王的灵魂，用它在新建的石马王庙点燃灶火和灯火。后来朝廷承认了石马王的功绩，敕封为"护国佑民石马圣王"。

又传，当地原有一位李姓的石马王，后林振才被封，是沿袭了原来当地神"石马王"的称号。据此可知，石马王信仰，在当地是有相当历史的。石马王属于地方神，人们认为他保一方土地五谷丰登，人口平安，世道太平。

石马王庙在当地亦称"石马宫"。

2. 祭祀石马王

祭祀石马王的形式可分为显性和隐性两种。

（1）显性活动是明确的祭祀行为，一般都在石马宫中举行。显性祭祀包括一般性祭祀和目的性祭祀两种。

A. 一般性祭祀。当然，一般性祭祀也有求福、表达敬意诚心两种目的，只是每一次目的都相同或相似而已。祭祀时间为初一、十五，相对集中祭，和每月

中逢三、逢六、逢九的散祭,属个人行为,祭的时间长短,去上庙的早晚,所带祭品的丰简亦自主。平时之外,大年初一至初五,也是一般祭祀的时刻,祭品因节日而比平时丰盛。祭祀后在庙内相邀聚餐,请神灵佑助新的一年人财两旺。

B. 目的性祭祀。在特殊时间为一个明确的目的而进行的特殊祭祀。分为许愿型和超度型。许愿型是为具体事项,求助的形式。丢失家畜、家有疾病缠身者久治不愈或其他临时性灾难,请神帮助解救、寻找,答应见效之后给神某种酬谢。近二十年,因外出打工挣钱的年轻人渐多,临出门买供品烧香祭祀请神帮助在外而发财、平安,如挣钱多回来酬谢神灵的人也极多,庙内许多装饰品包括帷幔、匾额、灯具多为打工回村者酬谢之物,求财的目的明确。

目的性祭祀的第二种是超度型。超度型有固定的时间,按道教规定祭日为正月十五、七月十五、十月十五,三节,这三天在道教中原意为:

    正月十五 天官节 天官主赐福。

    七月十五 地官节 地官主释罪。

    七月十五 水官节 水官主解厄。

这三天因神灵降临而特别灵异,村里的人常常几家合起来做各种特别的祭祀。采访对象是周岙的职业民间道士周金权(31岁,高中毕业)讲,这三天常常忙不开,提前就要预定。笔者采访刚好有农历七月十五日佛事(又称道场),七户人家出款合作,请周金权做一天道场,酬神并超度死去的亲人。

此外,正月初八,是玉皇集福道场,固定在石马宫举行。

这些固定的祭祀,必须请道士(民间专职人员,平时在家)主持,有道教的仪式,念经。在祭道教主神的同时,隆重祭石马宫内诸神,似有通过石马王传达之意。这些祭祀通称"做道场""做功德""做佛事"。

(2)隐性祭祀。

之所以称之为"隐性祭祀",是因为其祭祀的本意已经隐含在活动之后,人们也不认为它是祭祀。在周岙表现为"花灯会"。

周岙花灯现在已经是远近闻名的文艺活动,笔者也是从"民间文艺活动"的话题了解到周岙花灯的全过程。在了解这种活动始末的基础上,笔者按照这一活动的本意推论,归为隐性祭祀。

3. 花灯会始末

A. 制灯。花灯会每年一次,集中于旧历正月。从初四开始,家家户户便着

手制作花灯。花灯以竹扎成灯架,用白纸或彩色纸糊面,白纸上要画、贴上各种彩色图案;彩纸也要贴其他颜色图案。花灯有各种形状,争奇斗胜。各家均可巧手出奇,鲤鱼灯、西瓜灯、宫灯、八角灯等。灯的边角缀有鲜艳彩纸流苏、纸花,色彩艳丽,故称"花"灯。

B. 数目。花灯以各户为单位,以孩子儿量数目为标准。不论男孩女孩,有几个孩子(20岁以下)便有几盏灯,孤单无儿女的家庭便不制灯。

C. 集灯。正月十二日傍晚,夜色初上,在村中大路集合。然后各家便拎着灯笼绕着村子走,各条路均走遍。儿童各拎着自己的灯,不会走路的小儿由父亲抱着并代提着灯,各家互相欣赏品评。花灯可以用长短竹竿挑起,有力气最高可用两米竹竿。一时村子四周,村内大路都是花灯,大人们跟着拎灯的孩子走,20岁以下的人人手一盏灯,在夜色中宛如通明的长龙,起伏蜿蜒,十分壮观。远近亲戚和附近村子的人都会自动赶到周岙看花灯,确实成为一种著名的民间文艺活动。

D. 游灯。正月十三夜,晚8点开始集合游灯,游灯要形成队伍。最前面是高跷、狮子,然后是花灯;再后面是化装成武将的戏装人物。队伍所经过的路旁,摆上祭桌,陈列祭品。这游行队伍的花灯队后,有一个龙头灯。游灯直到12点,最后一站就是石马王庙。花灯就放在石马王庙内。(也有的考查对象说,十二、十三两日的集灯、游灯一次举行,都在十三日晚举行。)

E. 迎佛。前面已经说过,当地人所说的佛,与佛教无关,凡是信神的都称"信佛"的。所以迎佛也还是迎石马王等诸神。

图1 浙江泽雅镇周岙村花灯

迎佛是正月十四日上午8点开始，昨夜游灯的未成年人为神扛旗帜，各种三角形红旗。余者敲锣鼓，放鞭炮。大人们负责"抬銮驾"，銮驾指神龛，内盛石马王小型塑像。銮驾前面有"肃静""回避"等仪式用牌，由人扛着开道，完全模仿旧时官吏出行的排场。銮驾后是花灯队；花灯后面是马队，50匹马排成两行，由马主人牵着，马上是化装成古代武将的戏曲人物。在武将武卫、鸣锣开道的排场中，抬神绕村后，下午4点回到石马宫，安排神灵归位之后，马队解散，由主人牵回（附近有专为迎佛而养马的专业户），花灯就在石马王庙烧掉。

F. 聚餐。仪式结束后由"庙头"（平时管理庙、活动时当主持人）所备的饭亦熟了，参加活动的大人小孩都在庙内聚餐，沿途祭桌上的糖果也分给孩子们。聚餐所用的费用事先由庙头募捐，各家自愿捐献。村民称这项钱为"功德钱"，都踊跃捐出。迎佛，实际上是村民的一次集体活动。村里信教的那些人也出来看灯助兴，但不参加庙内聚餐。

总之，看到这全过程，花灯会的隐性祭祀性质也就明白无误地显现出来。花灯代表的是未成年人，花灯绕村，是借灯"收走"村中各种危害他们的鬼怪精灵；石马王出行再巡视检查一遍，威严的仪仗和马队，驱赶剩余的鬼祟。然后花灯连同"收"来的鬼怪在石马王庙烧毁，鬼怪上了花灯的当，被石马王镇压消灭，而灯的真正主人——村里的未成年人便可以稳稳当当地平安成长。花灯会，是迎佛的前奏，也是祭祀活动的有机组成。"文艺活动"只是火灯的形式，是艺术性强的部分。

4. 周岙信仰的其他神灵

民间信仰是多神信仰。周岙以石马王为主，还信仰陈十四夫人、张三令公、土地公公。这三位神灵都有塑像，都在石马宫有位置。平时祭祀活动，都为这三位神灵上供烧香。只是迎佛活动不抬他们出巡，庙名也与之无关。

（1）陈十四夫人，全称"十封九敕太阴圣母陈十四元君"。是温州地区普遍信奉的女神，主要功能是降妖、降雨、保生送生。由于周岙不是信仰陈十四娘娘的中心，村民只注重她"分娩神""婴儿神"的功能。

（2）张三令公，俗称"张千"，传说他是个懂医道的读书人，能够救治防害儿童生命的天花（麻疹）病，民间供他佑护病儿。是医药神的化身。

（3）土地公公无任何解说，即使是主神石马王，也是坐在土地公公的地盘上，所以也有他一席神位。

在永嘉、丽水的考察中，这三位神仙都是每庙必备的神灵，功能大体如此，不再赘述。

三、永嘉县花坦乡花坦、廊下两村信仰

花坦乡乡政府所在地即是花坦村，与廊下村相距三公里，两村都是朱姓村，花坦是老村，廊下是分支，按当地说法，按宗法制花坦村是朱姓大宗，廊下村是小宗。在生产上以水稻种植为主，杂有旱地作物，年轻人多在外打工。

廊下村最主要的信仰是"地主爷"。地主爷的庙也最大，主要的祭祀活动都在该庙举行。此外有"娘娘庙""太尉庙""三官庙""平水王爷庙"。显性祭祀十分活跃。初一、十五烧香，临时有事求神，同样祭祀。

1. 地主爷

地主爷是廊下村主神，其庙称"地主殿"。在阶级观念很强的时期，"地主"一直是政治生活中避忌的恶词。而廊下村却公然把最大神灵称为地主爷。在庙内看到，地主爷共三位，都是青年模样，白面无须，头上戴读书人的"秀才冠"。在其左边，是武帅、猛将两配神，右边是先锋、土地爷。由于单有一位土地爷，很明确地说明，"地主爷"不是普通意义的"当方土地主官"。由于年代久远，当地70岁以上的几位老人都说不清他们的来历。我推测，他们或许和其他当地信仰的神灵一样，是当年有功于当地的人，死后被奉为"当地最大的主人"，是三兄弟神。

与上述泽雅镇周岙村相同，这里也有以花灯形式的隐性祭祀。

廊下村在旧年十二月就制灯。初一开始把灯放到祠堂内，每一个男孩都由其父母为他们做一盏灯。花灯会的游灯是正月初一晚上，在锣鼓、仪仗的指引下，人们高举"平安牌"，上面写有"风调雨顺""人口平安"字样前导。花灯队最前面是"龙头灯"，然后灯队绕村转，转后仍放回祠堂。与周岙不同的是，这里的花灯更加"娱乐化"，他们也去别的村子舞灯，别的村子的灯队也来廊下献艺，互相欣赏灯的精巧和灯队的气势。这一活动从初一持续到正月十五。

正月十五日，是固定的"抬佛"活动，即抬出一位地主爷沿村巡查，排场一如周岙。

十五日夜晚，所有的花灯都在地主爷庙内烧掉。该庙建在村头，依山面水，是村中风水地。

隐性祭祀之二是请戏班来唱戏，正月十三、十四、十五三天三夜有戏。唱戏地点或在祠堂，或在庙（太尉庙）内，称为唱庙戏。戏班一旦答应为某村唱庙戏，一般不会爽约，哪怕价钱低也不能反悔。因为是为神灵演戏，不敢不敬神。

2. 太尉庙

太尉庙建在村中，原是一宽敞旧庙，1996年一朱姓华侨捐资重修，金碧辉煌，油画装饰一新，很有气势。

太尉称"正一太祖"，是朱姓有作为的祖先。庙内楹联简要概括了他生前的事迹和灵异。

其一：太尉掌四方兵事神与同封，

括苍为天下名山圣从此显。

其二：俨茗恩二十世英灵不减，

祭如在六百年血食绵长。

重修太尉庙立有石碑，记载了太尉的生平。太尉是朱氏十八世祖，名镇，字子重，上谱排名称"正一"。明朝洪武十七年被追封为"太尉尊神"。原庙是当时所建，1996年农历三月初四重修。

太尉的事迹牌上未写，传说他生前刚猛，不畏匪寇，能保一方安宁；死后也曾显圣，帮助退敌。但细节都讲不清了。明代受皇封建庙，应是有大功劳，明初受封，当是乱世英雄，或者帮助过明军。有迹可寻的是庙中的楹联，透出朱姓祖宗神话：

其一，括苍显圣，瓯越尊亲，入山行猎，逆浪浮棺。

其二，瘢痣长留早传神异，棺涛共逐爱肇英灵。

其三，灵业括苍捍患御灾扶世运，神归珍水降祥锡福庇宗阁。

楹联中提到的"括苍"是山名兼地名，在此显圣，应是死后灵迹，捍患御灾不知是天灾还是人祸，从"学四方兵事"看，应是人事，而"俨茗恩"，又有以茶解毒意。珍水，是朱姓又一聚居地，当地称"三川共祖"，珍水即三川之一。推此应知太尉是以武力御患，并以茶扶世救灾的功德祖先。他的长相则是有瘢痣的壮汉，甚至还应当有"棺材逆水而上行"的故事。

正月初四是太尉生日，当地称此日为"太祖生日"。这一天从太阳初升开始，朱姓男女老幼敲锣打鼓，举各种旗伞，抬出轿子放上太尉神位巡游。与众不同的是游行抬供品，一猪一羊一鸡。猪羊杀好，披在木架上两人抬。猪嘴里咬住一个

橘子，橘子上插三支香。路旁有供桌。并请民间道士念经，是纪念祖先与祭神相重叠的祭祀。

3. 娘娘菩萨

娘娘菩萨，主要指"陈十四夫人"，其庙称为"凤南宫"，因其方位在该村"五凤楼"南面。庙中有6位女神。

（1）陈氏三姐妹。娘娘信仰，是温州、永嘉一带极有特色的民间信仰，虽然主神都是陈十四夫人，但附祭的女神很多。廊下村中凤南宫，除陈十四夫人之外，还有"陈十三娘娘""陈十五娘娘"。村民讲这三位娘娘是三姐妹，各有主司之职。从塑像看，陈十四夫人手持剑，有侍女持角，是武力降妖的表征。陈十三娘娘持罐，是医药神的化身，而陈十五娘娘双手握着腰间玉带，按传统表现，是福和禄的化身，负降福之责。

（2）卢氏娘娘。卢氏娘娘又称"卢氏尊神"，从楹联和庙内建筑看，卢氏娘娘才是这座庙中的正神，此庙最初应是为她所建。在神格上，她是因为"孝烈"而被称神的。

图2 浙江永嘉廊下村娘娘菩萨

其联是石刻，有的已经剥落，其一联是述其事迹的：万古孝心留虎石，唐朝烈女显神威。神像的扮相，是宫廷皇后戏装，塑像前庭是小装饰水池，池中两条龙相对而卧；塑像后的壁画则是"虎图"，庙有廊有柱，完全是"殿"的规模，不像民间自发修建。其规模超过"土地公公"而显出"官修气派"。笔者以为，"凤南宫"应是官建的"孝女庙"，该神是否为唐代虽不清楚，但从中窥见其神来历传说久远；建庙则应在明清两代。如有机缘，将进一步考察。

（3）潘氏娘娘和黄六姐。两位附祭女神已无事迹可考，潘娘娘手持玉带，背后壁画是凤图；黄六姐手持拂尘，很有道家仙姑的样子。

（4）送子神。廊下娘娘庙众多女神或威武或高贵，却没有一位是"送子"娘娘，承担这一职能的却是庙内过道一位男神。男神文扮，膝上坐一孩童。村民称为"麒麟送子"。这种与常见信仰相悖的现象极有特色。

娘娘庙的祭祀与太尉庙祭祀同日同时举行。在太尉出巡时，也有娘娘仪仗，但不抬娘娘出游，其他各位则接受村里香火祭祀。二月十五，是陈十四娘娘的生日，庙内有祭祀活动，唱戏放焰火。

(5) 平水王爷。平水王爷，是温州、永嘉一带极有影响、庙宇很多的神灵。廊下村平水王爷庙建在村东田边，近山口处。周围是高山，山泉很多，其庙形制是民间小庙，三间平房。据村民朱家强（67岁，男，念过私塾）介绍，平水王爷平时管水土，田里缺水他不管，田里涨水要求他管住洪水不冲村庄和田地。是一位实用性很强的神灵，其庙位置也正在山口水泉交汇处。

廊下村信仰气氛甚浓，避邪的镇物随处可见，计有泰山石敢当，"姜子牙在此"石刻，老虎头牌，镜子，八卦图，灵符（由道士画），灵符中写有"天不怕雷震子，地不怕姜子牙、土行孙，阴阳不怕包公。"

4. 祖先信仰

廊下村和花坦村又是朱姓大族聚居地，在民间神灵信仰的气氛中，又透出很强的祖先信仰，种种标志表明，朱姓家族历史悠久，古代十分显赫。前面在介绍凤南宫时提到"五凤楼牌坊"，是朱氏九世祖朱谅坟前的石牌坊。家谱载，朱谅是南宋淳熙丙午进士（1129年），深受宋理宗宠信，官至尚书。逝后由工部造坟，坟前石牌坊雕刻五凤，坟前石人石马石猪羊石狮子一应俱全，极尽荣耀。原坊"文革"被毁，现仍旧貌重建。

花坦是朱氏大宗所在地，族谱表明，朱家在廊下一脉是二十一世祖朱良权迁去，因祖先坟山在廊下，风水又好，花坦人多地少难容更大发展而迁。故花坦是大宗，是祖祠所在地。廊下每年正月，也要回来祭祖。

花坦村最重要的信仰是"祖灵崇拜"，祭祠堂是主要祭祀。祠堂分为祖堂和功德堂。

(1) 祖祠名"桂芳堂"，取名后庭中植双桂树，八月满祠飘香。堂联是明代温州知府胡文渊题，是极有气势的长联，上联：宋室衣冠皂盖朱幡擢秀溪山第一牌楼凭地立。下联：明廷阀阅黄门乌府联芳国士无双师傅比天高。

送联的温州知府胡文渊所赞的师傅，指朱氏十七世祖先朱墨癯，他是明代著名教育家，创办"墨癯书院"，教书之外多有著述，其门生王瓒官至礼部侍郎，曾保举老师为官，但朱墨癯淡泊功名，以病为由推辞，明廷赠号"布衣状元"，为他立"溪山第一"牌坊。上联颂朱氏宋代功勋使溪山生辉，而下联讲朱氏明代

的才人。突出表现朱氏高贵门第和历代荣耀。

祖祠规模极大,前面宽阔石子路、石坊,显示出当年气派。今年代久远,加之解放初被乡政府征为办公地,增设建筑,只略见风采。

(2)功德祠。功德祠称"乌府",又称"敦睦堂"。其主人是朱氏十五世祖朱良暹,曾任明代御史(按察副使),明理冤狱,刚直清廉;逝后曾文庙附享,为表彰他的功绩,单为立祠。每年在其诞辰、正月初三,隆重祭祀,60岁以上男人聚餐。

两祠堂原来都有祭田。

5. 黄老仙

花坦村外山上是黄老仙庙,称"黄公庙"。供奉黄老仙、孙大圣(孙悟空),陈十四夫人。

据朱陈宣老人(71岁,男,读过初级师范)讲,他的名字中的"陈",代表陈十四。因其从小病弱,寄名给陈十四当子孙,保佑长大。原有单独的陈十四夫人庙,后拆为"乡卫生院",迁陈十四至黄公庙内。

黄老仙,据传是安徽凤亭山人,很灵异。当年一家人的独子被征当兵,家人向黄仙问卜,是本人去好,还是破产花钱雇人好,许愿百钱。黄仙签告"保家产,本人去,平安五月四日回"。孩走后第二年,四月二十五日,同去当兵的人回来告诉其家,孩已死在战场。家人怒怨,气冲冲地去黄老仙庙倒了塑像。下山路上,见黄老仙,告孩父说,令子平安,不日即回,要重塑神像。后十日,孩果然从死人堆中逃出平安回家。现在外出打工、做生意者多来求佑。

另据朱天巧(男,64岁,小学文化,因七月七日生,取名天之巧合,避灾)讲,村外原有"白鹤大帝"庙,后拆为诊所。

6. 风水信仰

花坦一带都十分崇信风水,花坦建村、建祠堂、建庙都根据风水而来。老祠堂所在是龙头,祠内有两口井,被称为龙目。祠堂面向东,是"龙出东方",背后三座山,称东钟山、西钟山、后钟山,称三足鼎立,龙盘鼎心。黄公庙建村西,原陈十四夫人庙、白鹤大帝庙也在村西,是为镇压"白虎",挡住入村邪恶。老人称这是"庙压白虎,山成鼎足,龙头在兹"。

四、关于两地民间信仰现状的思考

从以上两地（包括丽水、永嘉其他村）的调查来看，民间信仰呈现如下规则。

（一）儒家重祭祖而形成的祖先崇拜仍然很有势力。花坦和廊下共祖同宗，不仅祖宗祠堂保存下来，而且有祭祀活动，有家谱。花坦村人是朱氏大宗，心理上有优势。位于廊下的五凤楼坟、太尉庙两主人，都是大宗嫡出，大宗人为之骄傲，小宗人也为之自豪，祭拜勤勉。但廊下因为得到资助，在村中重建了辉煌"太尉庙"，大有正枝植旁枝茂，夺其风光的架势，两村人为修谱争大宗、争祖先后不快，但却仍共祭祖先。

（二）以英雄神灵为主体的信仰模式。从周岙到永嘉，几乎村村多庙，而所祭之神有名有姓，推知大体年代，几乎都是"凡世英雄死而灵异者"，世俗性极强。祭祀的神都有职责，祭祀的功利目的明确。

（三）以道教形式为主的祭仪。信神祭神虽然名为信佛，但完全与佛教无关，既没有佛教偶像，也没有佛教仪式，只借用"菩萨""佛"名称，实际上崇拜仪式是道教的形式，道士画符、诵经、做道场；神灵收妖捉鬼驱邪也与道教相近。实际上是巫教的传统。

（四）巫神与皇权相融合的成神过程。在调查材料中可见，民间信仰在很大程度上与皇权有关联，许多民间信奉的神受过皇封，甚至地方性的神灵也以皇封为荣，地方平神与皇封神并存。

图 3　泽雅镇周岙村石马宫中供奉的张三令公

（五）少见的动物神崇拜遗迹。由于两地历史悠久，儒家文化早已普及，原始信仰几乎完全淹灭。但在花坦老人的记述中，有白鹤大帝，白鹤是道家仙鸟，它与陈十四夫人庙在一起，应是陈十四信仰的一部分，也流露出"鸟崇拜"痕迹。至于黄老仙，应是"黄鼠狼"信仰的变型。

（六）民间信仰以老人为主向下一代传承。管理村庙者多为老人，烧香拜神者却不乏年轻人，庙内装饰也是外出挣钱回来的年青一代的贡献。

（七）村庙表现出前所未有的功能。

1. 在家族势力退减的现实中，村民的凝聚力部分来自村庙。尤其是在有基督教信徒的村子，信庙、上庙成为与外来宗教相抗衡的信仰，村庙中活动聚餐，增加了村民的感情联络，成为重大集体活动，保存了传统。

2. 村庙成为离乡者的精神家园。在封建时代，外出辞祖庙，回来告祖庙是定规。现在外出的人数超过任何时代，在没有祖祠、或祖祠祭祀气氛不浓的日子里，他们都去村庙烧香祭告，请神灵保平安，保财运，获得信心。回乡后也必去祭祀答谢。由于庙宇不变的神灵气氛，使年青一代外出者更依赖神庙。

3. 祭祀活动成为村民的情感宣泄。祭祀活动如花灯会、迎佛，都是村民自觉踊跃参加的集体活动，热心者在组织中显才干树威望，参加者在活动中鼓情绪、注感情。前者在"民间文艺"的题目下不断向艺术性靠拢，后者由于迷信色彩受到压制，但对村民来说，这两件事是一回事，都是祭神，是功德，参加活动对己对家对村均有益处。

总之，民间信仰在当代农村是普遍存在的现象，其生命力之顽强，样式之多，也是不容忽视的。由于篇幅所限，丽水和永嘉另外村的资料另文写出。

要旨

浙南現代農村における民間信仰

劉　曄　原

　中国江南の農村においては元来仏教信仰が顕著であったが、1970年代末以降、各種の伝統的民間信仰が急速に起こった。本報告は2市1県7自然村を調査し、現在の信仰情況、神霊の種類、名称等を整理したものである。

　江南には古刹寺院も多いが、浙江省の温州、麗水では、各種神霊には仏、菩薩など仏教と関係がある名称が付けられており、最も仏教的な観世音菩薩すら現れていることが明らかになった。

　二カ所の神霊は「関雄神」が主なものであり、鬼霊信仰であり、祈願内容は除災を主とするが、また平穏無事をも祈る場合もある。

　祀る神霊はいずれも地方の特色を持つ。地区から一村一鎮に至るまでそれぞれの土地で影響力を持つ。

　信仰される神霊は雑多である。それほど広くない廟のなかに十数体の神霊の塑像が、男神女神の区別なく置かれているのがほとんどである。民間伝説、故事や文学作品の影響を受けて塑像の神は孫悟空、黄老仙等であり、民間信仰の柔軟性が現れている。現代農村における民間信仰は、新しい利益も加わって村民が結集する力となっており、多くの青年の精神的故郷となり、神霊が宗祠先祖の代わりとなっている。

温州山区地方神信仰调查

潘一钢

温州，位于中国东南沿海地区，古时候与毗邻的丽水地区和台州地区统称为"瓯越""沤"，亦称"沤越"和"沤深"。西汉时，藩封"东瓯国"，唐高宗上元二年（675年）设温州后，"自成一郡"。历经五代，宋、元、明、清，州境范围基本上没有什么大的变化。

温州境内地势复杂，丘陵起伏，河网交义，洞宫山脉、括苍山脉和南北雁荡山脉自西南到东北横亘全境，形成了一道天然的屏障，在交通条件落后的古代，这在一定程度上限制了与外来经济和文化的交流，造成了闭塞与孤立，因而也就形成了具有自己特点的信仰文化。

自1993年起，笔者借多次陪同中日民俗考察团深入永嘉、瓯海、苍南、瑞安等地山区进行调查之际，对一些山村，特别是永嘉县山村的地方神信仰，做了一些初步的了解和调查，兹将了解和调查的简单情况分述如下：

一、山区地方神信仰的范畴

山区面积占了温州的大部分，素有"七山二水一分地"之称。由于自然环境比较差，加上山区生产力原始低下，人们无能力调节人与自然的关系，常常将自己的安危祸福寄托在神的身上，祈求神灵保佑。他们认为神灵是万能的，能主宰人间的一切，正缘于此，温州山区的地方神信仰十分普遍，庙宇林立，香火不断，各种各样的地方神一代代在增多。1997年5月，笔者仅在永嘉县上塘、黄田、巽宅等几个地方进行了解时，就发现有胡三相公、丁氏娘娘、马氏娘娘、青龙娘、黄法师、倪法师、李氏元帅、谭三侯王等地方神30多种，由此可见温州山区的地方神数量之众多、之复杂。

山区地方神庙宇在格局上，除大小规模不同外，没有什么差异，凡庙都塑有金身神像，庙门上一般都画有秦琼、尉迟恭的神像，墙壁上画有历代帝王将相或历史传说一类的壁画。庙设有供桌，规模较大的庙，有专人在此打卦解签。在山区庙宇中，很少供有佛道的神，所供奉的大都是各类的地方神。

山区信仰的地方神中，不外乎这么几类，一类是祈求风调雨顺、五谷丰登、村宅平安、消灾灭难、降祥纳福等有关生产、生活的保护神，这类神由于与人们所从事的生产和生活有直接的关系，因而是人们最为信仰的地方神，人们定时对这类神进行祭祀，并举行各种仪式的活动。每月逢初一十五，信仰虔诚的人，还要到庙里烧香敬拜。

图1 杨府爷神像

在温州山区，这类有关生产、生活的保护神最多，面也很广，有代表性的如杨府爷、卢氏娘娘、周江龙娘、三港大帝、许真君、胡公大帝、平水王周凯、殿主爷、五岳圣帝等。

杨府爷是温州一带最大的地方神，历史久远，影响广泛。据苍南县云岩乡鲸头杨府庙碑文记载，杨府爷名精义，系永固县廿八都苌芬西村（今瑞安市碧山乡一带）人，生于唐贞观甲辰年（644年）五月廿四日辰时，己巳年（669年）中进士，官封都督大元帅，65岁时辞官返乡，于原有祖山一岗叫北山的地方，创建一寺，自在寺中参悟玄机，终至道成，享寿108岁。有关杨府爷由来，众说纷纭，一说是杨六郎（北宋爱国名将杨延昭），南宋灭后，以利保护杨府庙，故隐去杨延昭的真实姓名，后人不知其故，以误传误。民间传说杨府爷曾在海上拯救渔民、击退海寇等，为海上保护神。过去撑船老大、渔民求此神较多，往往庇佑风平浪静、渔业丰收。在苍南、永嘉、平阳、瑞安等地山区，则被视为是保护地方太平、人口太平的神灵。据永嘉县蓬溪村87岁老人谢迪洪说，在他们村，杨府爷是最大的神，能管人口、六畜、年成等。凡村中有人外去经商、读书、务工等，都要先去杨府爷那儿求拜。每年正月民间游龙船活动，首先要从杨府庙开始。老人自己也十分相信，常常上山烧香跪拜，如家里遇上了什么事，都先去求杨府爷。

图 4　永嘉蓬溪村村民在祭拜杨府爷

山区地势复杂，常发生洪涝和干旱，对农业生产影响很大，因此就有很多的消灾神灵。平水王周凯和周氏龙娘在其中较有代表性。瑞安市罗凤乡凤土村的董志远先生，是一位近 60 岁的民间塑佛艺人。据他说，温州瓯海、永嘉一带山区，对平水王十分敬仰，有关他的神庙修了不少。为什么敬仰他？他说，宋乾道二年（1166 年），温州地方遭遇到了大水灾，百姓饿死、淹死不少，灾情十分严重。周凯奉旨到温州救灾，他一边排水修堤，一边私自开仓放粮救百姓。后因私自开仓放粮，不敢回朝复命，在温州投河自杀。百姓为纪念他，建殿祭祀，阴封平水王爷。过去山区遇上洪涝都去祭拜他，据说立了庙宇，就不会有灾难了。其庙一般都筑在水流急处的地方或村口。

周氏龙娘，又称乌龙娘娘、周江龙母等。是永嘉、乐清一带最大的司雨神，有关她的身世，永嘉溪口乡苍山宫有碑载："后汉三年八月十四日，偶与妹井边汲水，见有石卵，五彩红斑，收而纳之口，误吞而得孕。及汉亡周兴，即于后周元年（951 年）五月二十日辰时，到苍峰顶上，月满分龙，身亦从而化神焉。"遇上久旱不雨之年，方圆几十里永嘉及乐清的村庄，都要来此"背"娘娘去求雨。人们在炎日下不撑伞，不戴箬笠，光着头跪地求拜。据廊下村曾求过雨的朱国旺、朱启月等人说，求娘娘司雨都十分灵验，屡求屡中。他们村距今最近一次求雨，是在 70 年代，祭祀活动后，大雨跟着就来了。

在诸多的地方神中，上塘的卢氏娘娘在永嘉境内算是一个最有影响的地方保护神。清光绪《永嘉县志》记载："唐卢氏居卢岙，尝与母出樵，遇虎将噬其母，

女急投虎啄，以代其母。后有人见女跨虎而行，遂立祠祀之。"庙初建于唐，到了宋朝理宗时，赐号孝佑夫人。庙在永嘉分布很广，温州、瓯海等地也有许多分庙。在信仰群众心目中，卢氏娘娘是一位可亲可近的本地神，凡求财、求子、保地方、家庭太平、保年成、去邪等，都去求她，因而成了一个万能神，每逢初一、十五香期和二月十五诞期，温州各地香客纷至沓来，热闹非凡。

除有代表性、具有地方特色的地方神外，山区民间对关公、三官、土地等大路神的信仰，也十分普遍，认为都是保护地方太平的神。关公曾被封为"三界伏魔大帝"，被山区百姓视为去邪镇恶的守护之神，往往把庙安置到村口、山口、桥头等处，阻挡住邪恶的东西。三官有"赐福""赦罪""解危"功能，一般都安置到面朝村内方向的地方。土地也被视为吉祥的保护神，在山区无论大小的神庙里，都供奉有土地爷。

图 2 永嘉县廊下村朝向村内的三官爷殿

有关生产、生活类的地方保护神，在温州山区一带很多，但另一类专门保护妇婴的地方神也不少。这类地方神基本上都是女性，其职能往往是保护婴儿、保护儿童成长、生育（解妇女难产）、求子等，在山区十分普遍，是最受妇女们崇拜的神祇。旧时，山区卫生医疗条件十分落后，妇女分娩，称为"下地狱""过鬼门关"，同样，在山区小孩也难以哺养，由于缺乏儿童保健知识，儿童夭折很多，特别是麻疹、天花等，死亡率很高。为了避免不顺和难产，为了使儿童能健康成长，人民把希望寄托在神明的身上，乞求保佑。这一类妇婴保护神中，最具有代表性的是陈靖姑。

陈靖姑，俗称陈十四娘娘，唐时福建古田临水人，由于出生在古田临水，又称临水夫人。自幼随父学道，17岁时，因其兄法清、法通去降蛇时，法通被蛇

吞食，为报兄仇，她到芦山学法，后学到十大法术，可谓神通广大、法力无边。芦山下来后，她一路为民除害、收妖灭怪，深受百姓爱戴。事闻于朝，惠宗封其为"顺懿夫人"。据说一次皇后难产，生命垂危，陈十四闻知后，便用法术使皇后生下了太子。此事在民间传开后，遂将她说成是"专保妇婴、催生护幼"的保护神了。

在温州山区，过去凡小孩患麻疹和天花时，要立"天花坛"来祭拜陈十四，请她来治病。每个小孩要做宝伞一对（谓保护伞），锦旗一幅，奉到陈十四神祇。病愈后，要置办三牲福礼来"送圣"，将伞、旗送到村外清静处点火焚化。如小孩生下后孱弱多病，家人便携小孩到庙里认陈十四为干娘，拜了干娘后，孩子就能健康成长。

妇婴保护神在山区很多，如保生夫人、保赤夫人、种痘娘娘、马氏夫人等，在这类保护神中，送子娘娘信仰十分普遍。这除了传流的"传宗接代""多子多福"思想外，更重要的是山区劳动的繁重，如缺少男劳力，家庭就难以维持，因而此神香火很旺。在山区各类大小的地方神庙宇中，特别是女神庙宇中，都设有其神位。有关其来历难以查考，民间传说是送子观音的化身，颇为可信，祭祀她时一般都用素食，这与其他地方神用荤食来祭祀，有着明显的区别。此外，在永嘉、瓯海山区一带，张三令公也作为婴儿保护神来信仰。张三令公，据是汉朝的张骞，他在出使西域时，从国外带进了麻疹和病毒，人们没有视他为恶神，这可能与他在历史上的功绩有关；反其道而行之塑他为神来防止麻疹，这在地方神信仰上有其独特的一面。

除了上述的生产、生活保护神和妇婴保护神外，在山区还有一类恶神。对这类神，人们往往敬而远之，大都把它移到村外或人迹罕至的地方。这类神有白甲将军、胡三相公、五通爷、殇官爷、童子爷、齐天大圣等，民间认为这些神属自己修炼成仙，没有天庭或皇帝敕封，故受冷落。如白甲将军为白狗成仙，胡三相公为狐狸成仙，齐天大圣为石猴成仙，五通爷为五鬼成仙，童子爷为死无归宿儿童成仙。

诸恶神中，人们最忌五通爷，被视为作祟人间、气量狭窄的神，尤以小孩对此神最怕，据说常被捉弄成病，求拜祭祀后，方能去病。民间传说此神因庙小无人供奉，其行为不过是"讨点吃吃"。五通爷庙规模很小，一般在二三尺高、二尺多宽，建筑十分简陋。也有许多地方甚至无庙，就设个牌位放在大树旁或巨岩

图 3 廊下村南凤宫（陈十四宫）

下。除农历七月十五外，平时很少有人光临。蓬溪村会计谢纯西（53岁）说，五通爷捉弄人用"黑锅圈"（铁锅削下来尘未形成完整的锅圈），凡垂头丧气、萎靡不振者，就用黑圈去套，故山区有这样的习俗，刮锅后即把地上的黑圈扫掉，叫五通爷去捉弄别人时无工具可使。

二、地方神的祭祀活动

温州山区信仰地方神十分盛行，由此各类庙宇很多，祭祀活动也随之而丰富多彩。祭祀地方神活动的日期，一般都定在神的寿诞或是神庙落成开光之日。每逢此日，规模大的神庙由头家牵头，众人筹款招请戏班来演戏，请艺人来唱鼓词、道情等。庙内张灯结彩、烛火辉煌，各类祭品摆满了庙内。祭祀活动由道士先生主持，有请神、唱神歌等形式。

用温州鼓词来演唱《南游记》，是温州平原和山区祭祀陈十四最为隆重的仪式。1991年9月24日至30日，笔者应邀参加了永嘉县瓯北码道宫祭祀陈十四活动的全过程，因此对祭祀活动的仪式有所了解。

唱《南游传》，俗称唱"娘娘词"或"大灵经"，演唱过程，一般都在宫内举行，演唱时，十分庄严、肃穆，除了在宫内张灯结彩、设神坛、立香案外，还用竹篾骨糊各种纸神纸马，搭芦山景，并用纸扎成青白的蛇公蛇婆，盘缠在戏台左右的两柱上。整个祭祀仪式由村中道士先生主持。演唱"娘娘词"之前，道士先生携净水洒遍全村各个角落，并在村界线边缘地上插上五色彩旗，这些彩旗写上

吉语，如"五谷丰登""国泰民安""风调雨顺"等字样。

《南游传》共有14本，约一百万字，内容反映了陈十四大智大勇，主持正义，为民除害的大无畏精神，整部鼓词情节跌宕起伏，优美动人。演唱《南游传》和祭祀活动，一般都在七天七夜左右。演唱开始时，鼓词艺人要身穿传统的长袍，前置大鼓，旁挂大锣，先唱《八大神咒》《打八仙》《请神》等。其曲调有时高亢粗犷，有时则平水直流，说白多于唱。在演唱过程中，每当唱到请各类神或他们之间来往时，听众要拈香下跪、叩头参拜，场面十分虔诚。

唱《南游传》不同于其他之处，是在于它在演唱的过程中，不时地配合词中剧情发展而举行各种祭祀仪式。这其中，迎接陈十四娘娘到坛、出宫、斩白蛇、送耗等，为主要仪式，场面十分隆重、热烈。

到坛。当鼓词唱到陈十四娘娘芦山学法归来，一路收妖灭怪，经过温州，这一仪式便开始了。此时宫内鼓乐齐鸣，鞭炮轰响，迎接陈十四娘娘的队伍就浩浩荡荡出宫，来到村外临水的地方去接驾。走在队伍最前面的，是高灯一对，大锣一对，过后是"肃静""回避"等头牌，接着是彩旗队（50人左右）、四人抬的銮驾（銮驾内放置香案），銮驾后有葆羽一对，黄罗伞一柄，最后是乐队。在接驾后，所经过的路头，都有摆祭，一家或多家合凑，在路边置几张桌，摆上三牲福礼、时令水果、糕点等，并燃上香烛、鞭炮，低头叩拜。

出宫。与其他仪式相比，出宫要简单一些，只在宫内天井中举行，据说陈十四就在此腾云驾雾，不叫大家麻烦了。此时，道士先生要举行仪式，进行答谢，信仰者要执香朝天叩拜。

斩蛇。是唱《南游传》中一个最热闹的场面。唱到斩蛇时，参加仪式的人员，都要在腰上系上避邪的红带子，手执宝剑站在一旁，待到道士先生收妖、斩蛇的龙角一响，头家端上一碗雄黄酒，朝纸蛇猛地喷洒，刹那间，斩蛇的人一拥而上，将两条纸蛇砍得粉碎。这些已粉碎的纸蛇不能留在村中，马上要拿到村外烧掉，成灰后，把它放置到纸船上。

送耗。即送瘟神。要放到祭祀活动的最后一个晚上，也是鼓词演唱的最后一天。这天，来听鼓词和参加祭祀活动的人，要比平时少，家家户户都早早关上门，熄灯就寝，特别是下半夜举行送耗仪式时，人们都要躲避。此时，道士先生手持宝剑，口念咒语，在村内驱邪，把搜罗到的"瘟情""鬼怪"，也放置到纸船上，待到下半夜退潮时，送到江边，燃上纸船过后，随水漂走。至此，整个仪式

才告结束。

永嘉巽宅镇上董村祭祀陈十四除唱七天七夜的"娘娘词"外,还要演传统舞蹈"罗汉舞","罗汉舞"古朴、庄严,需80多人。

祭祀陈十四活动,除唱《南游传》外,民间还有唱龙船儿。龙船儿形如小船,长七尺,宽约二尺,船首画有龙头,船后画有龙尾,船中央有神龛,神龛中坐有头戴珠冠、身穿彩袍的陈十四,龙船儿由艺人背着穿街走巷,巡回演唱。所唱的内容大都是歌颂陈十四的生平和业绩,也有唱些劝人为善的内容。每到一地,凡敬仰陈十四者,都点上香烛,叩首膜拜。

每年农历二月十五,是永嘉上塘卢氏娘娘圣诞,其祭祀活动也十分热闹,分别由"孝佑宫"所在附近的上塘、浦东、浦口三个村的村民轮流祭祀和组织文娱活动。十二日开始祭祀活动,先用三四百斤的籼米做成两架大斛,每架高三米多;杀两头大猪,连头带身供奉在斛架旁,仪式开始时,要由道士先生先念祭文,请诸神等,十三日开始在宫内戏台上演戏,一般都要连续4至5天。太石村是卢氏娘娘的出生地,太石圣母宫祭祀活动更是讲究,村民在农历二月初十左右就开始在宫里整理打扫,还要挂上200个纸灯笼,到十四日时,将本村庙里所有的神佛"接"到圣母宫,与其同庆同乐。祭祀时,除了摆放三牲福礼、山珍海味外,还要做半斤重的馒头300多个,也有各家自己带来的馒头供奉在娘娘座前,馒头祭后,大家都抢着要,据说吃了这馒头,一年到头会顺顺利利,凡有什么所想的愿望也会实现。

在山区,无论庙宇规模大小,都有祭祀活动,这些活动内容都比较丰富,具有自己的特色。如永嘉县黄田将军殿祭祀时,有迎神、唱班、摆祭,还有"斗台戏"等活动。仁溪圣帝庙祭祀时,用各种花灯、龙灯来谢神。

一般神庙的祭祀活动,都选择在气候比较好的季节,或是农闲的时节,对于缺少文化生活的山区来说,这也是人们一年生活中的一件大事。

三、地方神与传说

民间所信仰、崇拜的地方神,生前以舍己为人、行善施德或见义勇为、除暴安良等品行受到人们的尊重和推崇,在他们死后,人们为纪念他们,把感情倾注在这些人物的有关业绩上,并绘声绘色不断地传颂着,随着时间的推移和变迁,这些业绩经过人们口头提炼后,成为一种神异的传说,也逐渐使之从人成为神。

这类传说与其说是歌颂地方神的品行业绩，不如说是人们为自己造神找出了依据和理由，同时也推进了人们对地方神的信仰。

在温州所有的地方神信仰中，陈十四是影响最广的一个，无论在温州哪个地方，凡有村落的地方，几乎都有她的庙宇，有关她的传说也最多。人们把她的传说编成章回的本子，还通过曲艺的方式，如温州鼓词、道情、莲花、龙船儿等来广为传播，使之成为妇孺皆知、人人敬仰的神灵。能用文艺的形式来广为传播，说明传说本身就富有故事性和艺术性，有关于陈十四的传说，温州各地均有记载，这些传说在民间流传十分广泛，如"斗玄坛""智斗猫狸精""芦山学法斗白蛇""调法宝南蛇婆中计"等。

附： **永嘉县部分庙宇祭祀会期表**

庙宇名称	庙会会期	庙宇地址	有否戏台
码道宫	三月三日	瓯北码道	—
三三苍殿	初一十五	瓯北罗浮	有
杨府爷殿	十五	瓯北罗浮	有
圣公殿	三月初六	碧莲四里竹山	有
胡公殿	八月十五	碧莲苔岙村	有
后山殿	正月十五	碧莲碧莲村	有
荆州大阴宫	五月初二至初十	碧莲荆州村	有
陶公洞	九月初九	白泉水云村	—
太阴宫	七月十四	港头后港	有
倪法师殿	初一十五	港头虎桥岩	—
上沙宫	二月十五	七都上沙	有
玄坛殿	正月十五	仁溪上三房	有
青龙娘	初一十五	仁溪上三房	有
太阴宫	正月半	仁溪乌岙湖	有
圣帝殿	正月半	仁溪大嶂	有
陈氏圣母	二月十五	上塘下宫	—
上沙宫	二月十五	七都上沙	有
卢氏娘娘	二月十四	上塘	有
永宁殿	五月五	中塘	有
将军殿	正月初八	黄日弯底	—

续表

庙宇名称	庙会会期	庙宇地址	有否戏台
五岳爷	六月十九	渠口太石村	—
圣母宫	二月十五	渠口太石村	—
五宫殿	九月初九	渠口乡塘湾村	—
娘娘殿	二月十五	花坦廊下村	有
殿主爷殿	正月初十	枫林孤山村	—
岩头上殿	二月十五	岩头双井头	有
殿美宫	正月十五	岩头霞关村	—
光阴宫	二月十五	岭头乡岭头村	有
仙源龙宫	七月二十四	西源乡半岭村	—
周氏娘娘宫	逢每月三、六、九	溪口苍山尖	—
东岙殿	每月初二	岩坦东岙村	有
屿北宫	正月十四	岩坦屿北村	有
尖坑底宫	每月三、六、九月十九	岩坦屿北村	—
黄南宫	七月初七	黄浦乡黄南村	—
深垟宫	六月初一	黄南乡深垟村	—
上董宫	七月七	四川上董村	—

"智斗猫狸精"说的是温州知府白志敬，为人善良，做官清正，深受百姓爱戴。一日外出，见一年轻女子要投河自尽，便救了她，得知她命苦，又收她做了夫人。哪知是上了猫狸精的圈套，这女子其实是有千年道行的猫狸精所变。猫狸精日夜吸吮白知府精血，不到几个月，白知府就病入膏肓。陈十四一路收妖到了温州，见温州府内妖气缭绕，便晓知了内情，遂打扮成医生进府看病，猫狸精也知道对方来者不善，互相之间便展开了一场你死我活的搏斗，最后陈十四降服了猫狸精，并救活了白知府。整个故事情节生动，一环紧扣一环，突出描绘了陈十四疾恶如仇、刚正不阿的精神，成功塑造了一个完美女神的形象。[1]

类似于陈十四这样完整、系统性地颂扬地方神的传说，很明显是经过历代文人加工过。有关地方神的传说，在山区一般不会很多，少者一二个，多者四五个。从内容上看，大都是反映地方神从人到神的经过或是有关庙宇的由来。这类

---

[1] 《鹿城区故事资料本》。

传说一般解释性见多。

如"五显爷",平阳、苍南、永嘉、瑞安等地有很多的庙宇,平阳一带庙宇中所塑的"五显爷"神像,除了手上拿着船桨外,每个神像都有三只眼睛,人们称之为"慧眼五显爷"。为何叫"慧眼"呢?传说宋朝末年,外番侵犯,京都临安被占,皇帝被俘,几位大将军带着皇帝的两个兄弟,一路南逃来到平阳钱仓渡口。此时待渡的人很多,在此摆渡的五个兄弟"慧眼"认出了他们,先让他们过渡。待他们上了船后,五兄弟个个使尽力气划。到了南岸,这几位大将要给他们船钱,五个兄弟齐声说:"不用,不用,只要你们平安就是,哪里还讲什么船钱!"皇兄、大将没走几步,回头一看,那五个兄弟都被赶来的番兵用乱箭射死了。他们很难受,在逃难的路上讲:"若没有'慧眼',我们也做箭下鬼了,以后宋室复兴,一定追封五兄弟为'慧眼'五显爷。"后来,宋室灭亡了,当然没能受封。不过,老百姓没有忘记这五兄弟,替他们建了一座庙,在双眉之中都加了一只"慧眼",叫慧眼五显爷。①

又如杨府殿,在永嘉山区,它的朝向和坐落与别的庙宇不同,别的庙宇都朝南,只有它朝北,别的庙宇一般都坐落在山峪底,而它却造在高高的山岗上(在永嘉县蓬溪村调查时,发现该村的杨府庙与上述一样)。有关缘由,这里有传说:宋时,杨文广奉旨收南蛮,收到十八洞时,杨府爷便归顺了大宋,并帮助杨文广征服南蛮,共同保护宋朝江山。杨文广班师回朝后,奏本皇帝,请表彰封赐杨府爷,准奏后,出旨敕封"杨府侯王",受民朝拜。后杨府爷便独居山头,每日朝天子所居方向参拜,以示忠诚。后人造杨府庙时,照其心愿都筑在山头,也坐南朝北。②

从地方神的传说中,我们不难看到,不少神都具有超凡的能力,他们与众不同,能保佑百姓平安,能驱邪避灾,或给予人帮助。瑞安西门有一座三港殿,殿内大匾额上写着"分身示筏"四个金字,据说是明朝崇祯年间礼部尚书林增志亲笔写的。传说林增志小时,家道贫穷,房族看他读书用功,出钱培植他,18岁那年考上了举人,第二年正要到京都赶考时,不想生了一场大病,待病愈,算算考期只有四五天了,京都离这里遥远,就是骑千里马也难以到达,为此他天天唉

---

① 《平阳县民间文学集成卷》。
② 《永嘉县民间文学集成卷》。

声叹气，这事让三港爷知道后，就叫他坐在自己撑的竹排上，闭上眼睛。不一会儿他睁眼一看，原来已到达了京城，正好赶上了考试。这一年，林增志考上了第十三名进士，后来官封礼部尚书。此后，瑞安民间每年清明迎灯抬三港爷时，每抬到林府坦前时，都要停一会，表示要到那里去做客。[①]

在许多地方神传说中，在处理和对待他们之死上，一般都不愿直言其死，即便写他（她）死了，也能给予一种十分美好的结局。在乐清大荆区雁东乡一带，有"和丁氏娘娘"的信仰。传说有一户姓丁人家，只有母女两人，女儿这年十五六岁了，许配给一户姓和的人家。有一日，母亲生病了，女儿在抓药时，在路上正遇上山洪暴发，大水把她卷走了。也奇怪，这么大的洪水没有把尸首冲到海里去。这正是六月份，天气炎热，尸体躺了几天也没有发臭。倒反而发出桂花一样的香气，所有路过的人，都能闻到。人们觉得奇怪，这一带本来没有桂花，香气从何处来，人们顺着香气寻去，一直寻到一处荆棘丛中，才看见这个姑娘，人死了面如活人一样。从这则传说中不难看出人们对地方神鲜明的爱，因此对于他们的死，没有去写现实的情景，而是以美丽的抒情来寄托自己的怀念和哀思。[②]

有关地方神传说，在1987年开展的温州市民间文学三普查（故事、谚语、歌谣）中，我们收集到不少，但在编辑出书过程中，去掉不少，原因一是内容十分简单、原始；二是糟粕较多。现收集到温州各县（市、区）卷中，约有80篇，这些传说都比较质朴，加工的水分不多，不失为研究地方神的起源与信仰情况的第一手资料。

四、结语

笔者认为，形成温州山区如此广泛的地方神信仰和文化现象，除了上面所提及的自然地理环境、生活环境外，下面几个方面与此也有着很大的联系。

其一，温州自古盛行鬼神信仰，"始东瓯王信鬼，故瓯俗多敬鬼乐祠"，自汉以来，民间崇信巫祝、风水、算命、看相、占卜、求签等，又多禁忌，这种神秘文化在此根深蒂固，因而营造和熏陶了一代接一代的信仰者。

其二，从历史上看，战国时楚成王伐越，越人纷纷南迁浙南、福建一带；宋

---

① 《瑞安市民间文学集成卷》。
② 《乐清市民间文学集成卷》。

建炎四年（1130），大批宗室勋戚避乱迁居温州；宋乾道二年（1166）遭特大海溢，温州府传檄福建，吁请移民补籍等，温州移民频繁可见一斑。这些移民在迁移过程中，不可置疑地带来了他们所信仰的神，在经过兼收并蓄后，从而形成了温州庞杂神灵的体系。

其三，人们在扬地方神美德、彰其品质的过程中，往往借助了文艺的形式，如戏剧、曲艺、民间故事、歌谣等来传播，在传述传唱时，塑造了具体可触的形象，使人感到亲切，产生敬仰，在欣赏同时，潜移默化中受到了感化，接受了信仰。

其四，对于生活在社会最底层的山区百姓来说，他们信仰的目的是现实、直观的。他们不乞求成仙得道或修行来世，他们所求的是眼前的一切。而地方神所带给他们的保佑，最为贴切，最能遂其心愿。于是这也就成了他们的精神依托。

以上是笔者不成熟的一些看法，敬请各位考家不吝指教。

要旨

温州山間部における地方神信仰

潘　一　鋼

　温州は中国東南の沿海地区に位置しており、歴史的文化的及び地理的環境など幾多の原因から、一種独特の文化を形成している。この文化が信仰に反映した中で最も顕著なものは、地方神にたいする崇拝である。

　本報告は温州の山間部、とくに永嘉県山間部で行った調査を基礎として、地方神信仰の範疇、祭祀状況、伝説の三方面から考察する。温州山間部における複雑雑多な地方神をおおよそ三種類に分類する。一つは生産・生活に関する地方神で、この神の信仰範囲が最も広い。二つ目は産婦と嬰児を守る神で、もう一つは悪神である。この三種類の神が山間部における地方神の基本的範疇を構成している。山間部の地方神信仰にあっては多くの祭祀活動と伝説が存在する。いくつかの事例をあげて、その文芸形式を明らかにし、地方神の信仰を究明する。

　調査の時間不足から不十分な所や間違えがあると思われるので、以後の機会に補正したい。

民间鸟崇信在现实中的遗存和衍化
——蓬溪等村落的调查报告

陈勤建

本稿拟对1996年至1998年间，环东海农耕民俗文化考察团在浙江永嘉蓬溪村、廊下村、芙蓉村、周岙村、青田洲头村、丽水老竹镇等村民俗调查中，我采集的民间鸟崇信在现实农村生活中的遗踪及影响作一梳理。这是我1992年至1993年间，在浙江奉化、桐乡、湖州作同样的考察和调查后所写报告《麻雀送谷送子的传说和信仰祭祀》的延续。上述报告，我以调查采撷的第一手资料说明了有着七千年以上稻作文化绵延的农村，人们对麻雀一类鸟儿，怀有与都市人不一样的特殊的崇敬心理和行为。本报告欲在此基础上作进一步的追踪。上述调查报告，都是分别在中国稻作发祥地，宁绍平原和杭嘉湖平原进行的。当地各自有着以河姆渡文化遗址和罗家角文化遗址七千年以上的稻作文化积淀，稻作鸟崇信的观念和痕迹都比较深厚。那么，历史比较短，开发较迟的非稻作发生地的农村，民间有没有崇鸟信仰的存在？其形态又是怎么样的呢？其间，未经驯化的野生鸟类和经过驯化的鸟类——家禽在人们心目中处于什么地位和影响？带着这些问题，我随考察团又三度赴永嘉、青田、丽水调查，特别是永嘉蓬溪村的重点考察发现，这些源远流长、蕴藏深广的崇鸟信仰文化，在上限不超过南宋，实际开发于明清，以山区为主的蓬溪等村落的现居住民中，曾经有过广泛的流传。经过近几千年的变迁，其内容虽然已漠视或茫然或变化，但是，尚未消逝。在历史长河的冲刷下，仍有部分记忆，传承于人们的口头中，有的虽残存为一种简单的戒律或俗信，但是它或已作为一种文化基因密码，积淀于人们心里，转化为一种民俗心理和思考原型；或构成一种行为模式或道德内在的感召力，更多的则以一种普遍的生活方式，遗存于我们现实生活的场景之中。现分门别类，择要作一介绍。

一、野生鸟（类）的崇信

现实中，蓬溪等村落民众，尤其是四五十岁以上的人，对一些野生鸟类怀有一种特殊的依恋和敬畏之情。

（一）麻雀

坐落在永嘉楠溪江支流鹤盛溪上游袋形盆地西北的蓬溪古村，1997年12月统计，共有758户，3200余人口。全村以农业为主，耕田1000余亩，其中40％为水田，另有山地12000余亩。该村，四周被连绵奇幻的峰峦所包围，是典型的山区地形，水稻在为数不多的耕田中，仅占了四成。从历史上看，该村的开发，才四五百年，本地尚未发现稻作文化的遗址。该村的水稻耕作，明显是随移民入山的开拓而发生的。但是，这一外植的稻作生产，仍深深烙有稻作发祥地宁波河姆渡稻作文化遗址区域所特有的崇鸟信仰的印记。最突出的表现在关于稻谷来源的传说和信仰中麻雀的神功，及人们的感激之情。笔者在1997年12月16日和1998年8月7日、8日三次采集到有关的说道。

例一，蓬溪村村民谢迪崇（男，68岁，小学毕业）说：过去一些小孩，头发留中间一小撮，雀发，也俗称草巴，保佑小孩健康成长。为什么留雀发会对小孩好呢？因为雀儿，原来人就是靠它才有饭吃。从前，凡间人不好，天上（神）把五谷收上去了，人没有饭吃，要饿死了。后来，有一个雀儿，看到人间可怜，就飞到天上去，向天上（神）求讨，天神给了它一粒稻谷，雀儿舍不得吃，飞下来带给人，人把它种起来，以后，人们又有稻谷（饭）吃了。所以，麻雀吃稻谷不罪过，让它吃一点，也是应该的。稻谷本来就是它带来的嘛。

例二，蓬溪村村民谢裕兴（男，46岁，小学毕业）说：20岁种田，听说稻种是小鸟衔来的。小鸟衔谷子，不小心，掉在这地方，慢慢长出来了，一年，一年，越长越多，农民感到很稀奇，这一粒一粒的，不知道是什么东西，也不知道好吃不好吃，鸟儿、老鼠吃下去了没事，人发现壳内白白的米，想想自己也好吃的，就尝试着吃，吃吃蛮好吃，从此也就吃米饭了。人吃稻谷，只吃里面的米粒，所以过去吃大米，把谷子放在石臼里舂去壳才吃。麻雀、画眉鸟，人们都感谢它们，因为稻谷是它们传来的。说不准是哪一种鸟，过去老人的说法，稻子是小鸟传下来的，它们是稻子的祖先，人们称它们为救命鸟。小时候，听长辈讲，这小鸟不要打它，它对我们有好处的。它们吃点，就吃一点嘛！为啥称救命鸟

呢？因为人吃的粮食（稻谷）是它们带来的。过去一些小孩（一般是男孩，女孩没有）2～3岁时，有留雀发的风俗，如图状：🐦，额前、头顶、两鬓，各留一小撮头发，从头顶俯视，貌似一只飞翔的雀儿，俗称雀发，孝顺毛。往往是生下儿子后，为小孩茁壮成长，以示对长辈的尊敬，经算命后，挑个好日子就理此发式。为啥又叫孝顺毛呢？习俗"不孝有三，无后为大"，儿子生下来，夭折了，就是不孝，为福佑儿子健康成长用救命鸟雀儿的模样模拟在小孩的头上，以祈小孩可以像雀儿一样自由飞翔，蒸蒸日上。

例三，同一山区的近邻花坦乡廊下村，也有与上述相类似的传说信仰。1998年8月7日笔者在采访中，听该村村民朱国旺（男，68岁，读五年半书）讲：过去，传说稻种是"将儿"——麻雀送来的。将儿在天庭里看到稻谷，飞过去说：给将儿吃吃，给将儿吃吃，天神给了它一粒谷子，它舍不得吃，不小心稻子掉下来，掉在凡间，自己长出来，成了稻谷。人吃吃，有甜味，人家就开始用它为食了。麻雀见谷子掉下来，就马上追下来。天上一天，人间三百年，稻谷落地后长起来，三百年后已传开了，麻雀就抢着吃（稻谷）。老百姓见了，就这样说，麻雀吃稻子，让它吃吧，吃多少也不管，这都是麻雀带下来的。这些都是小时候听老人家讲的。当时看到麻雀吃稻谷就去赶，我爸爸说，不要赶，让它吃一点，谷子它带来的。麻雀为啥叫将儿呢？因为麻雀发出的声音，就是：将儿吃吃，将儿吃吃。在它的叫声中就包括要吃吃稻谷的。麻雀做窝在屋檐下，大人不让小孩去摸，因为它对我们有恩情。当地还流行让小孩戴插雀毛的小孩帽习俗，俗称"帽圈"。帽圈用青布、红布（一般是自家棉花纺织的粗布）制成，宽约一寸，前面佩玉，后脑插麻雀毛，三根或一根。意思是麻雀在野地里生活易兴旺，小孩子像雀儿一样野生野长，易长大。

在调查中，有关稻种的来历，还采集到老鼠或羊从天上偷来的个别说法。但是，雀送谷与育儿相连，又与人的生命、人的成长相关的说法量最多，也最完整。在蓬溪村考察期间，随机询问多位相遇的村民，绝大多数说，鸟儿衔谷来，听说过的。但较完整的叙述，较少，大多仅是一二句结论式的话。说明有关鸟类衔谷而有水稻，人才有米饭吃的俗信，过去曾有较广的流传面，在人们的心中留有较深的痕迹。

与稻作发祥地的河姆渡稻作文化区相比，当地没有农历二月十九吃麻雀饭、祭麻雀，及麻雀和送子相连的信仰和仪式。留雀发或戴插雀毛帽圈的习俗，更多

的是以类比的思维,原始互渗的巫术手法,将雀儿旺盛的生命力,转移在小孩的身上。这表明稻作崇鸟信仰异地化传播过程中,因生态环境不同和人群的迁移而发生的不可避免的变化,同时也显示了这一俗信的本地化特征。

(二) 燕子

当地对野生鸟类怀有崇敬之情并有明确指向的尚有燕子。蓬溪村民普遍认为燕子筑窝,风水好,燕子做窝在家堂梁上,家业会兴旺。每年春天来临,家家户户盼燕子归来或筑巢。回归的燕子称"家燕"。蓬溪村民谢迪崇(68岁,小学毕业)讲,民间俗谚"燕子窝倒掉,头要烂掉",有燕窝的主家,很怕燕窝筑得不牢,掉下来,于人于家不利。所以,对此很关切。平时也不准家人碰燕子窝,为防燕窝不牢靠,家主会经常关注筑巢的情况,一旦感觉有问题,立即会主动用木板等扶托物撑垫。特别是近几年新盖的水泥钢筋结构的房屋,不易筑窝,主家为迎燕子来筑巢,特意在传统做巢的位置上先做好托板(照片1),以便燕子易于筑巢。家屋之内燕子的窝不嫌多,如燕子不来筑窝,心中会有不安之感。常有为迎燕子来家做巢,堂屋大门日夜敞开的举止。一般家庭,燕在家做窝的时间,每天晚上要等家燕全部回家后,才关上堂门。家中长辈经常教育小孩不准玩耍燕子,甚至不准用手指头去碰一下。村民在被采访中大多说,因为燕子是会捉虫吃的益鸟,所以要保护它。同时也感慨,现在农药用多,燕子也少了。它们误食沾有农药的虫类,也被药死了。一些老农讲,50年代蓬溪春秋两季,燕子、麻雀飞来时,黑压压的一大片,满天空都是,现在再也见不到这种景象了。可见,飞鸟的生态环境在群山包围的蓬溪也遭到了较大的破坏。

照片1 家燕窝托板

有的采访对象如廊下的朱国旺认为，燕子被人尊崇，主要是它代表"忠"。他说，人有忠、孝、节、义，鸟也有忠、孝、节、义。对应的是燕、乌鸦、大雁、鸽子。燕子做窝专一（一家）为忠；乌鸦有反哺之恩，为孝；大雁成双成对为节；鸽子知恩图报为义。对鸟的崇信渗入了儒家的思想观念。

（三）乌鸦

它是村民心目中既畏惧又崇敬的鸟类。当地俗信忌乌鸦叫。认为乌鸦在自家屋顶门前叫，是不祥之兆。当天出门遇到它叫，为避免不吉利，本该出门的就不出门了。要办事的也改日，另挑黄道吉日。然而，在蓬溪周围村落，乌鸦俗称为"太平鸟"，一种尊敬、吉祥的名谓。这与它的凶兆禁忌形成强烈的反差，这是为什么呢？据朱国旺介绍，村民是这样认为的：乌鸦叫起来，对我们没碍事。打算外出的，就不出门了。虽然乌鸦叫对人不吉利，但它提前告诉人们将有不吉利，人避开了。它的心还是好的，保佑了人的平安，故称太平鸟。当年乾隆皇帝南游山东，听到乌鸦叫，知有大难，先避让了。现在人们还将一些好心而不注意场合和分寸乱说话的人，称为"乌鸦嘴"，也是这个道理。

（四）喜鹊

喜鹊在蓬溪村民心目中是报喜兆的。一般认为"喜鹊叫，好事到"，俗规禁捕杀。喜鹊的形象：喜鹊登枝、双鹊比翼等大量被雕刻在蓬溪传统民居的门、窗户、梳妆台等家什、器物上，以求喜气临门，喜事洋洋（照片2）。但，诚如好心不一定有好报，喜鹊也有此遭遇。在同一地区的泽雅镇、周岙村还有这样的说法：相传王母娘娘在牛郎、织女的恳求下，最后规定俩人七天相会一次，令喜鹊搭桥。喜鹊把信带错了，成了每年七月七日才相会一次。牛郎责怪喜鹊把信带错了，拿了牛鞭在它头上抽了一鞭，所以七月七日喜鹊头上要烂。人们同情牛郎织女常年分居，生死别离的痛楚，喜鹊为牛郎做好事，却因重大失误而没好报，这种复杂的情感俗说让喜鹊这一小小的鸟儿来

照片2 木门上雕刻的喜鹊登枝图

担当，令人回味。在现实中，蓬溪等地虽属山林地，但种种的因素，喜鹊也不多见了，对此，被访者都有忧虑，希望生态环境要恢复，以利于野生鸟类的繁殖生长。笔者在调查中发现，民间对鸟类的俗信、禁忌，无形中对鸟类的生存起着一种文化式的保护作用。人们担忧、恐惧头要烂掉，故对燕窝有一种敬畏心理，并有意识地主动去保护它们。在某种意义上，当崇鸟信仰盛行的时候，也是鸟类比较多的时期，而崇鸟信仰系统一遭冷落，科学的鸟类保护思想又未确定期间，也是鸟类最易受伤害之时。如果，一些鸟类不存在了，原有的崇鸟信仰又会怎么样呢？值得三思。

二、家禽鸡、鸡蛋及其他崇信

(一) 鸡

鸡原本也是野生的鸟类，经过人们长期的驯化而成了家禽。这种农村普通家庭都豢养的禽类，在蓬溪、洲头等被调查的村落农民心目中有着与其他家禽不一样的地位。在重要的仪礼场合，祭祀、上梁（盖房）、结婚、生子等人生社会活动，它及它所下的蛋——鸡蛋，就因其本身具有某种奇特而神秘的力量，而被承当神圣使命的重任。在现实中，它们最终被食用，但是，只有在神圣的使命完成后，它们才被享用——已不是一般意义上的食用，而是在享用之际，也完成了神圣的力量在享用者身上的转移。

调查中当地的村民讲，每次祭祀都要用鸡，其他供品可以不一样，鸡不能少。1996年12月27日泽雅镇周岙村村民周瑜顺（男，31岁，初中毕业，农民）、周作年（男，38岁，高小毕业，个体医生）等人讲，祭祀用鸡，表示对祭祀对象的敬重，有没有，大不一样。祭祀对象高，如祖先、庙里菩萨、娘娘，要用真鸡，其他用米鸡也可以。若祭祀对象是农村的光棍，就可以用米鸡。所谓米鸡，就是米粉做成与鸡一模样。由米粉蒸熟后捏成，不用涂料。祭完后，米鸡要吃掉。米鸡内无盐无糖，当然不如真鸡好吃。在蓬溪仙岩殿我们看到有人在还愿祭祀时，祭品就有公鸡。据说在遇出灾，去杨府庙求神相助时，也要用公鸡。祭祀时都用公鸡，不用母鸡。婚嫁中，男家需送女家一对公鸡，我追问，为什么不是一公一母，他们说，搞不清了，反正过去一直是这样的，这是上一辈传下来的。

以采访对象谢岩兴本人的婚事为例。他说，1950年定亲时，送岳母家猪肉62斤、公鸡一对、鲤鱼一对、鱼胶1~2斤、喜粮120斤、糖糕（扁长形）40斤

左右。大定，上述的礼至少要加倍，如猪肉300多斤，米饼600多斤，中间印上花。当然大公鸡也是非有不可的。婚后生小孩，岳母家反过来要给女儿送母鸡和挂面。鸡在这里带有明显的传种和喜庆的含义。体现在上梁等仪式中更清楚。

例一，在蓬溪村，起（盖）房子祭祀，鸡要用两次。一是上梁前，摆供桌，先行祭拜，上有鸡、猪头等其他供品，二是上梁时，要当场在梁上杀活鸡，用鸡血洒梁柱。盖宗祠时，也需洒鸡血，当地俗称"红喜"。

例二，青田，传统盖房必用鸡。宅土奠基，由阴阳先生选定黄道吉日，待时辰一到，在基地上摆上公鸡、猪头、鱼三牲福礼，点燃三支明香，烧上土符，鸣锣放炮仗，阴阳先生念咒，主家拿锄，随地锄三下，俗谓，祭"山神""土地"之后，主家可随时安排平基。择日上梁，这是建房仪式中的重头戏，鸡在其间承当了最主要的角色，鸡祭——崇鸡（鸟）的俗信，表现最典型。青田蔡有光先生（男，42岁，镇广播站站长）自小出身在农村，60年内家里盖过房，其仪式历历在目。上梁前，栋梁和长杆都缠挂红、黑彩布，各由两名披红的兄弟抬着。鼓乐声中，两位老司各立一边，口念有词，"脚登金梯步步高……"每念一句，在场的帮工齐接"好哇"，并接送抬梁和长杆到屋顶端，由两旁木匠喊"一、二、三"一齐将栋梁入榫，长杆横跨在栋梁下首。此时，"祭梁"开始，由老司头参拜，手提大雄鸡跑梁，割雄鸡血滴栋梁两头和木柱脚上进行血祭。另外，在栋梁木中挂起柏树枝和彩纸制成的公鸡状的"金鸡"，俗称"上金鸡""挂金鸡"。鸡的臀部挂两只金黄的柑橘作雄性的"生殖器官"，另挂一只内装"五谷"的器皿，近代多为透明的瓶子，俗称"五谷袋"寓五谷丰登之意。栋梁两头各挂有"状元锤"（木锤）和木"朝笏"，寓日后状元及第，高官厚禄。在梁中央还挂"七根椽"二根和"缚彩瓦"七张，象征新屋建筑顺利，已经钉椽上瓦。整个祭梁仪式，庄严神秘。现代的人对其间的"五谷袋"、"状元锤"、木"朝笏"，及"七根椽""彩瓦"的民俗象征，都还明白，唯独对仪式中的主祭栋梁的雄鸡滴血和"挂金鸡"民俗寓意，已不甚了解。讲述者蔡有光先生自己说不清楚。据他称，当时他家的长辈也闹不明白。只能笼统讲，求神福保吧。

无独有偶。这种民俗场景，在仍以原木框架结构建筑房屋的日本依然可见。1993年9月11日，中日民俗考察团在日本人吉市调查时，小林忠雄教授闻讯市郊农民正要举行上梁仪式，团长福田教授即决定临时增加考察内容，随陪我们共赴建房处。我们驱车来到依山傍水的一块空地，只见由本色原木的柱梁房屋框架

已拔地而起。木匠与主家正在一旁忙碌整理上梁用的祭品、祭物。供品有清酒壶瓶、碗盏三只、瓷盘二个、鱼二条，余为喜钱（缠红的铜钱）、喜糖（果）、喜糕（糯米制的小圆糕）。祭物为五彩旗，由松树、红日、三个飞翔的仙鹤为图案的团扇，柏树枝（照片3~4）。祭梁开始，房柱中央竖起五色旗杆，杆正中，高耸着柏枝、飞鹤、红日团扇。宛如蔡有光先生讲述的柏枝、彩鸡的"上金鸡"。两者相比，唯供品与金鸡的图案有所不同，形态大抵上是一致的。中国江浙地区民间盖房，上梁时至今还举行类似的仪式。当代信仰因素消退，祭品供物有所简化，程式也从简，如以树一面红旗代替五色旗和金鸡。但是"祭梁"不变。由于建筑材料的变化和建房结构的原因，江浙农村以木结构新建房，上木栋梁已罕见。换上了水泥钢梁，祭梁仍举行。蓬溪村也这样。祭梁挂金鸡，现已不多见了，可是当代祭梁的习俗鸡血滴洒梁还流行，足见鸡在祭梁中的地位和神力。调查中，蔡有光先生还讲到，祭梁后，作为雄鸡生殖器官的两个金黄柑橘，要让主家的长子独自一人当场吃下。他本人为长子，也就吃了下去。柑橘在祭梁"挂金鸡"中充任雄鸡生命力源头的象征物，吃下它，按原始巫术互渗律的思维，即把雄鸡生命力的延续转移到主家长子身上，代代相传。令人奇怪的是，祭梁为何要进行"鸡祀"？人们为什么要把金鸡当作家庭福佑的主神顶礼膜拜？为何又要把象征鸡繁衍后代的雄性生殖力作为维系主家生命之流不息的原动力？

照片3　日本人吉市上梁祭：
仙鹤、红日、松树、团扇图

照片4　日本人吉市上梁祭：
柏树、团扇、五彩旗

东汉应劭《风俗通义》"雄鸡"条的解说可以为我们理解建房祭梁中的"鸡祀"提供启示："俗说鸡鸣将旦，为人起居。门亦昏闭晨开，捍难守固。礼贵报功，故门户用鸡也。"《青史子书》书说："鸡者，东方之牲也。岁终更始，辨秩

东作，万物触户而出，故以鸡祀祭也。"昼夜更迭，岁月交替，时光流逝，唯鸡为准。鸡俨然是岁月运行，太阳出没，人间起居的最高指挥官。它的第一声啼鸣，唤起了太阳，驱动了时序，叫醒了人类，它似乎天生具有无边的神力而高高在上。《括地图》云："桃都山有大桃树，槃屈三千里，上有金鸡，日照入，此鸡则鸣，于是晨鸡悉鸣。下有二神，一名郁，一名垒，并执苇索以伺不祥之鬼，得而煞之。"这里高悬的金鸡，与上述民间生活中建房上梁的"挂金鸡"如同一辙。后者"挂金鸡"的举止，恐怕就是前者的传承变异。《山海经》云："祠鬼神皆以雄鸡"，《荆楚岁时记》则云："杀鸡著门户、逐疫"或"帖画鸡，或斫金镂五采及土鸡于户上，悬苇索于其上，插桃符其旁，百鬼畏之。"数千年来，传说中的金鸡以特有的神力法力，使人们崇信，并将其"著门户、逐疫"，"百鬼畏之"。在新建筑房屋时，预以鸡祀，以求避凶趋吉，就是这种信仰的沿袭。那么金鸡为什么具有如此的威力呢？追根溯源，原来还是远古南方部族人们崇尚鸟信仰而造成所谓的金鸡实际上就是人们幻想中崇敬的凤凰。《山海经·南山经》云："有鸟焉，其状如鸡，五彩而文，名曰凤凰。"现实中凤凰是没有的，世俗民间的凤凰，就是发出金黄光芒，五色羽毛的大雄鸡。远古人眼中，它本来就是鸟类。《尔雅·释鸟》云："凤其雌"，郭璞注："鸡头、蛇颈、龟背、鱼尾、五彩色、高六尺许。"不过是鸟类中的特异者罢了，其原型就是大公鸡。崇鸡，实际上还是崇鸟，两者是相同的。

人们对鸡的崇敬，在远古恐怕是在龙信仰之上的。我们从至今流传在丽水老竹镇上井村的畲族民间童话雄鸡借角予龙的故事，似乎暗示了这个问题。据蓝仙云（男，畲族，69岁，文盲）讲："雄鸡本来是有角的，后来给龙借去。其他一些小动物看到龙有了角，就敬畏起来。龙见了，很高兴，心想有了角真好，多神气，就不想把角还给雄鸡了。雄鸡前去讨，龙就躲到日头后面去，雄鸡见了就大声啼叫：'龙哥哥，角还我。'龙装没听见，赖着不还，从此，只要日头一出来，雄鸡就鼓起嗓门啼叫'龙哥哥，角还我'，'龙哥哥，角还我'。"江南俗话"头上长角"是指与众不同，龙角原来是雄鸡的，雄鸡角没了，也不如有角时风光了。这和现存龙凤——"鸡"的信仰的地位倒是契合的。

(二) 鸡蛋

古人对鸡神力的崇拜，还由鸡扩展到它的后代——鸡蛋。因此，《风土记》云："正旦，当生吞鸡子一枚，谓之炼形。"《炼化篇》云："正月旦，吞鸡子、赤

豆各七枚，辟瘟气。"旧历新年第一天，鸡与鸡蛋成了人们饮食起居祸福安危的头等大事而不可掉以轻心。鸡蛋避邪信仰民俗在蓬溪等村落也尚存，主要是在端午节。在泽雅端午节上山采百草，把鸡蛋放在百草中煮熟，外壳呈黑色或草黄色，给小孩吃，以消灾。用鸡蛋寄寓民俗信仰因素的，在日常生活中更多的却是表现在婚娶养育、人生传宗接代上面。

例一，蓬溪村结婚婚礼上，鸡蛋被看作是最好的礼物。婚礼前，男家要准备很多鸡蛋。依据家境，鸡蛋可多可少，但据谢庆潮介绍，至少要给客人每人一个，另外，子孙桶内先放两个，希望媳妇婚后生孩子如鸡下蛋一样容易。另外，邻居一户两个（照片5），蓬溪村1998年8月6日采访时，邻居互送的喜蛋外加花生、米糕、糖果。其中鸡蛋最重要，不可替代的。鸡蛋一定要染红的。为什么要染红？据谢岩兴、谢裕众说，红表示喜和财富。过去鸡蛋用山上的煮卵草煮烧，该草的汁是红的，蛋由它染红。现在一般用红粉染。照片上的便是红粉染的。谢裕众说，当年他结婚（1971年）经济较贫困，其他从简，鸡蛋一箩筐一箩筐，用了很多。家中的鸡蛋不够用，另有女家送来的，还有到集市上去买。在红鸡蛋外，还有金蛋（金橘在婚礼等喜庆场合下的俗称）和染成红绿色，手指大小的萝卜共同作喜食，请客人用。现在条件好了，其他喜食都随时变化，只有红鸡蛋没有变。婚后小孩出生，主家向亲友、近邻送煮熟的束面一碗，水鸡蛋两个，与人共庆，生男生女都一样。

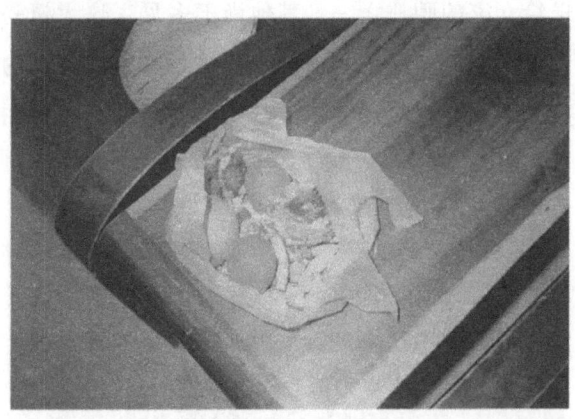

照片5　蓬溪村嫁女送邻居的红蛋

例二，泽雅周岙村，结婚煮红鸡蛋总要100双、200双供新娘婚后第二天回娘家用。数量看村子的大小，每户分一对。红鸡蛋有时分分不够了，时间又急，

可放一对橘子（俗名大吉）顶替。生了小孩，也要给亲朋好友、娘家送红鸡蛋。而探望产妇的娘家和亲朋，也会有鸡蛋（不需染红）、挂面等物相赠，前者一般一对红鸡蛋，后者一般送十几个或更多些。

例三，丽水老竹镇上井村的畲族婚礼中也要分送红蛋，形式是喝喜酒时，菜肴中有一个盘子的红蛋放在桌上。蛋染红了，但是生的（没熟），酒后每人一双放在口袋中带回去，新郎新娘也有一份，酒席散后，婆婆把新郎新娘酒席上分到的一份生红蛋当天晚上打碎，放香菇、虾米、瘦肉，如荷包蛋一样煮熟，由婆婆亲自端进洞房给小两口吃。其他外人，包括婆婆此时不再停留洞房，让小夫妻关上门，吃完睡觉。为什么要用生的鸡蛋呢？据蓝新花（女，81岁，文盲）说，"生的，就是早生嘛。红红的，吃下去身体好，有病不生。其他花生、桂圆、红枣也都是生的，盼望新媳妇能生、早生孩子。"在畲族，据她说，生孩子不送红蛋，满月、周岁也没有送红蛋的习惯。端午节，小孩把蛋煮熟了用线袋装了挂在脖子上可避邪。平时没有专门吃蛋的习惯。如有人想吃蛋，那是想成家了。当地有句俗话："女儿想吃蛋，要做舍姆（产妇）了；男儿想吃蛋，想丈母娘了。"蛋在畲民习俗观念中与婚姻生活紧密联系在一起了。

（三）鸭、鹅

鸭、鹅一般没有特别的崇信。但在蓬溪村，活公鸭一双，或活公鹅一只，也可为大定时男家送给女家的聘礼之一。其他尚不多见，这大概是古代的雁礼，即聘礼中活的大雁？现雁罕见，便用鸭顶替，但需再考。鹅，它的造型被村民普遍作为鹅兜。形象逼真的鹅头、鹅颈为柄的鹅状木质水盆，为村妇、村姑与小孩喜爱（照片6）。

照片6 蓬溪村妇、儿童与鹅头柄水盆的红蛋

三、鸟化的生活状貌

近三年来，我随考察团田野作业的足迹，走访了蓬溪、廊下、周岙、小溪、芙蓉、洲头、上井等村落，与20余名村民进行了座谈交流，感觉到，对在一定场景下的某些鸟类，尚怀有崇信的眷恋或敬畏之情的人，或自己对此无所谓，但了解这一状态的人或听说过的人还是不少的。不过，他（她）们都是中年人了（可能与提供的采访对象也有关系）。另外，大多数人对此已不能完整地叙述，往往是你一句我一言，互相启发、补充。更多的人是知道一现象的存在，但不知道为什么这样。就鸟崇信的总体而言，已大大弱化，即便自己盖房，要用鸡血洒梁，也很少从鸟崇信去解释。但是，这一切尚不足以反映当地崇鸟的真实面貌。时代的发展中，当地鸟崇信，在人们的观念中渐渐淡出，但是由崇鸟心意外延而形成的仿鸟的物化生活状貌，以历史性的积淀，呈现在现实中。这主要表现在如下方面。

鸟式巢居

当地民居的样式，大多是由本地古代干栏式木结构建筑的演进，二层多檐式的。多檐是它的主要特式。檐的门类很多，由屋面外伸而形成很深的屋檐，在房屋分层处设置的腰檐，屋面局部升高而增置的重檐，为山门不受风损雨淋而设的山檐，为室内走廊而置的廊檐，此外还有门檐、窝檐、雨披（檐）等等。（照片7）

照片7　廊下腰檐等重檐结构的民居

中国不少专家经考证认为，干栏式建筑，源自南方地区。清周去非《岭外代答》云："深广之民，结棚以居，上设茅屋，下豢牛豕……乃上古巢居之意

欤!"河姆渡文化遗址第四层的建筑,是中国最古老的干栏式建筑群的遗留。在1980年出版的中国考古学会首届年会报告中,考古专家认为,遗址中成排的木和木梁、地板,总数有数千件,此乃"干栏式木构长屋的遗物""是原始巢居的直接继承和发展"。在文字字源上,"南"字的原型系干栏的象形文。甲骨文作㐁,金文作㐁,像干栏居住的形状,上盖草棚,下如层楼。因为它们都在一个地方出现,该地方位就用"南"字表示,实际是鸟信仰发源地古人仿鸟巢而成。现存二层多檐的木结构民居,是干栏式建筑的继承和发展,其各种檐,在形制上是进一步变化,是一种仿鸟翼御风雨的功能的模拟,使房屋总体上像一展翅的大鸟,呵护着它的幼雏(照片8)。为增强鸟的神力人们还干脆将崇尚的凤鸟(公鸡变形)安置在屋脊和护墙三级浪上。前者(照片9),周岙村民居上的鸱尾脊吻,是抽象飞凤引颈傲视的"雄姿"。后者(照片10),洲头村民居,防风三级浪上昂首苍穹,成行排列,气势壮丽的凤鸟。在畲民的民居内,更是将他们崇信的凤鸟栩栩如生地雕刻在支撑梁柱的"牛腿"部件上。此外,传统民居的门、窗、床木结构的家具装饰,大量以喜鹊登枝、凤凰来栖、黄鹂鸣柳等飞鸟场景出现。令人感到屋内就是一个飞鸟的家园(照片11)。崇鸟的心绪,悄然铭刻在人们世代相栖的家居中,鸟的一招一式,无形中成了人们住房样式的蓝图和圣物。

照片8　蓬溪干栏式重檐民居如展翅鸟翼

照片9　周岙村民居上鸱尾脊吻

照片10 洲头村防风三级浪上的凤鸟脊吻

照片11 上井村畲民家梁柱雕凤的牛腿

鸟式衣饰

鸟类长期栖息在野外，经历风雨而不危害自身，靠的是浑身不会沾水的羽毛。在我国古代南方，崇鸟地域有一种羽民，头插鸟羽，身披羽毛，史籍多有记载。过去的羽衣怎么样，尚无实物，唯有一些图形，难以定断。在蓬溪等村落，农民普遍使用一种棕榈毛编制的蓑衣，用作户外抗风雨。现代经济发展，各种质地的避风雨的风衣雨披，比比皆是，可农民还是多用它们。为什么呢？我多次询问了解，得知，不是经济有问题，而是习惯与便利。据农民称，上辈人传下来的，劳作时也不碍手脚更方便。另外，棕榈毛，如羽毛不沾水，里面衣服不会淋透。几乎每户人家的屋檐下都挂有这种羽毛式的蓑衣（照片12）。这蓑衣的形制功能，恐怕与古代的羽毛有着密切的关系。是崇鸟生活仿鸟习性的产物。

崇敬以凤鸟饰物为主的头冠。当地汉族

照片12 蓬溪村民屋檐下羽毛式的蓑衣

女性旧式结婚时必佩此凤冠。传说是宋康王南逃时，幸得一村姑遮掩，才得以生存，为报答村姑的救命之情，特准她结婚时可用凤冠霞帔，享皇女之礼仪。从当地畲族人自古以来在重大喜庆有戴三公主凤冠的传说和习俗考察，凤冠式的头饰，为女性所崇尚，由来已久。在蓬溪等地方神庙里，女性神主，俗称娘娘，个个都是凤冠霞帔，如仙岩殿的刘一、刘二、袁三、袁四、袁五五尊神便是。

据谢岩兴介绍，过去姑娘出嫁，初到男家要举行"跳凤冠"的仪式。即在厅堂内，大众睽睽之下头戴凤冠，手捏绣帕，舞步做开门、抹尘、卷帘、排桌等生活场景的模拟动作，并屈肢作揖，请宾客一一入席喝喜酒。一般，先有伴姑娘出场，再有新嫁娘亲自登场。他说，50年代初，他的夫人在嫁给他那天就亲自跳凤冠，获得满堂彩。40多年过去了，我见他印象深刻，还将他夫人当年跳的动作表演给我看。据说，不举行"跳凤冠"，不得入酒席，婚礼也无法进行。而新嫁娘也特别重视跳凤冠，很小的时候就开始模仿学习了。亲朋好友也要在这一天目睹和评述戴凤冠的新娘"跳凤冠"，整个场景，犹如凤凰来仪，充满上古风舞的韵味。

鸟语鸟文

温州地区人们讲话的语音自成一体。我们考察团不得不增设方言翻译解决沟通的困难。1993年在宁绍、杭嘉湖一带搞调查，我作为上海人，不需要方言翻译，但一到温州永嘉等地农村，言语难交流。主要特征为：声母简单，韵母齐全，表达富于变化，有长短元音之别，声调达八至九个以上，而标准普通话只有四个。保留喉塞音，舌边清擦音，有阴阳两读的复辅音和连音词。据文化人类学家、语言学专家林惠林先生认为是多复音语系，与诸夏之纯用单音语音不同，它是"多音拼合的胶着语"——一种模鸟音鸟语状的语音。此外，当地流行飞舞状的鸟文作装饰。道士作的符咒，也就是这类鸟文（照片13～14）。

照片13　飞舞状的鸟文

在蓬溪等村落，在生活中还有不少崇鸟的印记。如有崇圆形（鸡）卵而生发出去的，婚礼吃实心的汤圆，俗称"结缘"。也由此而衍化出去的嫁妆称为"圆木"。传统陪嫁器物，基本上都是圆形。如高脚舆、矮脚舆、大脚舆、二脚舆、斗、水桶、扁挈、味粮桶、挈盒、豆腐桶、盐肉筒，等等。家常用品，桌罩、饭菜、菜篮、米筛、蜂桶也都是圆形的。不可不谓是崇鸟（卵）心理的异化。其他还有神秘莫测、腾云驾雾的仙人观念，羽化升天的冥想等等，无不隐含了飞鸟崇信的影响。限于篇幅，不再烦言，但十分清楚，这些在当地人的心底里，已成为一种民俗思考原型，如无形的河床规范着人们生活的走向。

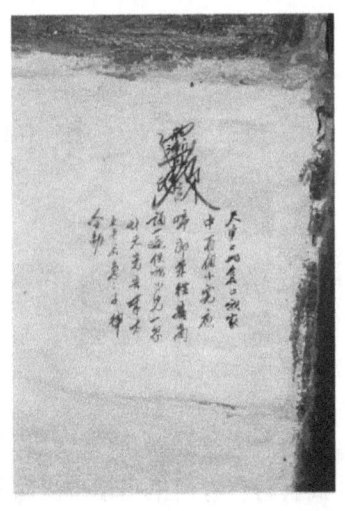

照片14 道士符——鸟文

要旨

民間における鳥信仰の残存と展開

陳　勤　建

　本報告は1996年から1998年までに浙江省永嘉県蓬渓村、廊下村、芙蓉村、周岙村、青田県州頭村、麗水市老竹鎮上井村で行った調査の報告である。これはまた1992年から1993年にわたって寧波、杭嘉湖地区で行った民俗調査の報告"麻雀送谷送子的伝説和信仰祭祀"の続編である。稲作にともなって発生した鳥信仰は、その起源を7、8千年の昔に遡る。稲作発祥の地から遠く離れた山間部にあって、移民開拓してわずか数百年にすぎない蓬渓等の村落でも、既に鳥信仰の観念と実態の痕跡が存在する。スズメ等数種類の野生の鳥類に対しては特別な愛情と尊敬を表すし、家禽の鶏や鶏卵にたいしても、ある種の状況下にあっては神聖なものとして礼拝を行う。民居の造りや家具の装飾には、明らかな鳥信仰の痕跡が認められる。村民の鳥に対する信仰は漠然としたものになってはいるが、失われてはいない。残存する簡単な戒律やタブーには、鳥に対する崇拝信仰の意識が内包されている。それは人々心の底に蓄積され、生活の中に溶け込んで、崇仙思想の原型や、もはや特殊となってしまった鳥化生活器具と生活方法を構成している。

　本報告は紙面の都合上、実際の鳥信仰の実例をあげてそれを整理するにとどめた。鳥信仰と民間の神仙思想との関連については、次の機会に分析したい。

蓬溪村地方神庙及女神信仰调查

王恬

位于温州市永嘉县风光秀丽的楠溪江上游的蓬溪村,是一个三面环山,一面临水,交通不便的山岙村落。十余年前,沿小溪拐入鹤溪的北村口山道,开辟出一条土公路。有村民说,此辟路处原来是临溪的悬岩坡路,傍山处有龙泉(潭)滴水,炸岩筑路后,风水破坏了。由此可知,过去的蓬溪村形如陶渊明笔下的《桃花源》,进村口的路是由悬岩天然构成的一个洞延伸出去的。穿过岩洞,在龙泉山半山坡上的杨府庙,路旁临溪左侧有关帝庙,一股地方神灵信仰的巫风,扑面而来。现在悬岩削平了,两庙依然如故,在原岩洞的龙泉边,设起了祭坛,时有香烛烟火缭绕,傍山依水的村口,仍充满着神灵信仰的气息。1996年12月及1997年8月、12月,我随中日江南农耕民俗文化考察团,三进三出蓬溪村,村内浓厚的地方神灵信仰,特别是地方女神庙和女神崇信,给我留下了十分深刻的印象。在此不揣肤浅,将我在这方面调查的情况,汇集成文,以求教于诸位专家。

一、地方神庙现状

蓬溪村,由三个自然村组成(在1962年划分开的)。现在居民以谢姓为主,共有758户农家。全村居地面积7~8公顷,村里没有佛寺和道观,但地方神庙却有五处。它们分别是杨府庙、关公庙、齐天大圣庙、陈十四夫人庙、袁五尊神庙。各庙所在的位置和供奉的地方神如下所示:

杨府庙坐落在北村口临溪左侧龙泉山半山坡上。山高七八十米,登山依庙南眺,蓬溪村尽收眼底。杨府庙和龙泉山犹如一座镇山塔,锁江(溪)闸,在进村的必经之路口,守住了蓬溪村的大门。当地人称该庙主要是保人身太平和庄稼、家畜安宁的。在其供奉的大都督的塑像右侧木柱上贴着"大都督威震八方"的词

条，同样在杨七虎塑像左侧木柱上则写着"杨府爷名闻四海"的条幅。其供奉的神与方位如图1。

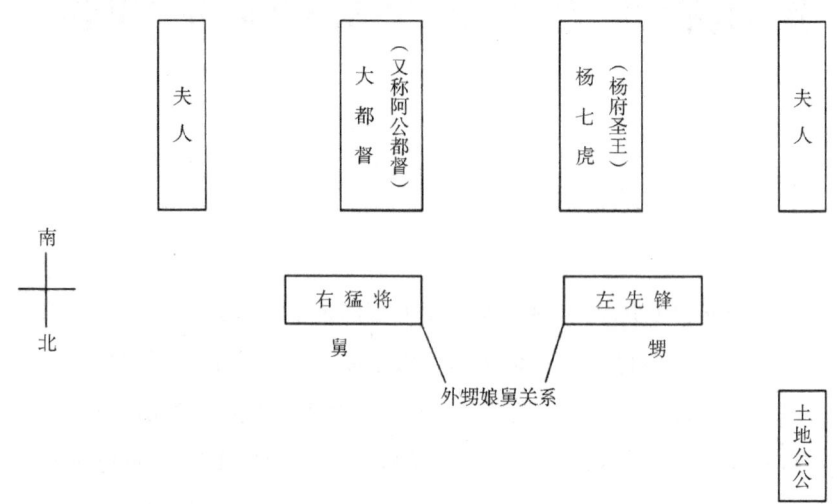

图1 杨府庙神位图

该村落不论哪一家宰猪后，必将猪头首先送到杨府庙内祭拜后方可以作为他用。每年正月十三舞龙灯，龙灯的扎制准备工作在杨府庙，舞龙完毕后龙身也保存在杨府庙外侧的搁板上。届时，还要把杨府菩萨抬出庙门出游，为舞龙助威。解放前，布龙灯要挨家挨户在每户人家的院子里舞，保佑主家太平。主家要送

照片1 杨府庙

钱若干（量力而行），大米6至7斤送舞龙人。平时如遇妖祸，一般是巫婆讲遇什么妖，就收什么妖，也到杨府庙请神相助，在六月初三杨府圣王生日时，来祭拜的村民尤其多，祈求杨府爷保佑万事平安。

关帝庙坐落在俗称"水口""霞港头"北村口临溪的路旁左侧，杨府庙的龙泉山东南坡下。在新公路没有开通以前，它在进村的坡路下方，雄踞于溪水近九十度的拐弯处。据俗信称是保出门平安的，也兼保地方太平。要外出的人都来此

朝拜，求得一切顺顺利利，平平安安。现庙内空地置放了许多村民的寿棺。将近20具。其神位摆列如图2。

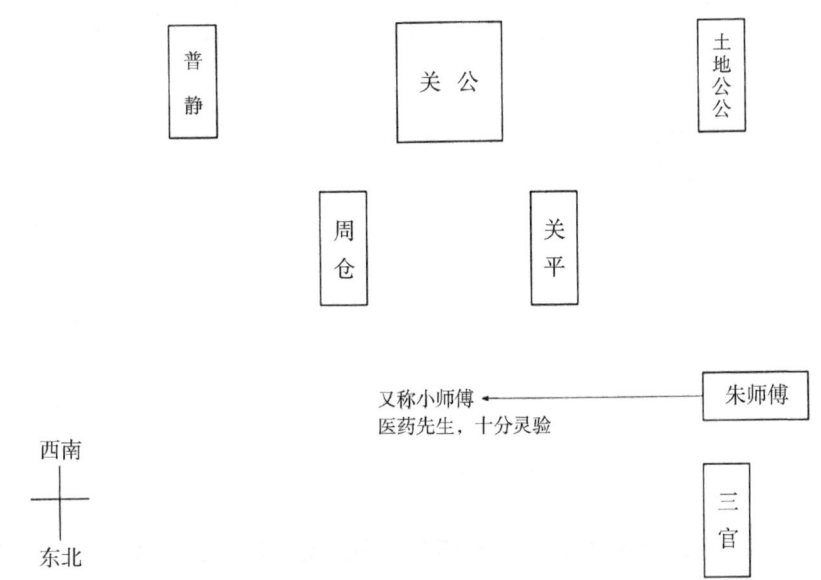

图2 关公庙神位图

照片2 关帝庙全景

照片3 关帝庙

齐天大圣庙，坐落在村庄的龙泉洞（潭）原址，据村民谢迪崇（男，68岁，小学毕业）1997年12月16日在该村被采访时说：蓬溪原无此庙，是十几年前，附近樟溪山上原有的齐天大圣庙分过来的。主要是延寿、祛病、求雨。说起齐天大圣，人们一般会以为是《西游记》中的孙悟空，书中它自封为齐天大圣。其实不然，民间早就有齐天大圣的信仰。该庙神位供奉图如图3。

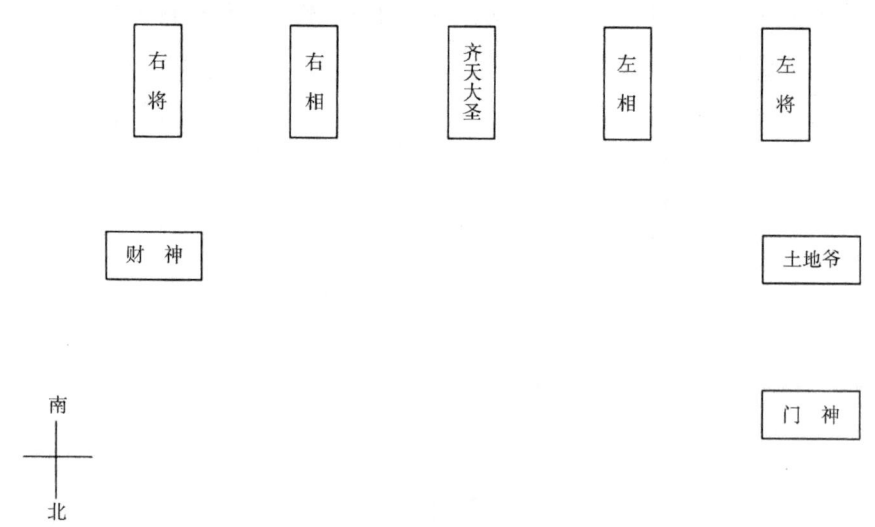

图3　齐天大圣殿位置图

陈十四夫人庙，又称华山宫。坐落在横穿蓬溪古村落袋形盆地小溪右侧的坡地上，在盆地东部中央小山——"凤凰屿"的西南处。原庙已毁，这是在原址上复建的小庙，外观比较简陋，此庙是由外村延请过来的。陈十四夫人庙为村民求子、求雨、驱邪、求财等信仰活动的场所。以前，每逢娘娘生日时都要做戏、唱鼓词。据村民介绍，去陈十四夫人庙还愿的人除了带香烛外，还要带鸡、鱼、肉、寿桃等供品，但供品中是没有鸭子的。原因是陈十四在浙南各地除妖时，历尽磨难，曾在瑞安飞云渡收蜘蛛精时被蜘蛛精打到河里，是法师变成了一只鸭子，下河救了陈十四的命。所以在祭祀时是不用鸭子的，而只用公鸡作为供品。其神位的排列如图4。

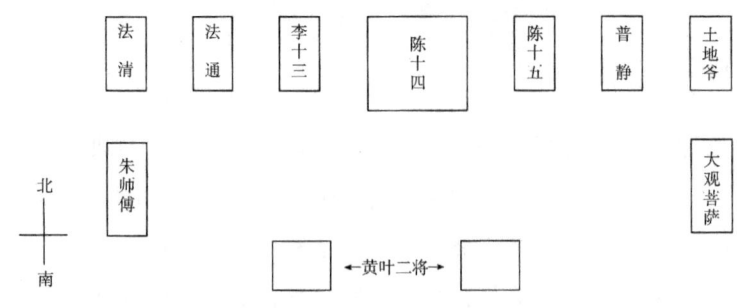

图4　陈十四夫人庙（华山宫）神位图

袁五尊神庙，又称仙岩殿。相传是当地最古老的庙。坐落在村落盆地东面半山腰上。据老人讲其中的主殿，袁五尊神殿是没有梁的，它是根据石头自然形状盖的。实地考察后，确实如此。该处有两块突兀而出的巨大叠岩，下有半洞穴式的空间，庙以此为依托而建筑。半洞穴的巨岩是最里的一进，为袁五尊神殿，由此向外延续，共有三进。正殿上梁记有康熙十四年（1675）重修，上梁正中有"白云深处"四个大字的匾，署名朱熹题。这里地处村落袋形盆地的东部边缘，相传曾是山林茂密之处。据驻庙的周秀意（女，77岁，已驻庙七八年）说：该庙有几百年的历史。明朝，该地还是一片大森林，后来在这里盖庙，所用的木头是就地取材的。这里是袁五尊神成仙得道的地方。该庙供奉的神位图如图5。

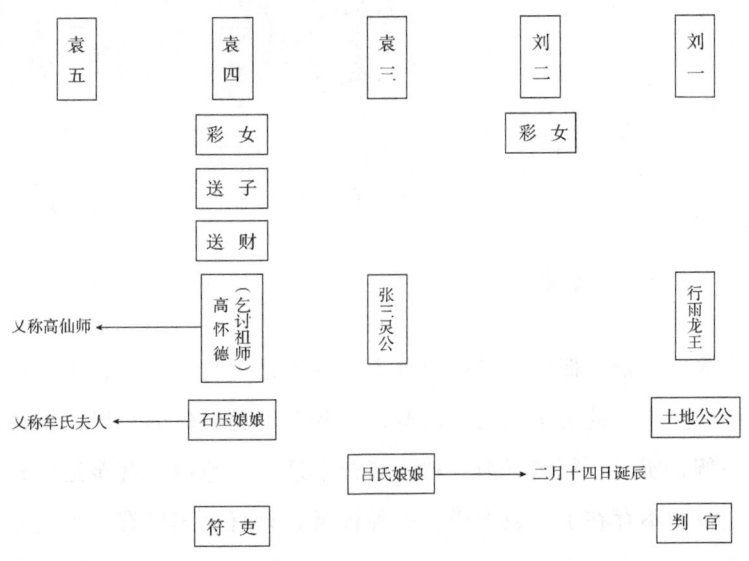

图5　仙岩殿诸神位图

除上述五个地方神庙外，当地还有两个小庙，各供奉"天官、水官、地官"三位神主。当地俗信谓"三官堂"，而不称庙。村民也不将它们列入庙的行列。但从信仰的观点来看，它们依然是归属在地方神庙之中。不过这两个庙不大，实际上是敞开式的神位祭坛。高约1米，宽约1.6米，厚1尺余的三位神官塑像，都设置在路口要冲，一个就在顺关帝庙前土路拐弯进村落民居口；一个在谢姓老宗祠堂前的过道口。据村民谢德培（男，85岁，文盲）1997年12月16日被采访时讲：村里传说三官是保护村庄平安的。三官神最早据说是尧、舜、禹，后来又说是海龙王三公主生的三个外孙。究竟是谁，询问了几位村民也讲不清楚。据

史载：三官是属于道家的一种俗信。三官之名，最早见于《三国志·张鲁传》，为五斗米道为病者祈祷，其祈祷之说书病人姓名，说服罪之意。作三通，其一上之天，著山上，其一埋之地，其一沉之水，谓之三官手书。病者一般须出五斗米为报酬。后世将三官附于尧、舜、禹，出自《历代神仙通鉴》卷四：（之始曰:）三子（按：指尧、舜、禹）皆天地莫大之功，为万世君师之法。本自三之真气，今敕为三官大帝。官者，司也。据谢德培老人说，他是听他爷爷说的，他爷爷当年是进士，看来对《历代神仙通鉴》一类野史逸闻还是很熟悉的。

照片4　三官堂

照片5　三官堂

上述这些庙，都有偶像，但偶像神主，既不是佛教菩萨，也不是道教中的真君，而是民间所崇信的历史人物，甚至是一些名不见经传的平民。如仙岩殿的女神们便是一例，所以，冠名于地方神。离开了这一个地域，甚至这个村，有的信仰和神主地位就不存在了。或者说，一种神灵，只有蓬溪村有，他们是独一无二的。仙岩殿的袁五尊神及其信仰，就是蓬溪人造就的。虽然，其影响已波及温州，但是，外界了解的毕竟不多，其神位祭坛天底下只有蓬溪有。有的神主如陈十四夫人在福建、浙江及台湾沿海地区有较多流传，可是以中国或就江南而言，她还是局部性、地方性的。其祭拜的仪礼，与佛道宗教的仪礼有很大的差别，基本上是随意的祭拜。似乎也没有严格的吃素等饮食限制，仙岩殿上，猪头三牲做供品，也属正常，处处显示了地方神灵信仰的特色。

这些神庙，除三官堂外，五座庙都不在村内，都在村子的周边地区，它们大致的方位如图6。

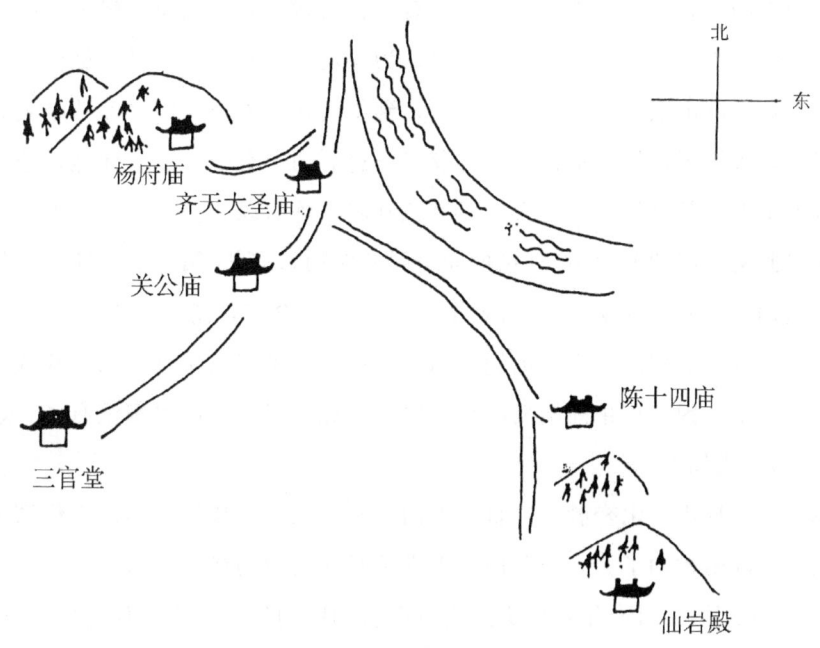

图 6 蓬溪村庙宇分布示意图

二、女神的由来及其神庙的突出地位

蓬溪村地方神庙中,有一类专门崇奉地方性女神的庙,一是仙岩殿,二是陈十四夫人庙。它们在男性为主的地方神庙中,显示其特别的风采和地位而格外引人注目。

首先是女神庙的女神都是来自民间的普通妇女,没有像男神庙的关公、杨家将那样,可供列入史册,让后辈歌功颂德的伟业和壮举。可是,她们都有一颗善良的心,有一种自我牺牲的精神并因此而在死后成为仙人,所以能得到后人的爱戴与崇敬。村民对她们的崇信和祭祀不仅不亚于须眉英雄关公、杨家将,而且在自发的感恩祀祈中,其力度大有超过之势。原因也在于这些女神成仙前所作的一桩桩看似平凡的小事,而带给人们的却是实实在在的利益和帮助,因此更能引起人们的共鸣和信任。

袁五尊神,这是民间的口头称呼,实际是仙岩殿的别名,人们借此表示对该殿中的几位传说原是姑嫂的五位女性神灵的尊称。据谢仙魏(男,64岁,小学退休教师)、李美红(女,59岁,文盲)讲:相传袁五尊神原是元明之际,永嘉

枫林斯溪地方的人，分别为刘一、刘二、袁三、袁四、袁五五位年轻的姑嫂，她们识草药，懂医术，为人厚道，热心行善，为民治病。有一年二月，她们踏青上山采草药，顺斯溪山上走过来，经过瀑布，到了现在仙岩殿大门对面的卓笔峰山的牛郎岗上，天黑了，她们就在岗上过夜了。这时山上有个神路过此地，他掐指一算，这五个女人都是好心肠的人，于是就刮起一阵清风，把五个人的魂卷起带走了。所以此岗又叫"散魂岗"（在现仙岩殿的对面）。到了第二天，这五个姑嫂晕晕乎乎地回家。家人见她们这副样子，请道士来念经，道士说，她们魂没有了。并告诉这五位姑嫂的家人要他们去招魂，道士带了家人来到牛郎岗找魂，结果魂找不回来了。因此现牛郎岗又叫找魂岗。从此，五个人的魂都没有了，显灵在庙里（神），成仙了。

蓬溪村四面环山，山峦叠嶂。日常上山打柴、采药、伐树，会发生俗谓人被鬼神迷住了，魂魄被勾了去，或受山中无端惊吓而失魂的怪异事情。据村民谢仙魏在1996年12月19日介绍：他家过去有个叔伯叫谢仙铸，小时候到山上砍柴，晚上没归来，大家都去找，铜锣敲起来，一直到第二天天亮时才发现他在山里的一个石洞里，且耳朵里、嘴巴上都是泥，在岩石洞里呆呆坐着，一动也不动，人们叫他，会应（答），会讲话，过了几天后有好转，但人不聪明了，傻乎乎的。人家都说魂给鬼迷去了。后来50多岁时自杀了。如果家里发生类似这种情况，就要安排招魂了。摆上仪礼请道士作卦，再由道士先生引路，一边敲锣，一边鸣土枪，一边叫魂被勾去那人的名字。到了丢魂的地方，随便找一点东西，或土块或草放在丢魂人的身上，魂便可能会招回来。也有招不回来的，如前面所提到的五位姑嫂，她们碰到的是神仙，魂勾走了，她们都上了天，做了仙人。仙岩殿的女神几乎都有类似的经历。

例一：石压娘娘。传说她姓牟，会医道。生前常常免费为民治病，对神又虔诚。每天上山到远处的"岩聪洞"里烧香拜神仙。那时，包括袁五五位仙人都住在山上，她每天上山拜佛，还要替人治病，很辛苦。心想什么时候神仙住到下面来，就省力了。心里想着想着，突然上面的一块岩石滚了下来，压住了她，所以她一下就成仙了。人们为纪念她，在仙岩殿为袁五尊神立位时，也为她塑了神像。她成仙前，曾到乐清为人看病，治好了一个重病人。但病人只知道她是蓬溪人，为了感谢她，病家从乐清赶到蓬溪，可找来找去找不到她。后来在仙岩殿见到一尊神像，觉得好面熟，一打听才知道这位就是行医施乐的恩人，已在此成仙

了。(谢裕进,男,67岁,风水先生。潘大脚妹,女,80岁,无名氏。自愿驻庙管杂务者,1997年12月17日讲述于仙岩殿。)

例二:陈十四是流传广泛,仅次于妈祖的一位女性大神。其原名陈靖姑,又名陈静姑,陈进姑。陈十四是她的俗名。相传她生于唐代福建省古田县的临水乡,故称临水夫人。传说在王母娘娘的蟠桃会上,观音与众仙比试弹天柱,指破血滴井水,为福建古田临水中村陈昌妻葛氏所食,后于正月十四产一女,取名靖姑。因其是十四日夜静时生,故名静姑,俗名十四也缘于此。陈昌家传茅山法,乡人求陈出山为民除掉残害生灵的白蛇,他因患背疽难以成行,所以派遣二儿法能、三儿法清去降蛇妖,不料二儿被蛇吞食,三儿幸免逃回。当时靖姑年方十七,为报仇,立誓上芦山学法。学成归来时,她在温州、平阳等地,沿途收妖捉怪,为民除害。又应百姓之邀,天旱祈雨,使天降甘霖,施泽万民。后闻白蛇在闽地危害良民,陈靖姑与之几经搏斗,坐压蛇头,令其永不出洞。最终因疾坐蛇头而死。终年24岁。民间一般传说,她年少有道术,乡人以水旱祸福叩之,无不灵应,遂立庙。上千年来,陈十四信仰及神像从福建向相邻的浙江温州、台湾等地传播,蓬溪村陈十四庙和神主就是在民间传承中,从外移入的。

由此可见,陈十四也是来自民间的女性,生前施法为民求雨、驱邪、除灾、求子、扶产、保育、祈寿直到贡献了自己年轻的生命,民间认为她得道仙化,所以她成了大家心目中的守护神,塑身立庙侍奉。蓬溪村求雨也常到此庙来,俗说是最灵验的。

此外,仙岩殿大殿里从上塘请来的卢氏女神,也是一位为民做好事,舍身虎口救母的农村姑娘。

蓬溪村落占地7~8公顷,地方神庙以大论有5座,大小共计有7座。平均15亩地的面积就有一座香火庙,密度真可谓不小。更为令人注目的是,平时和过节享受民间信徒香火最多的还是两座女神庙:仙岩殿、陈十四庙及其间供奉的女性主神。她们在蓬溪村及周边村落民众中有着崇高的威望而受到特别的膜拜,显示了她们在地方神灵和神庙信仰中的特殊地位。其表现在:

1. 迁走男性的杨府庙,以女神为主自立门户

我在1996年12月20日下午杨府庙实地考察时,谢庆潮(男,72岁,初中,祖传中医师)与庙中几位村民共同想起一个传说:

杨府庙庙址原不在现在的龙泉山。据老人们讲,当初是在仙岩殿,与袁五尊

神在同殿受人朝拜。有一天，在仙岩殿坡下的一块农田里，几个中年男性村民在劳动，突然其中一人倒地昏迷，嘴吐白沫，并喃喃自语。旁人见状，急忙跑上前去，扶他起来。半响，他说话了，声音也变了，说道："你们听着，我不是发疯，我是杨府庙杨府大人。我是个男的，我不能和女的在一起，受人香火。"众人一听，认为是神显灵了，慌忙回答说："您要到哪里去呢？"杨府神的附身说："你们抬我走，我带你们去就是了。"他要众人拿来一根毛竹杠，他跳上去站在竹杠上，稳稳地，就像站在平衡木上的体操运动员，一动也不动，大家看呆了，按着他的指点，一路抬着往前走，从仙岩殿一直到达村口的龙泉山，快到山顶处，一块突兀的岩石旁，有一个五六十厘米的洞，深不可测。他就要抬的人在此停下，说这里有妖魔，把他放在这里建庙，可以镇住这些妖魔。村里人听了他的话，集资在这儿新建了杨府庙。把杨府神主全请到这儿安置。现在杨府庙二神旁还留有个小洞，一块石头丢进去，骨碌叮咚要好一阵子才会无声息，说明了洞很深很深。有人说是与山下进村口的龙泉潭相通的。

从此，仙岩殿就剩下女神了。男神庙与女神庙就是在这样的背景下分开了。

一年后，当我们二度重访仙岩殿，与还愿的香客们聊起此事时，再次听到了类似的说法。并说是杨府神主附体在一个种田人身上，自己提出要离开的。还说男神和女神怎么可以在一个殿内呢？事实上，并非如此绝对。从上面仙岩殿的三进殿堂的神位排列，可以看到，在殿中至少近几年重塑的一些神主，从左到右如乞讨祖师高怀德；专治麻疹（当地俗称小客）、天花（当地俗称大客）的张三灵公（有地方认为他就是为汉出使西域的张骞）；行雨龙王及土地公公等都似乎是男性神。形式上又有些男女神混合杂一庙的状况。但是，细加分析，村民说的还是有一定道理的。因为仙岩殿的主神袁五尊神与杨府庙的主神杨七虎，已分居两庙，庙的性别属性是以主神间的区别来定的，至少中国人是常常这么看的。还有，仙岩殿现有的男性神，在其间，在殿内部是配角神，他们是主神某一方面为人造福驱邪的助手。或者说，他们都不能代表庙的主神与主流信仰。所以从传说中与现状看，表明村落最古老的男女神均等的仙岩殿，在几百年的发展中，女神地位逐步上升，最终成了主宰的地位。这与整个村落实际的民间信仰是一致的。

2. 从各庙祭祀受朝拜的状况看，女神信仰在村内占主导趋向

首先，在数量与规模上，蓬溪村的男神庙要超过女神庙。但从实际的信奉看，女神庙受香火要大大兴旺于男神庙。

男神庙如关帝庙，一年之中的五月十三日是关帝的生日，受村民的祀拜和香火颇盛，而平时若无大事则很少人问津。杨府庙除了神主的生辰日一类须上供外，还多了一道程序，就是各家宰猪时，先将猪头送庙内祭拜的仪式。不过整个程式无非再加三炷香，较简单。平日里庙内庙外比较冷清。罕有村民专事铺张，备丰盛供品、香烛，去请神或前往还愿。

仙岩殿就不同了，一年365天，天天有人去上供。据粗略统计，平常一天至少有10来人或20至30人前往祀拜（其中也包括外村、外乡的人）。农历正月初一、初二、初三、十五，平均朝拜的人数800人以上。有人说1997年农历过年时两天，约有2000至3000人前往。村民谢岩兴夫人，其间一天去了三次。大儿子、小儿子、女儿分头从外地回家给父母拜年后的第一件事，由母亲陪同带领小家庭成员上仙岩殿向女神还愿致谢，祈求健康发财。

其次，在女神庙，香客花钱多。1997年农历二月十四，仙岩殿的上塘娘娘（即大殿中的卢氏娘娘，因从上塘请来，故称此名）生日，众人前往参拜庆贺有200余人，在香火缭绕间用敬神后的供品猪肉、鸡、鱼、蔬菜、豆腐等办了20多桌，每桌14个菜，由朝拜者共同享用。据被采访者谢岩兴村民讲，这类集体性的活动，一次约花费2200元人民币，由各人分摊，人均约13元钱。这不算多。有的人特别相信仙岩殿，舍得大把花钱。往往年头去求神，年后外出去谋生，若一年之中发了财，必在年终回家后去还愿。今年有人发了财去还愿，一个猪头就有70多斤重，还有大块猪肉。听说有私人还愿做法事，一年搞了30多次，每次花费在1700元左右。

其三，女神庙村民俗信观念中是很灵验的。往往一事碰上成功，迅速传开，反过来又强化了人们对它的崇信。

现在到仙岩殿去的村民，一般都是去求子、求财的。据村民谢岩程说：村民谢仙利（本人现在金光山林场当场长）和谢仙杰、谢仙和兄弟几个把仙岩殿送子娘娘当亲娘，每年农历正月十五要来膜拜，送供品于每位娘娘。为什么呢？据说他们的父亲谢朱甫结婚多年第一夫人没有生育，第二夫人娶进门后已是35岁了，过了一年还没孩子，着急了，就去仙岩殿娘娘面前求子，后来即生下了他们兄弟数人。实际上，夫妇能否生育的原因是多方面的，但是这消息传开后，好多人都前来祈求，有的人从数百里外专程前来请愿。这些现象在村内男神庙中是罕见的。现在实行计划生育，但是不少人为了生儿子还是前来祈求。

其四，独有的庙务志愿者队伍。在调查中我发现，无论是村里三座较大的神庙，还是香火最旺的两座专事供奉袁五尊神、陈十四夫人等女性神的仙岩殿和陈十四夫人庙，这些村里的地方神庙，都没有专业的神职人员服务。求神祭祀，是由求拜者自行其是，自己照料一切。唯独朝拜人最多的仙岩殿，有志愿者长期侍奉，料理庙内杂务。1997年12月17日上午，我们一行四人前往仙岩殿考察时见到，当时的两位志愿者，均为老太太。一位为潘姓无名，俗称潘大脚妹。娘家在附近的枫林镇，嫁给本村的谢姓人家。现丈夫已死，儿子媳妇在外打工，一人在家，自愿驻庙。另一位是周秀意老人，今年也已77岁了。其他还有不住殿内的20多位不拿一分钱而自愿协助处理杂事的首事。首事都是信奉者。每逢仙岩殿举行大的祭祀活动，一般由首事义务进行张罗和安排。其中有人专管捐款财物；有人专管活动安排；有人联络外村要念经的道士。有人计划筹措活动经费。据1997年12月17日调查，仙岩殿每逢娘娘寿辰纪念日，本村200余人出席。届时都有首事发预告，收各人份内的香火钱，收多少以祭祀一天大概的总支出平均分摊，其中在五月十七日袁五尊神生日时还要请道士念经（道士念经费一天每人120元，共4至5人，约600元）。另外即花于供品、香烛的钱。在首事们的管理下，仙岩殿信仰祭祀，井然有序，且理财有方，捐款积累现有一万元之多，账目定期公布。捐来的钱用于弥补活动超支费用以及修庙、铺路等公共事业，从未发生乱用钱或贪污问题。这成了仙岩殿女神庙香火这边独旺的一道风景线。

三、神灵信仰发达的原因

全国上下进行现代化建设的中国，正在以科技进步为动力，走向世界，走向21世纪。在这股时代洪流的推动下，蓬溪村常年在北京、上海、南京、杭州、温州以及东北、西北、西南等经济发达地区打工、做生意的人，约占全村总人口的三分之二。常年驻村老宅的才1000余人，且大多是老人和未成年的孩子。这些打工、做生意的人有的已在外干了十余年，发了财，购了房。经济发达地区现代化的信息、文化对他们也有不少的影响和冲击，生活方式、穿着打扮都城市化了，但奇怪的是，这些人一旦回家探亲，少不了要到仙岩殿去烧香还愿，更不用说仍留在老家的那些信徒了。凡逢生、老、病、商、喜、灾诸事，村民大多选择上仙岩殿求助众位女神娘娘。常碰到有家中人生病的，即请医与求神两方面同步进行的情况。

这是什么原因呢？从生态环境的初步观察调查看，当地原生存环境封闭，交通阻塞，文化守旧等是一个重要因素。

从蓬溪村"进士街"，相传该村第一位李进士宅楼的木屋构造推断，有人住该地至少在元明间，少说也有五六百年的历史了。可是该村四面环山，汽车可以自由进出，才只有十余年。那是把北村口的悬石洞炸掉，筑了土公路之后的事。在这之前交通十分的不便。据谢岩兴介绍，他青少年时，有一次去温州，硬是靠一双脚，走了整整一天才到。到了外界的公路后，怕布鞋磨破了，就脱下布鞋，扛在肩上，光着脚板走。这种情况现在还存在。坐落在村落南山顶上有一个自然村，200年前，陆续由蓬溪迁徙过去，上山只有一条崎岖的青石山路。凭中日考察队中青年男队员的体力，从蓬溪到山顶，徒步空手走一个来回需近3个小时，且累得无法再动弹。何况村民要扛着山货赶路，上山打柴。所以当地人常年生于斯，长于斯，很少出远门，一切由自然经济规律解决。生老病死，全听天由命。

落后的交通，险要的地理环境，构成了文化上的闭塞和守旧。蓬溪村原有陈、李等姓氏人家。300年前，谢姓氏族居此地并不断繁衍扩展，现已成了一统天下的局面。据说谢氏是中国古代著名山水诗人谢灵运的后裔，为避难而进入此地居住。该族本是世家望族，具有良好的古文化，包括传统信仰习惯的家传。一方面重视文化，一方面又恪守于传统文化与信仰。几百年来，形成了特别发达的宗族礼仪制度，也保存和发展了当地特有的民间信仰祭祀。其特点为：

1. 淫祀。古人云：越人好淫祀。即见什么好，便拜祭什么，没有统一的规定，顺从民意，不做刻意的追求和加工。所以地方不大，神庙不少，神主更多，但是他们既不是佛，也不是道，没有严格教义和祭祈规范的要求，没有专门的神主人员等，它始终停留在民间性上。在因事求拜时，神主没有特殊的享用权利，信者受拜，不信不拜；应验者香火盛，少验者香火稀，内里还似乎存在着一种竞争的关系。

2. 神灵的崇信，没有传教的形式，全凭信奉者的心意认同。一般的人，也不定期地参拜，往往"无事不登三宝殿"，常常是有了事才去祈求，事成之后，去还愿。也有人抱着不管信不信，有拜无拜，拜拜总比不拜好的心理去的。

3. 地方神灵的奉祀，成为当地村民的一笔不小的常规开支。在调查中，谢岩兴说，自己是一位每月领500元工资的退休老师，在本村算是高工资。夫人是家庭妇女，信仙岩殿的女神娘娘，每年初一、十五都去，每次去都要花些钱。另

外，其他庙有事，他夫人也要去。庙事集中，均要花钱，杨府庙 13 元，龙泉洞（齐天大圣庙）13 元，关帝庙因换帅旗花了 25 元。全家正常收入的 1/4 以上供奉地方神了。别看这些老人平时省吃俭用，但花在神主身上的钱是不会心痛的。

4. 所奉祀的地方神，几乎都是历史上的人物神化而成的。而且大多数是当地人。生前都有某一方面的好名声，神化后，显示出的也是某一方面功能性的神主。如石压娘娘，传说中还是一位在劳动中曾被石头砸伤了右臂，自采草药治愈了伤口的妇女。她后来用自己的成功经验，专门为人治外伤，救治了不少民众。成仙后，人们为她塑身立庙，所祈求的主要也是她这方面神化的功能。由于神往往仅代表某一方面的神功，出于对多方面神功的需求，也就促使了神主的众多出现。

需要补充的是，据了解，在本是单一又杂多的地方神信仰中，近几年又悄然冒出了基督教信仰的洋教风。一些年轻女子也加入了其行列。据不愿透露姓名的村民内部反映，该教组织较严，发展对象注意有影响的村干部，为拉村干部入教，每年补贴 200 元人民币（当地一个不脱产的农民村支书上级只给补贴 120 元人民币）。基督教为发展自己的对象，可以说是花大钱的。深山沟里，出现新洋教，引人注目。今后会如何发展，与当地地方神信仰关系如何？需进一步的调查和探索。

要旨

蓬渓村の神廟と女神信仰

王　恬

　本調査報告は中日江南農耕民俗文化調査団とともに、温州市永嘉県蓬渓村において行った調査によるものである。

　永嘉楠渓江上流に位置する蓬渓村は三方面が山に囲まれ一方が川に面した交通不便な山間の古村である。居住面積は7.8ヘクタールであるが、地方神の廟は大小あわせて7ヶ所の多きにおよぶ。この地が地方神霊信仰、特に地方女神廟及び女神の信仰が厚いことに注目し、以下の三つの側面から調査を行った。

　まず第一に、当該村の地方神廟の現状と分布を述べる。村周辺に付設されている楊府廟、関公廟、斉天大聖廟、陳十四夫人廟、袁五尊神廟等五つの廟の置かれている位置と祀られている地方神について述べるとともに、蓬渓村全体の廟宇の分布について叙述し図示した。

　第二に、女神の由来とその神廟が特別な位置付けにあることについて述べる。8人の村人からの聞き取り調査の結果、"楊府廟を遷して女神が独立した"こと、独特な廟の仕事の志願者達、さらに各廟の祭祀の際の参拝の様子から女性の神が村内で篤い信仰を受けていること、特別な"膜拝"を受けること、廟の香火を管理するこの地独特の方式や様子等はすべて女神信仰が村内で主導的な趨勢を占めていることを示している。

　第三に、蓬渓村における神霊信仰の発展の要因を様々な角度から考察した。交通不便、険しい地理的環境が文化的閉塞性と守旧性を維持してきた。これは名望旧家の謝氏にあっては代々、古い文化と伝統的な信仰とをともに遵守することである。すなわち一方で文化を重視し他方で伝統的な文化と信仰を保持している。これにより数百年にわたって特別に発達した宗教儀礼制度を形成して

きたし、この地独特の民間信仰祭祀を保存かつ発展させてきた。

　調査期間に限りがあり本報告に於いては新たなキリスト教信仰とこの地の地方神信仰との関連、及び今後の発展性等については触れることができなかった。今後の課題としたい。

厚唐村独特的胡公会组织与多彩的信奉活动

吴刚戟

胡公是中国南方一带地方神，最早受到崇拜是在金华、衢州两地。胡公，俗称胡相公、老胡爷，敬称胡公大帝。它原是浙江金华市永康县（今永康市）方岩山偶像神，在浙江、江苏、福建、上海、广州等地负有极大盛名。其信奉者视为威灵显赫的神圣，崇拜得五体投地。在当地若与信奉救苦救难观世音菩萨相比，其有过之而无不及矣。

一、胡公有德于人被崇拜成神

其实胡公不是佛，也不是神，而是北宋时期的一位名臣，一个实有的传奇式的历史真实人物。他姓胡，名则，字子正，宋乾德元年（963）生于永康（民间流传的《胡公经》却说出生在缙云），端拱二年（989）登科进士及第，后历官于朝四十七年，景祐元年（1034）获准致仕加封兵部侍郎荣衔退老杭州，于宝元二年（1039）卒后第二年葬于西湖龙井。俗话说："妖由人兴，神由人造。"宇宙本无神，产生了人类后才出现了神。胡公神，是人们自己塑造的偶像。因胡则生前善察民情、好为仁政、有德于人、有功于国。尤其是为民请命奏免了衢、婺两州人民身丁钱的壮举名垂青史，百姓为感恩戴德，故在胡则少年就读之地方岩立祠庙祀之。乡里百姓信奉，名人学士的宣扬，封建统治者为巩固自身利益的需要亦允许报以神之典，并一次再次加封，久而久之，胡公大帝也就神于方岩，远游四海。善男信女不仅把方岩胡公祠庙修建得金碧辉煌，而且在各郡境大兴土木建造胡公别祠别庙，几乎在浙江一带无一邑一乡无公庙。同时，胡公会组织应运而生，在民间纷纷建立。笔者所调查的浙江金华市永康厚唐村胡公会组织及信奉活动是具有一定的代表性与典型意义的。

二、独特的胡公会在永康厚唐村应运而生

厚唐村，位于浙江金华市永康县城东部 45 华里。厚唐起始于宋宝祐年间，明清以来，属游仙乡三十半都，解放初属芝英区为厚唐乡所在地，现在，属古山镇。厚唐村坐落在仙霞岭山系的狮子岭与虎头山的"弄"里，俗称厚唐弄，至今已有 800 多年历史。包括分村黄塘坑共有千余户，4000 余人。

该村百姓对胡公信奉十分虔诚，在早年就建有胡公殿，殿址设在厚唐村中心位置，位于申明亭附近，坐东朝西，殿内设有神龛，供奉胡公龙庭，殿里备有胡公队游案时所用的两块胡公大帝字牌与回避字牌、两把大刀和大钢钗等器具，可供背胡公龙庭上方岩换香火之用。平日乡里百姓每逢吉日、寿辰、祈求消灾除病、还愿、节庆均有信奉者上村里胡公殿拜祭、念经。

厚唐村胡公会是在金华、衢州两地掀起胡公信仰崇拜的热潮里诞生的，建于明朝万历年间，是由厚唐村的一些善男信女发起组织的。胡公会设有管事会，胡公会管事开始由村上天房、地房、人房、义房、忠房、文房等几个大房主担任，代代相传，均由村上有名望的人接任，各房主助田、山，其收入用于每年胡公会活动。从明代起厚唐村胡公会在永康享有很高地位，它不同于一般胡公会。因为永康派溪文楼山有个在京城为官的程正谊布政公，其夫人吴枚是厚唐村人，她与学绣花的姑娘在一起排位第二十四。村上人就称为廿四姑娘，她嫁给了程正谊，厚唐弄人就称她为"廿四姑婆"，而称程正谊为"廿四丈公"。程正谊廿四丈公告老还乡时从京城带回出京时用过的两面大铜锣（据说锣肚脐是金铸的）和三枚铁炮送给了厚唐弄胡公会，后人称这传世之物为胡公锣、胡公炮。这是厚唐胡公会独一无二的宝贝，其他胡公会组织所没有的。两面铜锣在"文革"中被卖了。三枚铁炮至今还保存着。厚唐弄人在胡公会组织活动时皆要放三响大铁炮，其在农历八月初一早上，村上胡公殿开殿门之时，八月初一晚上演胡公戏时，八月十三日迎胡公上方岩换香火和迎案打罗汉至胡公大殿前必放铁炮，几百年来世代相传，此已成了厚唐胡公会举行信奉活动所特有的风俗。

永康方岩胡公庙胡公塑像

永康厚唐村胡公殿胡公龙庭

永康厚唐村胡公殿神龛

永康厚唐村胡公殿胡公牌胡公大刀

三、厚唐胡公会主要活动时间与内容

厚唐胡公会活动主要集中在农历七八月份：一是组织迎案打罗汉；二是组织演胡公戏；三是组织上方岩朝拜胡公换香火。胡公会组织共有八个管事，每年坐庄轮流主持组织各项活动。主持人也称"拢头人"，在七月份就出面组织好事者出钱出物，先盘"拢头酒"，吃麻糍、喝老酒，聚会美餐一顿；接着就请师傅来村教青少年习武练功，有学拳、舞大刀、弄棍、排演罗汉阵的，还有教练吹拉敲唱的和各文艺形式表演的等等，全村分成好几班，有的在祠堂，有的在晒谷场

上，每晚敲锣打鼓助兴热闹异常。这是传统的真正的民间群众性的文体活动，不过它是胡公信奉活动的组成部分，为酬神娱神服务的。

八月初一：胡公会拜胡公礼仪正式开场，凌晨开村上胡公殿的殿门甚为隆重，在殿前先放三响大铁炮，并将大肥猪赶到殿前宰杀以示祭祀，在殿堂里点红烛、敬香、烧金银纸锭，口念《胡公经》跪拜。这一天是村里的盛大节日，外出做工、学手艺的、做生意的、出嫁的女儿等一般赶归过此节，每家每户的亲戚朋友一般也会赶到村上凑热闹、做客分享欢乐。

八月初一晚上开始至八月初三日演出胡公戏，在开演前，到胡公殿将胡公神牌位接到演出的祠堂供在戏台对面神位上，闹台场、庆八仙时，放铁炮三响再大放其炮仗、鞭炮，戏才正式开场。胡公戏每年演二日三夜，由村里各房轮流组织演出，轮到不演的话，其房的头人要被吊戏台柱，谁也不敢不演出。请来演胡公戏的有《老子云》《应凤祥》《王玉麟》等戏班。

八月初二：上午开始各地前来助案的举行"祭拜"仪式，敲锣打鼓地将胡公龙庭背出供在村中空旷的晒谷场上。降神者（由人饰的胡公神）手舞足蹈地进行各种表演，先是用净水喷洒晒场予以消热降温解暑，后以"食碗显灵""无底桶盛水显奇"的表演，让村上男女老少看得目瞪口呆，个个对胡公肃然起敬、顶礼膜拜。参加打罗汉的个个上身穿着对襟白上衣，下身穿着大红的灯笼裤。罗汉队由本村的和邻村助案的罗汉班联合组成。除有头旗、令旗、蜈蚣旗、大刀、铃权、盾牌、红缨枪、棍棒、火铳外，还有荷花孙、九串珠、大面姑娘、讨饭莲花、十字莲花、三十六行、旋车、抬阁、狮子队等精彩的表演，群众自娱自乐，兴奋无比。

八月初三：胡公戏演完，初三夜的戏为还愿戏，村上人凡向胡公许过愿的，于初三晚上开演前，先在台上供祭品还愿。根据许愿的不同，供品也不一样，有的供猪头、大块肉，有的供鸡、鹅，有的供糕点、水果等等。过了初三，热闹的村子又转向冷静，大家分别忙于八月十三胡公大庙会的准备工作。

八月十一：胡公会召集本村与邻村助案的罗汉班、文艺表演队，在厚唐村会齐去各村游案、表演。一早从厚唐村出发，锣鼓钹开道，罗汉班在前，迎胡公队伍在后，还有大小敲打唱班，按规定路线，先经黄塘坑、弓塘、朱家、榔山殿、上胡、前陈、前俞、上徐店、下徐店，再经大塘下、后丹坑、白莲塘、象岩里、长塘头、大雪口、后坑底等村庄，最后各自回归。游案时凡胡公所到的村庄都要

拜祭龙庭里的胡公，鸣放炮仗，摆设猪头、鹅或大块肉、大雄鸡等供品，点香烧纸经，以求胡公保平安、发家致富，全村五谷丰登、六畜兴旺。同时，热情以茶、酒、果品、点心招待游案人员与来客，每户以接待人员多为荣耀，因而村村殷勤好客。

八月十二：休息一天。

八月十三：胡公诞辰纪念日，为上方岩朝拜胡公大吉之时。村上胡公换香火是胡公会组织的最主要活动。这一天一大早，胡公会主持管事在村里胡公殿前放铁炮三响，向上方岩者告示：一响起床做饭，二响洗脸吃饭，三响动身出发。各队都在天拂晓前自觉赶到胡库山岗等天亮，天明后吃了粽子、麦饼等点心，整齐集合好游案队伍，向胡库村进发，经派溪镇、文楼、宅里岗脚、岩下街。游案到达这些村镇，罗汉队与文艺表演队均予以表演，因派溪、文楼与厚唐村是亲家，各种武术和文艺形式表演最为齐全。然而来去路过古山镇却不停留不表演（据说是历史上厚唐村祖宗与古山人祖宗结下了冤仇，解放后这一风俗有了改变）。游案队伍到达岩下街方岩脚时朝拜队伍进行交换，迎胡公的仪仗队走在前，罗汉班、文艺表演队在后，上方岩顶在胡公大殿前，厚唐胡公会与众不同地鸣放了三响大铁炮，便可优先别的胡公会组织的朝拜队伍，先行朝拜胡公的大礼，随时进行换香火活动。罗汉队与各表演文娱队伍在方岩胡公前殿与后殿游跳正手三圈、反手三圈，尽情欢呼娱神，直至降神者跳上胡公神像前供着的大香炉掏取香灰，置放到自村的香炉、香碗里带回，换香火才告圆满完成。接着，这一届胡公会主持管事将胡公龙庭在方岩顶交给下一届主持管事背回。在归来路过古山镇时，解放后也要表演一番，叫打回头罗汉案。换好香火，厚唐胡公会即迎自己村上的胡公龙庭从原路返归，将胡公龙庭供回村上的胡公殿里，厚唐胡公会组织一年的活动也就算大功告成。

四、信奉胡公活动之多彩的文武项目

迎神娱神活动之所以热闹非凡，具有莫大凝聚力和吸引力，乃因有着丰富多彩的文化娱乐与武术活动项目。厚唐村民崇尚传统民间文艺武术活动早已成为一大风俗，在信奉胡公的礼仪中自然而然得到精彩表演。它既娱神又能自得其乐，并充分体现其自身的聪明才智，又能得到强身自卫的锻炼。其主要文武项目有如下几种：

打罗汉

　　打罗汉相传是宋代名臣胡则（胡公）倡导，号召民众，抗击倭寇、保卫国家而习武健身的文体项目。因此永康人民以打罗汉这一民间武术形式活动来纪念体恤百姓的胡公。打罗汉一般以村镇为单位，也有多村联合举办的。

　　厚唐迎胡公打罗汉由来已久，应起自明代。村里在秋收后开展。打罗汉，又叫迎罗汉、迎案。该活动项目程序大体是：

　　1. 拢罗汉：由数名罗汉头征集男性青壮年村民组成罗汉班，并举办拢头酒活动。旧历七月半后，请拳师来教习拳、棒、刀、钗等武术，并练习罗汉阵法。

　　2. 祭钗：在旧历八月初一演胡公戏的初二日上午，罗汉班（包括邻村的罗汉班及其他三十六行、莲花队等队伍）先到胡公殿朝拜后，村里胡公殿的前殿基进行团阵表演，谓之祭钗。

　　3. 罗汉表演：打罗汉以锣鼓为前导，迎头旗为先锋，后跟大刀、响铃钗、盾牌、刀铜、棍棒、荷花孙、狮子队等为队伍。其广场阵法有打圆场、分队双上、剪刀转、搭跳龙门、参花、跳里外圈等。罗汉队表演以队形变化为主，参阵的阵法有长蛇阵、三角阵、八卦阵、梅花阵、龙门阵等。中间进行舞狮子，接着是武术表演：舞大刀、摔响铃钗、打盾牌、打南拳、杂技表演、打棍棒、叠罗汉等。最后进行叠罗汉表演，这是压轴戏。叠罗汉也叫竖人体牌坊，是集武术、杂技、舞蹈于一体的造型表演。它以十几人或几十人相叠组合成"立牌坊""立圆塔""竖亭阁""叠荷花""观音坐殿""莲台送子"等各种造型，每个造型都有三至五层，底层都是力大粗壮汉子扮成十八罗汉，顶层是孩童，化妆成各种戏剧人物，天真可爱。表演让人惊心动魄，拍手叫绝。

　　4. 游案：村里胡公会定八月十一日，召集各种娱神队伍，后面跟着迎胡公人员队伍。由本村出发，队伍按规定经过有关村落，并均要进行罗汉班武术表演后才归案。

　　5. 上方岩：旧历八月十三日进行送胡公上方岩换香火活动。各种罗汉队、文艺队与参加者在凌晨到胡库山岗会齐出发，上方岩路经的村落，均要进行罗汉武术与文艺表演，然后迎案上方岩胡公殿，降神者进行换香火，罗汉班与文艺队伍在胡公前后殿跳三圈，下午迎罗汉队伍回转在古山打回头案。然后胡公归殿，罗汉散班。

坐唱班

据记载，清光绪间，厚唐村西堂人吴崇苍（唱正生）、吴蕃叶（唱大面）、吴天生为主，结合雅兆吴青钱（唱旦角），王家里吴绍贞等人组成坐唱班，由吴绍贞任鼓板手，吴崇苍、吴天生为正副吹，其余为锣鼓堂，他们边敲奏器乐，边分唱各种角色，热闹得如同演戏。

他们演唱的节目除《闹台场》《天官八仙》外，传统戏曲片段有《百寿图》《五代荣》《苏秦出考》《闻太师回朝》等数十个剧目。村中或邻村每逢婚娶、贺寿喜庆即被邀演出。每逢大年春节及元宵节间，在各房厅堂、先间神像前演唱，增加年节喜庆气氛，并收取利市红包。

厚唐坐唱班组织健全，演唱剧目多，在正月到三月的农闲期间，还前往缙云、武义、宣平，甚至前往福建等地去卖艺演出，是一个民间娱乐活动的重要团组。

坐唱班的演唱一直持续到民国前期。由于是西堂人为首组织，其房孙多学会敲锣、打鼓者，凡村内农历八月拜胡公、上方岩、兴罗汉，西堂一班子弟常是锣鼓队的组成者。

小唱班

据说民国三十年（1941）初，本村下半村以吴启亮、吴良护为首，为配合常迎胡公罗汉的需要，结集一批文娱爱好者，新组成厚唐小唱班。其乐器、角色分配如下：

人　员	吴启亮	吴章七	吴宗谱	吴茂梓	吴章子	吴金发	吴观星
乐　器	正吹	正吹丝弦	鼓板	大小锣	副吹	二胡	京胡
角　色	杂角	生角	丑角	旦角	旦角	杂角	杂角

班子组成后，教习地点设下路塘边胡启亮家，延请前陈名师陈乌牛先生前来教唱，陈先生年长，他乐器件件精，唱诸角色声色逼真，是技艺超群的名师。在他的教导下，唱班不久即能演出《闹台场》《庆八仙》，还有剧目《东吴招亲》《薛葵出山》《曹恩出考》等。农历八月迎罗汉时，他们随罗汉班游案，分别在经过的各个村里演唱过。

后来敲唱班人员为逃避壮丁而分散。因这班人有了演奏技术，为解放后创办厚唐剧团打下有力基础。

莲花队

讨饭莲花：设讨饭头一人，讨饭公、婆各一人，讨饭伙伴偶数十多人，装扮成讨饭样，手执竹戒，由讨饭头演唱莲花调词句（词句多临场编唱），接着讨饭伙伴齐唱和句哼词。边走边团成阵子，讨饭公、婆即表演逗乐言行，往往吸引众多观众。旧时均由男人扮演，多为农历八月十三送胡公上方岩换香火时组织。解放后莲花队曾由穿着美观的妇女扮演，也作游行宣传的文体队伍。

十字莲花：领头一人，偶数伴唱十至二十人，穿着整齐，肩背各式器具，手执竹戒结队游唱。解放后十字莲花多由妇女扮唱，她们穿着华美，戴凉帽、眼镜，手提瓷壶、执竹戒。后坑底、厚唐两村均有妇女扮演。

三十六行

三十六行是依据"三十六行，行行出状元"的谚语演绎而来的团体化妆游行表演，反映对各行业敬重，游手好闲不愿从业以致衣食无着者，让人耻笑。表演无音乐伴奏。组队由来已久，民间多做迎胡公的娱神活动，队伍由头旗为先导。三十六行由打大锣的男领头讹成懒头，后跟随背犁、荷锄和五匠及三教九流的各类人物，如大客商、僧尼、孕妇、洗娘等，戏剧人物有武松、两十、玉堂春、王公子、官员、衙役等，更有逗乐人物讨饭公、婆等，总共36人。他们团阵、取乐、吸引观众，热闹非凡。旧时由男人扮演，解放后的80、90年代娱神时，厚唐几次由男、女（主要是妇女）组队扮演，十分逗人喜欢。

大面姑娘

由十八个头戴姑娘面具、衣裙服装统一、手执荷扇、花巾者摆扭集结成队伍。有两位头戴帽碗面具、手执大烟筒的"朝敬公"表演逗乐动作，计20人组成大面姑娘队。绕场团阵表演多姿多趣，很受人们欢迎。旧时供作迎胡公的娱神活动，解放后也供作庆祝游行时一支宣传队伍。1994年娱神时，厚唐弄、黄唐坑村群众又集资办起大面姑娘和服装道具，并组织活动。

学习节目

扭秧歌：是解放初期从北方引进的文体活动，男女老幼均可参加的活动。在《秧歌调》"5̲6̲ 5̲6̲ | 1̲6̲ 1 | 5̲1̲ 6̲5̲ | 3̲2̲ 3 |……"的吹拉下，配上锣鼓"咚咚 | 锵咚锵 |……"的乐声，秧歌队摆动双手，前进三步退踏一步的舞姿进行团阵，表演出多种队形的活动。当时村内十分盛行，也曾参与迎胡公打罗汉队伍的活动。

打莲湘：俗称打铜钱棍，解放初引进。道具是取竹木棍两头凿空，系串上多

枚铜钱，敲拍时使之可发声。莲湘队多由十至数十名（偶数）女性组成，拍打各种莲湘节拍动作，进行团阵变化队形进行表演。盛行解放初，90年代初，也曾有莲湘队的组织活动，并参与过拜胡公娱神活动。

打腰鼓：腰鼓分为男、女两组，分别以两种不同服装，腰系长形腰鼓。双手各执鼓箸，按"咚 咚叭｜咚 咚叭｜……"等节拍打击动作，进行团阵、分队、列队等队形，间以多种打鼓方式。村里多次置办腰鼓，进行表演，也曾参加拜胡公文体活动队伍（以上几项学习节目解放初引进，当时均由厚唐小学吴岩图老师教练）。

五、厚唐人信奉胡公的传统根源

厚唐胡公会组织是永康等地千百个胡公会组织中的一个，它的信奉活动风俗有与一般相同的，如上方岩拜胡公前，必须斋戒三天，全身要洗清洁，里外全然换穿上新衣服，一路上不能讲坏话，只能讲好话、吉利的话，心里虔诚，要会念胡公经，求拜许愿、求签诗要三跪三拜，并要敬香、上烛、烧经纸等。但有的活动却有自己的独特之处。厚唐胡公会，它不仅是厚唐村的组织，也是周围邻村的共同组织。厚唐村并不大，也不算小，然而与邻近的古山镇相比实是身单力薄。由于在历史上厚唐人有过与古山人争坟基地失败的教训，厚唐村人为今后保全自身利益不再受侵害，势必祈求胡公保佑，并加强同周围邻村人的团结，取得邻村人的帮助，才能与众多的古山人抗争；因而厚唐弄人利用胡公会组织通过其信奉胡公的活动，加强了周围各村人的感情联络，还提亲牵线以派溪镇胡公会为支援后盾。厚唐村人信奉胡公神，除了有共同信仰原因外，还受其自身历史和地理环境的制约。解放后则不同，厚唐村行政归属几经变化，不再归属于游仙乡，而从1958年起归属于古山公社、古山镇。党与政府加强了两地人的思想工作，如今冤家变成了亲家，不必再加以防范。厚唐弄人过去那种"有女不嫁古山人，游案不在古山停"的旧风俗自然也得到破除，取而代之的是"有女要嫁古山人，游案要在古山停"的新风俗。

厚唐村胡公会组织在解放后曾一度解体，胡公会活动也停顿过。奇怪的是在"文革"期间厚唐村唯独胡公殿没有遭到破坏，还保存着。现在，胡公会这个民间组织在厚唐村重新得到建立，其信奉胡公活动之风又得到了盛行。虽然胡公会组织已无山田所有，但村里百姓却自觉自愿捐钱资助胡公会的活动。论其原因，

厚唐弄人对胡公的尊重和信服有着传统的民俗信仰根源，从村上胡公殿里书写的对联："永剩丹心照古今，犹留正气参天地""除一方百姓丁册，享五福万古香烛"，可以看出胡公是个有德有功之神，非属一般神佛，值得厚唐弄人的崇敬，而且他们依据自身的长期社会实践，特定的文化心理特征，认定了胡公之神能"佑我黎民"。尽管今天的厚唐弄人在改革开放政策指引下经过艰苦创业，改变了全村贫穷的面貌，多数农户发了财盖了新房，吃穿不用愁了；然而人们还希冀再降五福于全村全家，永保康乐与安宁。至于对唯心与唯物论的认识，普通百姓当然有一个较长的过程。对民俗学者来说是在于如何引导，信奉观念是复杂的，不是在科学发达的国家里照旧存在着对天主教的信奉吗？

对神的信奉实际是信仰的力量在支配，是人们的世界观、人生观、道德观、宗教观的反映。因为人们的向往与追求无止境，总企图世界上的万事万物向着有利于自身方向发展，总想借助或利用一切主宰世界，以期达到消灾、除病、健康、平安、欢乐、幸福。

附录：

《胡公经》

南无佛说胡公经，胡公出生在永康（缙云），胡公分身胡库村（胡塔地），双双父母上天庭。胡公八月十三生，生下胡公一个人。三周四岁离娘身，五周六岁聪明人，七周八岁把书读，胡公十三进黉门。十九便来举人中，廿八进士就在身，即娶王氏夫人配，王氏不得结为婚。胡公想想恼无魂，再娶杨氏结为婚，结为夫妻三年春，胡公看看两个人，杨氏即叫去访亲。再访钱氏三夫人，钱氏夫人无父母，原是仙女下凡尘，结为婚姻三年春，生下公子两个人。胡公湖广去坐任，玉皇大帝主雨灾，七日落雨落不退，多少人民受水灾。胡公看看恼无魂，回衙即便出榜文，榜文贴出散饥民，散落饥民便太平。胡公坐任三年满，办计河南去坐任，大荒大旱无收成，百姓百草都吃尽，胡公朝天一本奏，讨落田养救凡人。河南坐任三年满，再传杭州去坐任，杭州坐任三年春，望望百姓哭淋淋，肩背竹筒头包巾，垦垦稻脚掰稻虫。胡公朝天一本奏，讨落田鸡收稻虫。可恨百姓无道理，田鸡捉来作荤菜。田鸡告状哭纷纷，胡公想想恼无魂，两位夫人开言说，看看百姓狠良心，劝你田鸡不可吃，吃落田鸡罪不轻。胡公吃素去修行，千年香火万年灵。外国造反乱纷纷，胡公接去坐龙庭，坐落龙庭便太平，士农工商

都欢迎。接来三个真夫人，同享荣华受皇恩。胡公想想浙闽人，两省丁口都开成，男人对粮一钱银，女人对粮要三分，年年对粮犹自可，三丁抽一罪过人。钱氏夫人插玉簪，玉簪大来如山高，文武百姓走不过，满朝文武乱纷纷，胡公快刀锉玉簪，血流满地恼无魂。胡公即便上朝奏，奏上玉皇得知闻，浙闽两省丁口册，烧起灰尘止血门。万岁则准胡公奏，止落血门便太平，夫人即便拔玉簪，拔起玉簪去半根。免去两省丁口册，老老少少便报恩。胡公嬉到方岩山，活龙口里好安心，两位夫人得黄干，得条大路上天门，一眼望去阔洋洋，胡公想想有主张，前殿塑起观音坐，佛母生发旺子孙。狮子口里胡公坐，铜丝扎骨坐龙庭，坐落方岩便太平。千年香火万年灵，浙闽两省众百姓，老老少少来报恩。七里龙来送水兵，送来潮水哗哗声，胡公回头谢水兵，潮水退转便太平。有人敬我胡公经，代代儿孙福不轻，有人念我胡公经，福禄寿禧降门庭。（抄录于厚唐陈原芬家藏经书）

要旨

厚唐村独特の胡公会組織 とその信奉活動

呉　剛　戟

　胡公は中国の南方の地方神であり、その塑像と廟は、金華市永康県方岩山頂の洞窟内に置かれたのを始めとする。胡公とは、その名前を胡則と言う北宋朝の名臣で、実在した伝奇的人物である。47年間の在任中、善く民情をくみ善政を布いて、有徳の士とされ国家に功をたてたので、死後神として祀られるようになった。

　厚唐村は金華市永康県にあり、県城の東22.5キロメートル、仙霞嶺山系の獅子嶺と虎頭山の突き当たる所に位置している。厚唐村民は胡公大帝を特別に崇拝しており、古くから村内に胡公殿を建設し、美しい胡公龍庭を造り、礼拝する。

　厚唐村の胡公会組織は、明の万暦年間に組織され、他の永康県内の胡公会組織にはない独自の特色、特権を持っている。すなわち8月13日方岩に上り胡公を礼拝するとき、優先的に換香火の儀礼をする。これは明代の朝官が寄贈した金の両面銅鑼と鉄砲3丁があり、皇室の保護もあったために、胡公を祀る風俗が他と異なっているからであり、厚唐村の胡公会組織ははっきりした特色を持っている。

　厚唐村においては、胡公を祀る信奉活動は比較的長時間にわたり、内容も多種多彩である。毎年農暦7月半ばから8月半ばまで屢々大規模な多種多彩の信奉活動が行われる。そのほか、祝日や葬祭時にはいつも各戸でいろいろな膜拝をする。全村での信奉活動について述べれば、7月は準備活動期間で、8月1日から正式の活動にはいり、盛大な祝日は8月15日の中秋節まで続く。主な活動は①胡公劇の上演、②"迎案打羅漢"、③方岩に上っての"換香火"等であ

る。善男善女が線香をあげて跪拝し、〈胡公経〉を唱える他、民間武術と民間演劇が行われる。出し物は、迎胡公打羅漢遊案公演や、合唱隊の坐唱、劇団の公演、舞獅子、蓮花隊・三十六行・大面姑娘団の練り、秧歌队と腰鼓队の演技等である。

　厚唐村民の胡公に対する信仰心は長い歴史的起源を持つ。それは村の歴史的地理的環境条件と関係している。なぜなら人間にとっては、仕事の発展と美しく幸福な生活とが精神的信仰の支柱であり、ここの村民は守り神である胡公大帝が、目標を達成するのを助けてくれることを希求しているからである。

Ⅳ 民俗知识与口头传承

IV　民俗知識と言語伝承

風水知識と民俗
— 温州地区の事例と考察—

渡邊　欣雄

I. はじめに：調査地

　本稿は、主として平成4年度および平成7年度の文部省科研費補助金（国際学術研究）「環シナ海（東海）農耕文化の民俗学的研究」（福田アジオ代表）による実態調査にもとづく研究報告だが、平成10年度に行われた補充調査に参加できなかったので、平成5年度に実施した国際交流基金（フェローシップ事業）「中国漢族の民間風水と民俗宗教の研究」による実態調査にもとづく成果をも加えて報告するものである。

　中国古代から幾多の変遷を経てこんにちに伝えられている、一定の知識体系をもった風水思想。かつて中国では多くの風水思想家を輩出してきたが[1]、いまやその知識は完全に民間の生活知識として維持され、なお子々孫々に受け継がれようとしている。現代中国でこんにちなお維持され役立てられている風水知識や民俗とは、いったいどのようなものなのか。社会人類学や民俗学研究のなかで、いまだ十分に調査研究されていないその実態について、中国浙江省温州地区の諸村の調査事例をあげつつここに分析を試みる。

　調査地と調査年は以下のとおり。温州地区南部の瑞安市梅頭鎮東谿村（1992年調査）、蒼南県橋墩鎮碗窯村（1992年調査）、蒼南県莒渓鎮田項村（1992年調査）、温州市区郊外の温州市甌海区沢雅鎮呉坑村（1992年調査）、温州市甌海区永昌堡（1993年調査）、温州市内（1993年調査）、温州市甌海区沢雅鎮西

---

[1]　王玉徳 1991：71〜111

岸郷黄坑村（1996年調査）、温州市甌海区沢雅鎮周岙村周岙上村（1996年〜97年調査）、温州地区北部の永嘉県花坦村（1992年調査）、永嘉県廊下村（1992年、97年調査）、永嘉県芙蓉村（1993年調査）、永嘉県蒼坡村（1993年調査）、永嘉県巽宅鎮小渓村（1996年調査）、永嘉県東皋郷蓬渓村（1996年調査）。あわせて14カ村である[①]。

Ⅱ．風水と吉凶観

　「風水」とはがんらい中国に発し東アジアその他にも及んだ独特の自然観をいうが、風水はたんに客体としての自然にとどまらず、自然環境の善し悪しが人びとの生活の吉凶に及ぶとする、人為と一体になった自然観よりなるものである[②]。したがって自然条件には「善し悪し」（吉凶）があり、人間にとって好条件の風水は人びとに利益をもたらし、悪条件の風水は人びとに不幸を招来するという因果認識のもとに成り立っている。それでは人びとは、好条件の風水、悪条件の風水それぞれが、どのような結果をもたらすと考えているのか、はじめにその例から紹介してみたい。

1. 事例

　まずは東谿村で聞いた例だが、風水が良いと「官財・長寿・丁多となる」というのである。すなわち第一に、風水の好い村落や家庭は「財運が良くなり官が良く輩出する」という。第二に、風水の好い村落や家庭の人びとは「長寿」になるといい、第三に「丁多」、つまりは男子が多く生まれるのだという。蓬渓村でもほぼ同様の例を聞くことができた。すなわち風水が好いと第一に、人口が「旺」になる、すなわち多くなり、財産が「旺」になる、すなわち増大し、官僚になる者が「旺」になる、すなわち増加して、そして人びとはみな長寿になるという。

　風水の好い影響をより具体的に述べる例も多く、たとえば花坦村には一族の分支である第三・第四の房がある。大房（長房）は羅坑村にあり二房は古廟口

---

　① 調査地のうち廊下村についても詳しい調査を実施したが資料整理が十分でなく、事例をあげることができなかった。なお温州市内および永昌堡の事例に関しては、すでに一部報告済みである［渡邊欣雄 1996a：33〜39、ほか］

　② 渡邊欣雄 1997：21

村にあるが、房を分けてから花垣村に移住して現在まで10代以上経っている。この間、花垣村では4人が官位に着いた経験があるという。これほど一族のなかから官位に着く者が輩出したのは、「この村の祠堂の風水が良かったからだ」とされる。この村には風水に関わる伝説もあり、「朱姓には任官した者が多いが、土地が山青水秀（山紫水明）の地だったからだった。花垣村の風水を良くする龍頭岩が、以前は道辺にまで伸びていた。ある日、官の奥方が輿で通りかかろうとしたところ、それがじゃまで前に進めなくなり、そこで龍頭岩を打ち砕いてしまった。するとたちまち河の水は紅に変色し、龍頭から血が七日七夜流れ出て、それ以後風水は悪くなってしまった」とされる。

逆に風水が悪いとどのような結果になるのか。黄坑村では「①男子が生まれない、②子供ができない、③貧乏になる、④病気にかかる、⑤死亡する」という5つの例をあげてくれた。周岙上村でもほぼ同様の例として、「①病気になる、②家族が不仲になる、③家族が貧乏になる」という3例をあげてくれている。

2. 考察

人びとが風水の効果についてどのように考えているのか、ここ数年中国各地を調査してみると、考え方はほぼどの地域でも似たような例が聞かれる。風水の好影響として、わたくしはすでに「福・禄・寿」という要素をあげてきたが①、いずれの地域でも「福」（人丁興旺＝子孫［男子］繁栄）、「禄」（禄位光隆＝財産増大、逸材輩出）、「寿」（長寿延命＝長寿）におおかた適う例をあげようとする。これらの理想は、なにも風水の効果のみによって獲得されるものではない。ひろく民俗宗教のなかで唱えられている理想でもあり、人びとの信仰目的でさえある②。と同時に、風水の悪条件による効果も、民俗宗教のなかの不幸の条件と同じである。「男子が生まれない、子供ができない、家族が不仲になる」とは「福」の実現につながらないことを表しており、「貧乏になる」とは「禄」の逆であり、「病気にかかる、死亡する」などの例は、「寿」の逆を表している。こうした不幸が発生したときに、人びとはその原因

---

① 渡邊欣雄 1990：各所
② 渡邊欣雄 1991、1998

をつきとめ、災いの発生を防ぐべく風水師に判断を仰ごうとするのである。あるいはいま獲得できた幸福が不幸に転じないように、風水師に判断を依頼することも行われてきた。

　それでは、人びとに、不幸が生じたとき依頼する相手としての風水師は、現在この地域にいるのかいないのか。風水師の有無を含めて、一般の人びとの風水知識や風水師とその他の職能者などの関係の現在状況について、つぎに報告してみたい。

Ⅲ. 風水師の有無と風水知識

　中国では改革開放政策施行ののち、風水師の存在は政府に黙認されるようになった。この地域一帯もまた、決して例外ではない。ここにいう「黙認」とは、依然中国では国是として風水判断は是認されていないが、「文革」時代やそれ以前のさまざまな迷信撲滅運動の盛んな時期のように、風水師や風水判断者であることによって投獄されたり羅盤や風水書を没収されたりするような、風水判断の禁止やさまざまな人権迫害を受けなくなったということである[①]。このような状況下、この地域一帯の風水師および一般の人びとの風水知識はいかなるものなのか、まずは現在状況を以下に素描することにする。

1. 事例

　わたくしの調べた温州地区において、呉坑村、黄坑村、小渓村には現在風水師はいないという情報を得た。しかしこれは、全体としてわずかな村落でしかない。それらの村落の多くはかつて風水師が活動しており、一般に「現在よりも風水判断は盛んに行われていた」とされている。たとえば黄坑村には、かつて風水師がいたという。「風水先生は、いまはこの村落にもこの付近にもいないが、昔はいた。引っ越ししてしまったのである。風水先生のことを、ここでは読字先生 dad zu si se といっていた。占いをする人であり字を当てる人のことだった。したがって読字先生とは、風水先生そのものを指す名ではない。陽陰先生 yang yii sie se［文語では陰陽先生］ともいっていた」という。政府が風水師の活動を「黙認」している状態だから、多くの村落に風水師もしくは風水知

[①]　渡邊欣雄 1995：193

識人がいまだ少ないのかというと決してそうではない。現在風水師がいなくとも、たとえば小渓村のように風水師は付近の村落にいて、風水判断を依頼されているという村落も存外多い。小渓村のある老人の話はこうである。

「現在風水師はこの村にいないが踏碓基という村にいて、名前を李瞬民（仮名）という。風水師のことを陽陰先生 yang－gye si se と称するが、かれに墓を造るとき家を建てるとき、双方の大修理をするときに看てもらっている。道路補修など公共事業に属する風水はみない。風水は坐北朝南がよいとされ、地形の良さより方位の良さが重要だ」。

小渓村は風水師の活躍する範域の村落なのである。これら風水師のいない村落とはちがって、わたくしが調査した多くの村落には、なお風水師が活躍していた。たとえば花坦村では風水師がいて、だから「風水については村の人びとは皆知っている」という。「ここでは風水先生のことを陽陰先生 yang yi si se という。家を建てるとき、地鬼を最も恐れる。道士に頼んで地鬼を払ってもらうが、そのとき梧楓樹の牌を魔除けに用いる。この牌は四角の柱状になっていて四面には符が描かれている。家の基礎としてそれを打つとき、位置を陽陰先生に指定してもらうのである。地鬼を払ったあと、紅の布を掛け吉の印とする」という。同じ花坦村の他の家でも以下のように言う。

「温州方言では『碗』と『穏』とは同じ発音だ。だから家の礎石の下地面には、家の『穏』（平安）を得るため『碗』を埋める。陽陰先生が土地の好位置を選び、そのあと道士がよい護符を探してくれる。その護符が鬼を払う。また護符は家屋の中心線の基点になっている。手順としては、まず陽陰先生が建物の位置を選んだあと、道士が護符を地に立てるのである。これを『吃土』という。そして宝碗を柱の地下に埋める。建物はその結果、風水が良くなると同時に、鬼が払われるので清潔・平安になる」。

風水師は現代中国では少数なのではないか、というわれわれの予測に反する話も聞くことができる。たとえば周岙上村では、「この付近には、各村に1人ずつくらい風水先生がいて、この村にも1人いる。ここでは風水先生のことを陽陰先生 yang yii si se とよんでいる。風水先生 hong su si se とあまり言わない。墓造り、家造り、台所設置や修理のとき看てもらう。道路修理のときなどはみない。地形判断より方位が重要だが、日射によいから方位としては坐西北

朝東南が最も良いとされる」という。

　温州市内でも「現在でも玉環県には風水師がいて、ひそかに風水を看ている。むかしは風水判断が盛んに行われていた」との話を聞いたが、しかし現在、風水師の活動が「ひそかに」行なわれているとはかぎらない。たとえば東谿村にはその村の風水師として知られる姜良申（仮名）という人物がおり、調査当時80歳でなお活躍中だった。かれの父親も風水師であり、いまは自分の甥に風水知識を伝えているという。かれにはいま、ほかに3人の学生がいる。風水先生はもう1人、93歳の老人がこの村にいて、この村には2人の風水師がいることになる。

　永昌堡の王永昌（仮名）は、自称「地理師」（一般に「陽陰先生」と呼ぶ）であり、周易も学んでおり暦も執筆している者だが、同時に宗祠の管理人であり総責任者でもある。蒼披村にも1人の風水師がいる。風水先生のことを「風水先生 fu su shi sek」という。24歳のころから風水を看はじめて今年で48歳になるから、24年間風水を看てきたことになる。羅盤をもっているが、風水判断で身を立てているのではなく雑貨商を営んでいる。蓬渓村にも風水師がいる。専業ではなく農業を営む傍ら風水を看ている者で、謝興信（仮名）という。風水師をここでは陽陰先生 yang yie si se というのが常だが、風水先生 hung shu si se とも称する。地理先生とはいわないようである。人に頼まれるときに

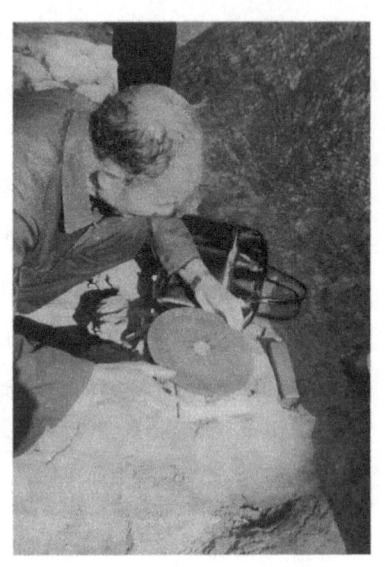

写真1　風水師（陽陰先生）が羅盤を用いて方向を測っているところ

風水をみるが、墓を造るとき、家を建てるときに看る。道路の風水は看ないという。その風水師がいうには、「羅盤の看法は父の兄弟から習った。わたしで2代目だが後輩はいない。わたしはこれまで30年、風水を看てきた。「文革」時にはこっそりとみてきたが、改革開放以後、求めに応じて再開するようになった。　もらう鑑定料は一定していない。風水判断は、どちらかといえば地形を中心に判断している。だから家が北向きであってもかまわない」という。

こうしてかなりの村落に風水師が活躍している状況を知ることができたが、村の人びとのすべてが風水判断を是認しているわけではないこと、その点も1例を加えて知っておきたい。おなじ蓬渓村で、ある老人はこのようにいう。「風水をいま信じているのは老人だけである。風水は迷信だ。なぜなら解放後、風水の目標である『旺』（生活向上）と『財』（経済向上）を実現できなかったからである。だからいまは風水を信じていない」。わたくしはこの老人にこう問いただす。「ではこの村の案内書に出ているように、『蓬渓村は風水宝地だ』というのはうそなのか」と。「うそだ」という答えを期待していたわたくしに対し、答えは意外だった。「それは本当だ。明堂をmen doといい、案山をyu saという」と、この老人はいう。現在の人びとの複雑な心境がよくわかる。

　風水を「迷信」だと考える人びとは、むろん少なくない。どれほどの風水肯定率かアンケート調査さえない中国にあって[①]、人びとの風水判断に対する知識の特徴を把握するのはすこぶる難しい。ただし目下、このように言えるのではなかろうか。政府が唱えるように「現代中国にとって風水はたしかに迷信だが、その風水効果が完全に否定できるわけではない」。かように考えることが、日本人とは異なった中国人の一般的特徴といえるのではなかろうか。

2. 考察

　「文革」の反省から改革開放時代を経て風水師の活動がようやく黙認されるようになったとはいえ、中国の台湾・香港、韓国などと比べて活動になお限度のあることは事実である。にもかかわらずわたくしの訪問できた村落では、自称・他称を問わず、こんにち風水師の数がいたって多かったことに驚かされる。

　この地方では、風水師のことを「風水先生」と呼ぶ地域も若干あるが、最も多いのは「陽陰先生」（陰陽師）という呼び名である。その他「地理師（地理先生）」や「読字先生」などがあった。土地によりさまざまな呼び名で呼ばれているここ一帯の風水師には、専業者は皆無である。かりに風水専業者がいたとしても、風水判断だけを専業とする者は中国全土でも皆無に等しいであろう。ここにいう風水専業者とは、さまざまな呼び名で「風水師」と呼ばれてい

---

　① 渡邊欣雄 1996b：3

ながら、その実、相性（八字）も見たり暦の吉凶判断を行ったりしている占い専業者をいう。この地域では、かような風水専業者は皆無だが、風水判断以外にも職をもつ兼業者が至って多いことがわかる。たとえば自称「地理師」である永昌堡の風水師は、周易を学び暦も執筆しているが、同時に宗祠の管理人であり総責任者でもあった。蒼披村の風水師は風水判断の経験は長いし羅盤ももっていたが、風水専業で身を立てているわけではなく、主生業は雑貨商だった。蓬渓村にも風水師がいたが、農業兼業者であった。黄坑村にその昔住んでいた風水師は「読字先生」と呼ばれており、風水師そのものではなく占いをする者であり字を当てる者だった。

　このようにいわゆる風水師は、実際にはその他の職業を兼ねている者であり、また判断の方法も対象も人ごとに異なると称してよい。ただし事例をみるかぎり、風水師が依頼を受けて判断するその対象には共通するものがある。それは家を建てるときや修築するとき、あるいは台所など家屋の一部を増改築するとき、そして墓を造るときや修造するときに風水師に看てもらうということである。ことに家屋を建てるときには、道士もまた建築儀礼に欠かせない職能者だが、花坦村の例でわかるように風水師との分業が行われている。家の基礎として護符を打つとき位置を風水師が指定し、その後道士が地鬼を払うのである。温州方言では『碗』と『穏』とは同じ発音である。だから家の礎石の下地面には、家の『穏』を得るため『碗』を埋めるのである。陽陰先生が土地の好位置を選び、そのあと道士がよい護符を探してくれる。その結果、家屋の風水が良くなると同時に、道士が鬼を払うので、家が清潔・平安になるというわけである。

　風水師には、誰でもなれるわけではない。また蒼披村や蓬渓村の風水師のように、その知識の修得には長い歳月を要する。その風水知識を蓬渓村の風水師は父の兄弟から習い、東谿村の風水師は父親から知識を伝授され、いまは自分の甥に知識を伝えているといい、学生は3人もいるという。その他の地域でも風水知識の伝授は、意外に世襲によることが多い。風水判断はいわば家業にも等しいが、むろん授業料を支払って伝授してもらう方法もある[1]。かくして風

---

[1]　渡邊欣雄 1995：196

水知識は、いまもなお再生産されている。

　伝授されるべき風水判断、その判断には大別して地形判断と方位判断とがある。その違いが微妙に風水師ごとの判断の差になってあらわれている。たとえば小渓村では、風水判断は坐北朝南がよいとされ、地形より方位を重視しているといい、周呑上村でも地形判断より方位が重要だという。日射によいから方位としては坐西北朝東南が最も良いという理由である。逆に蓬渓村の風水師は、風水判断はどちらかというと地形中心の判断なので、あえていえば家が北向きでも良いなどといっている。このように風水判断は三者三様である。ただたとえば地形重視の風水判断と称しても、むろん方位も重要度に変わりはない。要は地形や方位をどのように判断に勘案していくかであり、この判断の差が個人差や風水師の知識の差などにおよぶのである。

　そこで次章以下では、この地域一帯の「地形判断」と「方位判断」の例にかぎって、概括的な事例を提供し考察を行っておきたい。

IV. 風水と地形判断

　風水といえば自然、自然といえばまずは「形勢」。形勢判断には2つあり、大地形と微地形の判断であるが、ここでは一括して、「地形」判断が各村落でどのように考えられているかについて、概括的な報告をすることにする。

1. 事例

　東豁村の風水師は、「[家や墓そして村落も]地形としては、『靠山面水』（山によりかかって水に面する）地形、『背山臨水』（山を背にして水辺に臨む）地形が最も風水が良い」という。すなわち東豁村でいえば「建物の北側に山があり、とくに寿桃山が背後にあるのが最も風水が良い」という。背後に山があるだけではない。周囲の山、あえていうと左右の地形で「山が雌雄対偶になっていると風水がよい」という。東豁村でいうと「山の峰が2つある双馬山がある。その山も好い風水の条件だ」という。話を総合すると、三方が山に囲まれ前面に「水」（池や川）がある地形が、風水上最も良い環境ということになる。

　村落周囲の地形の理想形は、また家屋配置の理想形にもなっている。だから「家屋は前堂を低くし后堂を高くする。また一つの建物は、前方の屋根を長く

伸ばし後ろを短くする。そうすると財運が好転する」という。黄坑村でもほぼ同様に、「前屋が低く後屋が高い場合風水がよい。なぜなら前方が高いと風水がよくないからだ。気の流れが関係している」という。気の流れについては後述しよう。しかし家屋や家屋配置の「前低後高」形は、かならずしも、気の流れにしたがったものだと認識されているわけではない。蓬渓村では、「建物の高低については風水に関係しているが、それは日射の関係だ。龍脈や気の流れによるというわけではない」とする。さらに風水の原則によるわけではないという話も聞かれる。周岙上村では「家屋は前が低くく後ろが高い形がもちろんよい」とされる。しかしそれは「家屋に対する日差しがよいからであって、龍脈や気によるわけではない。南向きは温州では、夏に南風が吹くのでよいが北向きはよくないからだ」という。

　家屋の「前低後高」形は、気候や日射を考慮してのことだとするのも、風水知識とは違った民俗知識の一つである。しかしこの種の説明法では、墓の位置や向きを説明できないし説明することはない。その点が風水知識によるものとの違いである。

　永昌堡の風水師の墓地の地形解釈を紹介しよう。原則は東谿村で聞いた「靠山面水」、「背山臨水」の理想地形と同じであり、さらに気の状態が地形に深く関わっていることがわかる。

　ここ一帯では死後に棺や墓を死者の家族が造るのではなく、生前に自分で棺や墓を造るのが一般的だ。金持ちなら、自分で棺を作り風水師に看てもらって墓を造ることもできるが、貧乏人はすぐに墓を造れるほどの財力がなかった。だから多くの人びとは死後、死体を棺に入れてそのままにしておいた。解放前までは『拾骨』（第二次葬）の習慣があった。人が死ぬと館の后堂に棺を置き、次の人が死ぬまでに墓を完成させるのが常だった。次の人が死ぬと、また后堂に棺を置くのである。その時点でも墓を造る金がないときは、藁小屋を造って死体を仮安置した。その後拾骨して墓を造るのだが、墓を造るには金が相当必要だった。ようやく墓が造れるようになっても、風水師を頼めるような金がなかった。そのときは仕方なしに、適当に自分で方向を測って墓を造ったものである。さて墓地風水の判断だが、方位より地形判断が重要だ。墓のうしろの地形を看て、まず龍（気）の生死を看る。『死龍』（流れていない気）では

だめだ。墓は『活龍』（流れている気）の地形上に造る。つぎに墓前面の地形を看る。前面に平地が開けていればよいが、なにか『対案』になるものがあるともっとよい。『対案』とは、墓前面にある丘のような障害物だ。『対案』のあるべき位置は、年齢序列によって異なっている。ぞくに『左首大房・四房、右首二房・五房、中前三房・六房』という。つまり長男（大房）と四男（四房）にとっては左にモノがあり、次男（二房）と五男（五房）にとっては右にモノがあるとよい。つまり死者との続柄の違いによって、『対案』の位置の良さが異なるのだ。墓の形は、地形＝龍の形によって良さが違うので、だからここ一帯に多く見られる椅子状の墳墓＝『椅子墳』が良いとはかぎらない。墓を造るには、最初に棺を入れるための砥（『泥墩』という）を造り、のちに墓の形を造る。墓型は『椅子墳』が最も多いが、それは死者にとって気持ちの良い墓型だからだ。墓のうしろにある後円を『交椅圏』というが、それも死者の気持ちを良くするための設備だ。石棺墓は、死体が腐敗しやすいように底が土のままになっている。早く死体が腐敗すると、子孫に繁栄をもたらすといわれる。墓は原則として1個人が葬られるが、親子や夫婦で埋葬された墓もある。世代が違うと墓口の段を区別するか、墓のふたを奥に差し込んで世代を区別するよう工夫している。（以上は、永昌堡の風水師の話）

　地形を見るということは、そこに走っている「龍」すなわち気の流れを読み取ることだという考え方は、花垣村でも聞くことができた。「山脈はすなわち龍である。それには活龍と死龍とがある。活龍を選べば子孫は繁栄する」と。

　一般に家・墓・村落などは、同じ地形条件によって風水の善し悪しが語られることが多い。黄坑村のある話者の話では、みなだいたい同じだといい、周岙上村でも「墳墓と家屋の判断は同じだ。左を青龍、右を白虎という。青龍が良くて白虎は悪いという一般的な観念がある。だから家を建てたとき、地形上、左の山が右より高いのが吉だ」という。しかし風水の原則を良く知る風水師や風水知識人たちは、建造物の種類によって風水判断が違うとする、そんな話も聞かれる。

　同じ黄坑村の別の話者は、「寺は山など地形の向きによって建てるが、家は方位が重要だ」といい、小渓村のある話者も「家屋と墓地の風水判断は違う。風水はそもそも風と水に関係している。墓の立地は、山頂は風が強すぎて凶、

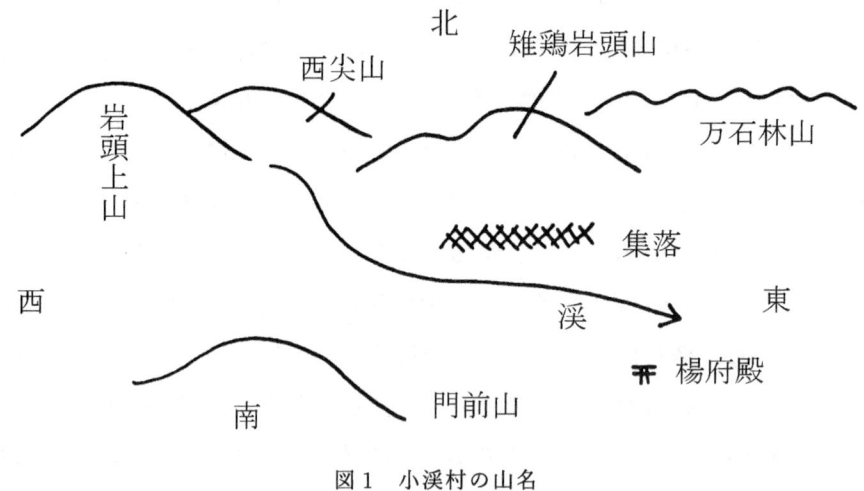

図1　小渓村の山名

また山脚は水に近すぎて水に流されるおそれがあるので凶。だから山の中腹が最もよい。ただ中腹でも、狭い谷底では墓が水に流されるので良くない。だから広い谷の中腹がよい」という。また「寺廟と一般住宅とでも風水判断が異なる」と、小渓村のある話者はいう。

　寺廟は『陰』（神・死者）に属し、宅は『陽』に属する。したがって寺廟は、静かな環境で『水口』にあたるところに造る。『水口』とは川の出入口だ。この地域では廟を『殿』といい、尼僧が造った寺を『寮』という。殿は川尻＝下流の水口にあり、廟神をいま祀っているが、寮川頭＝上流の水口にあるが、いまなにもない。宅は廟前には建てない。また寺廟と民家とでは、立地と環境判断にちがいがある。左を青龍といい、右を白虎という。南を朱雀といい、北を玄武という。位置は羅盤ではなく、山の形によって決めている。選んだ吉地を『井穴』という。対面する山の形が重要で、殿や墳墓は『陰』に属するので、『陽』形の山が前面にある場所に造る。『陽』の地形とは凸地をいい、たとえば山頂である。宅は逆で、対面する地形が凹地でたとえば谷のような地形が良い。つまりは『陰・陽』の調和が重要なのである。

　墓の地形は、前後左右に山のある地形が好ましい。前に朱雀の山、後に玄武の山、左に青龍の山、右に白虎の山がある地形だ。とくに左右の山は、墓を囲むような形がよい。ただし墓の前方は少し広く、朱雀の山から墓が離れていることが重要だ。人間と同じで、視野が狭いと不快になる。視野が広いといって

写真2　小渓村の風水環境

も、前方に崖のある地形はよくない。崖のある地形は子孫が貧乏する。椅子墳の形をした墓は、ここでは『寿桃墳』という。前方の山＝朱雀の山は、墓が立地する玄武の山に比べて高すぎてはよくない。ちなみに太祖墳の地形でみると、朱雀が雉鶏岩頭山で鳳凰形をしていて北にあり、集落が麓に立地している。玄武は門前山で南にある。（以上、小渓村の話者の話）

2. 考察

　東谿村その他で聞くことができた「靠山面水」、「背山臨水」などの地形。その形容はさまざまだが、中国各地でよく聞かれる風水地形の理想形である。話者それぞれの話の内容をみると、「靠山面水」が良いとは言っても加えて左右に山があることが良く、さらに前面にも山があることが良いとされる。それら周囲の地形を語る際、日本人になじみのある「青龍・白虎・朱雀・玄武」の方角、もしくは前後左右の地形条件の善し悪しが語られている。わたくしの調査経験によれば、浙江省一帯では「青龍・白虎」の環境条件に対する観念はかなり一般的だが、「朱雀・玄武」まで条件とする地域はさほど多くはない。一般に「青龍」が高く「白虎」が低いと良いといい、永昌堡のように「前面に平地が開けているのはよいが、なにか『対案』＝丘のような障害物があるとよい」という。また「対案」のあるべき位置の効果が、死者との続柄の違いによって異なるというのだ。かような説明は、かつてわたくしが行った寧波地区調査のおりにも聴取することができた。風水知識には教科書があり風水書がある。人びとの解釈の類似性に、参考とした風水書の類似性があることが予想されるが、わたくしはまだ調べていない。

また小渓村のように周囲の地形の微妙な差を考慮することも、浙江省一帯では決して少なくはない判断の一つである。「墓の地形は、前後左右に山のある地形が好ましい」というのは、他の村落における説明とほぼ同じである。左右の山は、墓を囲むような形が良く、墓前方は少し広く、かつ山が墓から離れていることが重要だといい、前方が崖の地形は良くないとする。「崖の地形は子孫が貧乏する」と説明されるように、このような地形はすでに述べた風水の悪条件に属している。また前方の山は、墓が立地する山に比べて高すぎては良くないとするように、地形の適度な高さが必要だとされる。このような説明もまた、寧波地区をはじめとして、しばしば各地で聞かれる話だった。四方を山に囲まれた「四神相応の地」だけでは、好風水条件が整わないのである。
　またこの地域でも周囲の地形が、家屋や家屋配置の相似形だと考えられていることが少なくないことがわかる。その相似形に関する解釈のなかで、風水知識によらず気候条件から解釈する知識も存在した。人の住む村落と家屋の相似形に対してはまことに合理的な解釈であり相似の理由も納得できるが、それでは人の住まぬ寺廟や墓もまた相似形なのはなぜなのか、その点に関するこの種の知識に解釈法は存在しなかった。地形条件の類似性は、多くの話者によれば墓や寺廟にもおよぶのである。
　地形条件を看る判断で、この地域の特徴の一つは、気の流れを「龍」に譬えて、その龍の生死を判断することだった。永昌堡の風水師は墓のうしろの地形を看て、まず龍（気）の生死を看るといい、墓は「活龍」の地形上に造るべしという。花坦村でも山脈はすなわち龍で、活龍と死龍とがあるといい、活龍を選べば子孫は繁栄するとしていた。かような説明は風水知識人すべての語り口というわけではないが、風水の一般論のなかでは「気」の動きは風水判断の基本に属していて、漢族の文字文化としての風水理論をよく伝えている。「活龍」に乗ずれば、風水目的に適うような「子孫繁栄」が果たせるというのである。
　第二に、建造物の種類によって風水判断が違うとする、そんな話も聞かれたことが特徴である。その違いの第一は、黄坑村のように寺廟は地形により、人の住む家は方位による判断を重視するとする、建造物の種類によって「地形重視」か「方位重視」かを区別する考え方である。これまでの聴取の経験では、概して墓は地形により家は方位によることが多かった。第二に小渓村の説明例

のように、建造物の種類を陰・陽の違いとし、陰・陽の調和を目的として立地を違えるとする考え方である。かような説明を、わたくしは小渓村で初めて聞いた。寺廟や墓は「陰」に属し、宅は「陽」に属する。したがってまず寺廟は、「水口」に造るという。しかし住宅はこのような場所には建てないというのだ。建造物に陰陽があり、地形にも陰陽がある。寺廟が「陰」なら水口は「陽」である。同様にして対面する山の形も重要で、寺廟や墳墓は「陰」なので、「陽」の形の山（凸地）が前面にある場所に造るという。宅は逆で、対面する地形が凹地でたとえば谷のような地形が良い。つまりは「陰・陽」の調和が重要だという。この説明は、まさにかつて李亦園が唱えた「調和と均衡の中国理論」と同じ発想であり[1]、だからこそこのような風水知識は東洋理論の典型に数え上げられうるだろう。

風水はこのように地形判断がまず重要であるが、もう一つの判断である方位判断もまた枢要な位置を占めている。最後に、方位判断の例をいくつか報告することにする。

V. 風水と方位判断

風水思想の歴史のなかで方位判断が重視されたのは地形判断よりも新しく、はじめは日時計同様の測定具＝「土圭」が用いられたが、やがて方位磁石が発明され、「司南（指南）」形式の方位磁石を経て、羅盤（羅針盤）が発明されたとされる[2]。羅盤判断重視の風水判断を「福州法」などというが、いまや福建省にかぎらず各地で羅盤をもとにした方位判断が、中国各地でなされている。ここ温州地区ではどのような方位判断がなされ、どのような方位判断の方法や特徴があるのか、以下に調査事例を紹介する。

1. 事例

方位判断といえば多くの村落では羅盤判断が重要視されている。しかし羅盤の有無にかかわらず、人びとのあいだでは一般に方位の吉凶が観念されており、羅盤はむしろ方位の微調整に用いられることが多い。たとえば東谿村で

---

[1] Li 1992：329～338
[2] 何暁昕 1990：10～17

は、「現在も風水判断はひんぱんに行われているが、その判断とは方位の吉凶である。東西南北、とくに南北の判断が重要なほか八卦もまた重要視されている。南北軸をここでは『子午線』という。だから十二支判断も重要だ。一般に南向きは良いが真南は良くない。建物を東か西にずらすとよい。ただしここでは廟だけが真南に向いている」という。

このような東西南北を中心とした吉凶判断なら、なにも羅盤で方位の吉凶を判断する必要はない。呉坑村でも、「方位は一般に建物は坐西北向東南がよい」という。「坐西北向東南」とは西北を背にして東南に向くという方位であり、この方位認識にも羅盤は必要ないし、原則として羅盤方位とは関係がない。のちにも事例としてしばしば東西南北方位による吉凶判断が出てくるが、この判断は風水師によらず一般人の判断であり、一般的な方位吉凶観と称してよいであろう。

ただし日常、羅盤を用いない一般人もまた、羅盤についておおかた良く知っている。まず羅盤のことを何と呼ぶかといえば、温州市内、永昌堡、および蒼披村などでは一般に「陰陽盤 yin yang pan（北京語）」と称するという。そのほか「羅盤」そのままを方言で呼ぶ地域もあり、黄坑村では「loo bu」と称するという。さらに小渓村、蓬渓村、周岙上村では「界盤 kaa bu」と称するといい、周岙上村では「指南針 tsu nu zun」ともいうという。このように羅盤ひとつ、地域により人により呼び名が異なっている。

羅盤は風水師占有の道具ではないようである。風水師のいない呉坑村では、ある話者によれば「羅盤は自分でもっているし使ってもいる。羅盤を使って判断するときは、十干十二支、八卦、九星、二十八宿、二十四節気全部を用いて判断している。たとえば『九星』の判断なら家は一三六八の九星が良いし、廟なら四八五七の九星が良い。羅盤は、家屋であれば屋敷の中心で測る」という。同様に碗窯村でも、「方位判断には羅盤を用いている。方位を測る場所は家屋の門口だ」という。同じく黄坑村のある話者もまた、「羅盤はもっていて、台所を造るとき家を建てるとき、墳墓を造るときに用いている」という。その黄坑村のある話者は、かなり詳しい方位判断を自分で行っている。

「向きは、まず視野が開けた方向に家や墓を向けるようにする。つまりまずは地形にしたがって向きを決める。つぎに方位を看るが、羅盤で方向を判断す

るときは八卦で看る。普通の家は坐北朝南が最も良いが、真南もありうる。ただし真北～北は良くない。東～南の向きがよい。寺廟なら北向きもある。寺廟は山などの地形の向きによって建てるが、家は方位が重要だ。羅盤で墓の方向を定めるとき、死者の『八字』は考慮しない。八字よりむしろ山との関係が重要である。八字をみるのは、たとえば葬式の時間を判断するときだ。墓を造るとき家を建てるときは、方位を敷地のまんなかで測る。まんなかとは、屋敷を十字に分割した交点であって対角線ではない。全体として風水判断は、地形より方向のほうが重要だ」。この例でも羅盤判断をするとはいいつつ、結局は東西南北による吉凶判断が基礎になっている。わたくしが測ったところ、この家は250°(南偏西)だった。

以下もまたほぼ同様である。周岙上村では、「羅盤判断は主として天干地支、二十四節気で行う。寺廟も家も向きは南～東方向がよい。寺廟と家屋は風水の看法がちがう。神に頼むむ願いを叶えてくれるから、寺廟は山の谷に向かって建てる。なぜだか分からないが、これは昔からの習慣だ。八字と方位とは関係がある。たとえば丁丑年生まれは東向きが良くない。八字をみるときは家族全員の八字をみるし、墳墓なら死者の八字もみる。方位を測る場所は墓ならまんなか、家なら中堂である。ただし、家を建てるときには普通方位はみない。したがって家が北向きになってもよい」という。また小渓村でも、「羅盤は主として八卦でみる。良い方向は、年ごとに変わるから一定していない。たとえば今年は東か西が吉、来年は南か北が吉だ。この村は全体に南偏西に向いている。風水の吉には、『大利』と『小利』とがある。凶は一種で『不利』という。死者の八字は風水判断に関係しないが、子孫の八字が方位判断に関係している。生前に造る墓を『寿墳』というが、生前に墓を造るときは、本人だけではなく妻・子供の八字も考慮する」という。

以上の諸例は、一般の人びとの方位判断でありいわば素人判断だが、それはそれで生活に必要な方位判断になっている。ただし風水師による方位判断となると、上記の諸例とは趣を異にする。永昌堡の風水師に聞いた話は以下のとおりである。

墓も方位判断は重要だが、羅盤を用いて方位を慎重に判断すべきなのは、むしろ人の住む家屋のほうだ。まずは子午線に合わせて羅盤の南北を決める。そ

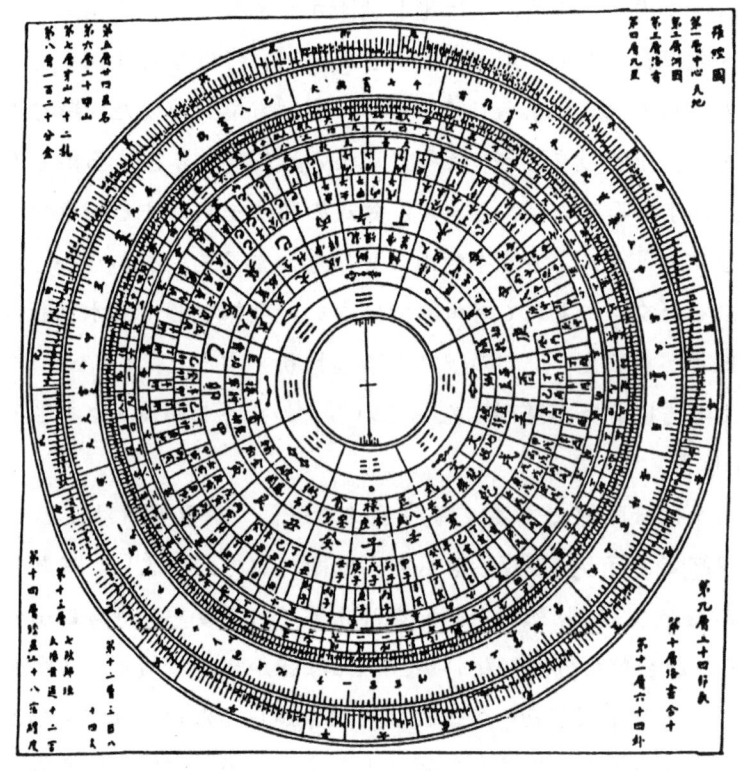

図2　明清期の羅盤。中国で現在用いられている羅盤も、これに類する。
　　［史箴 1992「従辨方正位到指南針：古代堪輿家的偉大歴史貢献」、
　　　王其亨編『風水理論研究』、天津大学出版社、228頁］

うしておいて、羅盤で『坐向』（向き）を決める。たとえばＡ家の向きは、『坐艮向坤』（およそ西南向き）だ。羅盤の盤上最内円から数えて、4番目に『二十四山向』判断の欄がある。それで『坐向』を決めるのである。以下判断は3つある。子午線を『正針』といい、『地』盤に属する。この盤でも吉凶を看る。中心から8番目の目盛りが『人』盤である。さらに中心から10番目の目盛りを『天』盤という。まず『正針』で判断して、この家は『坐艮向坤』と判断できる。この方向は風水書によると、『東南大凶』、『東凶』、『東北小吉』、『北凶』、『南凶』の性質がある。だから大凶の方角には、ゴミやトイレを置くとよい。つぎに『逢針』で吉凶を判断する。この判断は『人盤定水法吉凶』で、とくに水流の吉凶を読むときに用いる。水法判断だけでも48種の判断法がある。たとえば水流判断の例として、『水前面対冲不行、名泪堂水』と

いうのがある。水流が家の前面からやってくるのは、『涙目になる』ので良くないということだ。『左右辺有水道冲不行、冷水冲腰』とは、左右両側に水流があるのは腰に冷水をかけるようなもので、これも良くないということ。『后面有水道冲不行、冷水冲背』とは、家の後ろに水流があるのは背中に冷水をかけるようなもので、これも良くないということである。水は左から右に流れるのがよいし、左から流れるなら2つの部屋が財に富む。右から左に静水が流れるのもよい。その静水は湾曲して流れ、しかも細く小さいのがよいと風水書にある。最後に『中針』で判断する。これは『天盤定天星』といい、二十八宿を読む欄だ。以上は判断の1例にすぎない。方位判断は、『艮坤兼丑未』、『乾巽兼戌辰』などと、かならず2つの方位をみるのが原則だ。つまり『艮坤』の方位を判断したなら、さらに『丑未』の方位も判断する。『屋墳不能立正向』といって、家屋や墳墓は正方位に向けるのを避けねばならない。2つの方位を判断すれば、正方向に家や墓を向けずにすむ。ただし廟は『廟宇可立正向』といって正方位でよろしい。方位はまた『凶星可制化』、『二十八宿分五行』、『五行相剋相生』を考えて測る。一つの方位が良くて、次の方位判断で凶となれば『五行相剋』を考える。『土』の方向で『土』が悪いなら、『木』は『土』に勝つので、木を植えて悪い方位を良くする。『水』の方向で『水』が悪いなら、『水』は『火』に勝つので、たとえば壁を設けて補う。こうした判断が、羅盤による方位判断の特徴だ。（以上、永昌堡の風水師の話）

　風水師の方位判断では、東西南北の判断はほんの一部にすぎないことがわかる。風水師に言わせれば、東西南北だけではとうてい吉凶判断などできるはずがない、ということだ。風水師という専門家の方位判断には、羅盤と風水書にもとづく何種もの判断と手続きが必要であることがわかる。

　蓬渓村でも、すでに述べたように風水師が活躍している。以下は、この村の判断例である。「羅盤は風水師がもっているものだが、銅銭を両側につけた2本の糸で羅盤上の方向を確定する。銅銭には霊気があるので用いるのである。羅盤の判断は主として八卦。真南は民家は凶、皇帝だけ真南に向けることができる」と一般論を述べたあと、墓に赴き実地に判断された例をわたくしに説明してくれた。

　この墓は自分が風水をみて造った墓だ。墓碑には『福山坐乾向巽兼亥巳三

分』と書かれている。つまりこの墓は、基本的に『乾＝西』を背にして『巽＝東』を向いているということだ。しかし真東の方向に向けてはいけないので、『亥巳』にずらして向けている。また『三分』とあるのは、さらに方向の善し悪しを考慮して『三分』方向にずらせるという意味だ。方位の微調整をするには、このように『一分』『二分』『三分』の3種がある。この墓では『三分』ずらせることが最も方位がよかった。なぜなら羅盤の目盛りに紅字の○（大吉）、黒字の○（小吉）、黒字の×（凶）の3種が描かれており、紅字の○に合わせたからだ。これを『分金』というが、分金は3種ある。またこの墓は、入口が左横に設けられている。なぜ左横に入口があるのかというと、風水書に『乾山門開卯巳水放巽甲右到左吉黄泉乙丙辰巳凶』とあったからだ。つまり坐を「乾」とする墳墓は、「卯巳」のほうに放水すると吉であり、また水流が右から左に流れるのを吉とし逆を凶とするからだ。ここにいう『黄泉』とは陰府（冥界）をいい、墳墓のことではない。（以上、蓬渓村の風水師の話）

蓬渓村の風水師の方位判断も永昌堡の風水師のそれと同様、一般人の判断とは比べものにならないほど詳しく、何種にもおよんで方位が判断されていることがわかる。

方位判断の最後に、方位判断もまた建造物の違いによって判断が若干異なるというコメントが得られたことを、あげておこう。呉坑村では「住宅風水と墓地風水とでは向位がちがうだけだが、風水判断は墓地の方がはるかに複雑で住宅は簡単だ」といい、蓬渓村では「家屋と墓地の風水判断は羅盤を用いるなら原則同じ方法だが、ただし場所の条件がちがう。家屋なら広い土地を選び、墓地ならそんな条件は要らない」という。

2. 考察

一言で方位判断とは称しても、地域により人により判断内容が微妙に異なっている。ましてや風水師と一般人とでは、質的相違ともいうべき判断の差が認められる。それは調査前にも予想できたことであり、またこれまでにあげた多くの事例が証明している。ここでは3点を考慮して要約してみたい。すなわち一般人の方位判断の異同、一般人と風水師との知識の異同、そして風水師どおしの判断の異同である。

一般人の方位判断のすべてに共通しているのは、まず東西南北（四方）によ

る吉凶判断であり、羅盤判断の有無にかかわらず共通している点である。方位の基準には、この「四方」方位以外にも、多くの話者があげているように「五行」方位、「八卦」方位、「九星」方位、「十干」方位、「十二支」方位、「二十八宿」方位、「二十四節気」方位などがある。そのうちある者は「八卦」方位を中心に判断するといい、またある者は「主として天干地支、二十四節気」で判断するという。しかし結果は四方位に翻訳されて、「南向きは良いが真南は良くないので建物を東か西にずらす」（東谿村）、「建物は坐西北向東南がよい」（呉坑村）、「家は坐北朝南が最も良いが真南もありうる。ただし真北～北は良くない方角で、東～南の向きがよい。寺廟なら北向きもある」（黄坑村）、「寺廟も家も向きは南～東方向がよい」（周岙上村）、「好い方位は年ごとに違うが、今年は東か西が吉、来年は南か北が吉」（小渓村）などとされるのである。またおおかた好いとされる方向も共通していて、概して真南などは避けるが東～南向きが好まれている。はじめから好い方向が、おおかた決まっているのだ。一般人の方位判断が風水師のそれと大きく異なる点が、まさに羅盤判断以前に「望ましき方位」がおおかた決まっているという点である。

　第二に一般人の方位判断の特徴は、寺廟と家、墓と家の方位判断の違いを指摘した例が少なくないことである。この点は原則として、風水師による判断との差はないといえる。ほかの地域で、寺廟と家とでは、建物そのものに存在する地気の強さの違いがあるからだと説明されたことがある。地形判断までをも含めて、建物による方位判断の差を考慮する地域はひろい。

　そして第三に方位を判断するとき、死者もしくは子孫の「八字」を考慮するという点である。「八字」とは死者や子孫の生年月日時をいい、それを十干十二支の八つの字に配分するからその名が付けられた。方位にも十干十二支があるので、人間の生年月日時（十干十二支）と方位の相性が考慮されるのである。黄坑村では、風水判断には死者の八字は考慮しないが、葬式の時間を判断するときなどに考慮するという。小渓村では、死者の八字ではなく子孫の八字が方位判断に関係するといい、生前に墓を造るとき本人だけではなく妻・子供の八字も考慮するという。ところが周岙上村では、八字は家族全員のをみるし、墳墓なら死者の八字までもみるという。死者・子孫の八字を考慮するのかいなか、子孫だけなのか死者もみるのか、各地各様である。

第四に、方位を測る場所である。呉坑村では方位は家屋なら屋敷の中心で測るといい、黄坑村でもまた墓や家を造るときは、敷地のまんなかで測るという。まんなかとは屋敷を十字に分割した交点であって、対角線ではないという。周吞上村でもほぼ同様に、方位を測る場所は墓ならまんなか、家なら中堂だという。ところが碗窯村では方位を測る場所は家屋の門口だとされる。おおかた方位を測る場所は敷地の中央ということになるが、家屋なら中堂か門口だという。この違いはたいした差ではないと思われる。建物を造る前に測るなら敷地の中央であり、造ったあとは中堂か門口なのである。ただし黄坑村では屋敷を十字に分割した交点であって対角線ではないという点が、ほかの地域との違いでもあり共通点でもある。わたくしはこれまでの調査で、敷地対角線上の交点とする地域と、敷地を十字に分割した交点だという地域の2様あることを知っていた。それぞれの方式によって、方位判断の基準点は微妙に違ってくるはずである。

　風水師による方位判断で一般人の判断と著しく異なるのは、判断の項目であろう。永昌堡と蓬溪村の例でいえば、風水師は少なくとも羅盤上の3つ以上の項目にわたり方位を判断していることがわかる。いちがいに東〜南の向きが良いとは言えないのである。

　永昌堡の風水師は基本的に、羅盤上の「天」「地」「人」の3項の方位を判断している。羅盤上の目盛り（判断項目）は、多いもので36種におよぶ。そのうち3種の項目だけ選んで、方位を判断しているのである。じつに恣意的だが、判断項目の選択にも流派がある。まとめれば以下のようになろう。

　①「正針」＝「地」盤＝最内円から4番目の目盛り＝風水書の『二十四山向』

　②「逢針」＝「人」盤＝最内円から8番目の目盛り＝風水書の『人盤定水法吉凶』

　③「中針」＝「天」盤＝最内円から10番目の目盛り＝風水書の『天盤定天星』

　方位の主たる判断項目は①と③だが、②は水口（水の出入り）判断にかかわっており欠かせない。墓には墓碑に方位判断した証しとして、「艮坤兼丑未」、「乾巽兼戌辰」などと書かれている。それはたとえば「艮坤」の方位を判断したら、さらに「丑未」の方位も判断しておくという意味で、風水師は方位判断の際、最低2方向測っていることになる。2方向測れば、建物は「真

南」に向くことはない。一般の住宅に、「真南」向きの建物がないのもそのためである。一般の人びとは「真南」の方向は良くないとよく言うが、風水師なら、建物が「真南」に向くはずがないと言うだろう。

蓬渓村の風水師による墓の風水判断も、基本は永昌堡のそれと大差はない。墓碑に「福山坐乾向巽兼亥巳三分」とあり、類似している点は「福山坐乾向巽兼亥巳」の箇所、つまり「福山」（墓）を「坐乾向巽」と「亥巳」の、2つの方向で測っている点である。まず基本的方位を羅盤上のある項目で「乾＝西」を背にして「巽＝東」と定め、さらに「亥」（ほぼ北々西）を背にして「巳」（ほぼ南々東）と測っている。ここにいう「兼」とは、もう一つ項目を用いて測ることを表している。異なるのはさらに「三分」と称して、方位の微調整を行っている点である。この微調整を「分金」と称する。風水師のいうところ「分金」は3つしかなく、そのうちいちばん良い方向をさらに測って定めたという。蓬渓村の風水師も永昌堡の風水師と同じように「水口」も測っていることが、「乾山門開卯巳水放巽甲右到左吉黄泉乙丙辰巳凶」でわかる。この場合「水口」は独自に測っており、たんに羅盤上の項目の違いではない。

この2例を見ると、風水師と一般人の方位判断の差は、たんに方位判断項目の多寡のみならず水の出入りをも含めて方位を測っている点であり、方位を判断してどの方位がどのような意味をもつかを知る風水書の知識が、さらに一般人との知識の差を著しくしているように思われる。

VI. おわりに：要約と結論

これまで概括的な報告だが、ひろく風水知識諸般の性質について、事例をあげつつ考察を加えてきた。本稿の内容を以下に要約してみる。

人びとの風水に対する吉凶観、それは漢族の民俗宗教における吉凶観と同類の目的意識にもとづくものだった。すなわち人びとは、「福」（人丁興旺＝子孫［男子］繁栄）、「禄」（禄位光隆＝財産増大、逸材輩出）、「寿」（長寿延命＝長寿）という理想が実現できるよう風水判断に頼り、「福・禄・寿」が実現できない不幸の原因をつきとめ、あるいはそれらの不幸を避けようとして風水判断に頼ってきた。風水師の活動がようやく黙認されるようになった中国で、温州地区には意外と風水師や風水知識人が多かった。風水師が多いとはい

えかれらは決して専業者ではなく、臨時に依頼に応じて風水判断している兼業者だった。かれらは「陽陰先生」、「風水先生」、「読字先生」などと呼ばれ、家や墓の建造時にあるいは修築時に風水を判断していた。とくに家の建造時には、道士との分業も認められた。風水師は多くの場合世襲であり、父や叔父から風水知識を獲得し子供の世代へ伝授しようとしていた。その風水知識には、大別して地形と方位の2種の判断があった。

　まずは地形判断だが、多くの地域で聞くことのできる「靠山面水」、「背山臨水」の地形は、もとよりこの地域でも風水の理想地形と称すべきものだった。それは三方が山、一方が平地の地形だったが、平地を隔ててかなたに山を見る地形こそ「青龍・白虎・朱雀・玄武」に適った地形だった。ただし周囲の地形には多くの条件が付帯しており、微地形の条件に適わぬと「福・禄・寿」の理想は実現できないとされ、また周囲の地形の理想形は家屋や家屋配置にも及んでいた。地形判断の特徴の一つは、地形を「龍」にたとえて、その生死を見極めることだった。「活龍」に乗じなければ、理想生活は実現できないという。第二に、建物の種類によって風水判断が違う例が多かったことである。建物の種類によって地形重視か方位重視かの違いがあり、また建物の種類を陰・陽の違いとし、陰・陽の調和を目的として立地を違えるとする話も聞くことができた。これは「陰陽の調和と均衡の中国理論」の典型とすべき解釈だった。

　つぎに方位判断だが、地域により人により判断内容が微妙に異なっていた。とくに風水師と一般人との、質的相違ともいうべき知識の差が認められた。共通した一般人の方位判断は東西南北による吉凶判断であり、羅盤の有無にかかわらず共通していた点だった。一般人のそれは、真南などは避けるが東～南向きが好まれるというように、はじめから好い方向が決まったものだった。その他一般人の判断の一般的特徴は、寺廟と家、墓と家の方位判断の違いを認識した例が多かったことであり、また方位判断のおり死者や子孫の「八字」を考慮するという点でもあった。方位と人生との相性があるのである。方位測定の場所には2様あり、建物建造前とその後では方位測定の地点が異なっていた。風水師による方位判断と一般人との著しい差は方位判断項目の差であり、風水書の知識への依存度だったと称してよい。風水師は羅盤を用いながら方位を測定し、少なくとも方位を3種以上測定して方位の吉凶を定めようとする点が、一

般人のそれとは著しく異なっていた。第二に風水師は、一般人の念頭になかった「水口」をも方位判断として考慮していたことである。どの方位がどのような意味をもつかを知る風水書の知識が、さらに一般人との知識の差を著しくしているのである。

本稿で報告した人びとの風水知識と民俗に関する内容は、ほんのわずかでしかない。本稿は現代中国の風水に関する人びとの観念を知るいわば序の口にあたっており、より具体的な判断対象をあげれば、人びとの風水知識と民俗の異同はさらに拡大していく。古く中国に発し、周辺東アジアにもおよんだ風水知識。これを信仰の対象とするのでも科学の再発見とするのでもなく、学問の対象とするにはまだ中国本国はほど遠い状況にある。かつて風水知識を国策にも用いた沖縄。日本も類種の知識として尊んだ時代があった。風水研究はかような東アジアの過去の復元研究に有力であるばかりではなく、現代の一般の人びとの生活知識の一端を知るうえでも欠かすことができない。現代東アジアの「科学信仰」も一つのイデオロギーである。現代学問そのものの研究、すなわちわれわれの知識の相対化に対しても、風水研究はなお有力であろうと思われる[1]。

参考文献（アルファベット順）

何曉昕

 1990『風水探源』南京・東南大学出版社

Li, Y.－Y.

 1992 "In Search of Equilibrium and Harmony: On the Basic Value Orientation of Traditional Chinese Peasants," in Nakane, C. & C. Chiao eds. Home Bound: Studies in East Asian Society, Tokyo: The Centre for East Asian Cultural Studies, pp. 127-147

渡邊欣雄

 1990『風水思想と東アジア』京都・人文書院

 1991『漢民族の宗教－社会人類学的研究－』東京・第一書房

 1995「風水の民俗：いまに生きる風水思想」、西澤治彦・瀬川昌久編『アジア読本・中国』東京・河出書房新社、192-199頁

 1996a「大陸中国における風水観念と民俗について」、山折哲雄編『日本文化の深層と沖縄』京都・国際日本文化研究センター、25-44頁

---

[1] 渡邊欣雄 1996c：100

1996b「東アジアの風水意識-グラフによる傾向と差異を知るための覚書-」『東京都立大学人文学報』271号、1-57頁

1996c「東洋理論としての風水思想-社会人類学的研究成果と試論-」『iichiko』38号、99-120頁

1997「思想がはぐくまれる環境認識」『環境の人類誌』（岩波文化人類学講座2巻）、15-40頁

渡邊欣雄（周星訳）

1998『漢族的民俗宗教』天津・天津人民出版社

王玉徳

1991『神秘的風水-伝統相地術研究-』南寧・広西人民出版社

摘要

风水知识与民俗
——温州地区民俗调查实例及探讨

渡边欣雄

风水思想中的凶吉观与汉族民俗宗教的凶吉观雷同。人们依赖与风水判断以求得"福"（子孙繁荣）、"禄"（财产增多，逸才辈出）、"寿"（长寿延命），如未能实现，则通过风水判断查明原因，免除灾祸。在温州地区业余风水师众多，俗称"阴阳先生"。他们多从事民间修建房屋及坟墓时的风水判断活动。特别是在营造家宅时，风水先生与道士分别担任着不同的工作。风水师多世袭，世代所传授的知识大致可分成地形判断法和方向判断法两种。

在风水判断中，"靠山面水"被认为是理想地形。三面环山，一面为开阔的平地，能隔水望山，这样的地形最符合"青龙、白虎、朱雀、玄武"的方位观。另外，作为理想的地形又与房屋形状及内部布局有着密切的关系。地形判断的其中一大特点则是，观地之形状为龙，鉴定其生死，形似"活龙"则认定为风水宝地。同时又随房屋种类的不同，或采用地形判断法，或采用方位判断法，风水判断的方法也灵活应变。甚至为了调和阴阳，不惜重新选择合适的家宅地点。真可谓是"阴阳调和与均衡的中国理论"。

方位判断法则因地域因人而异。一般按东南西北来判断凶吉，好的方位早已作为常识被人们运用自如。有时，还采用错开寺庙与家宅、坟墓与家宅之间的方位等方法，这样测定方位的地点也随之发生变化。风水师与一般的人相比，有着判断项目之繁多、风水专业知识依赖度之高等特点。他们利用罗盘同时可以测得多种方位，甚至还可以判断"水口"的位置。

风水知识起源于中国古代，之后时而被视作迷信，时而被视为科学，但是要将其作为学术研究的对象还为期甚远。在冲绳和日本曾经将风水知识应用于国策。当代风水研究不仅有利于复原、振兴东亚历史，而且还是了解现代人生活所

不可缺少的。当然，现代东亚的"科学信仰"也仅作为一种意识形态而存在，就学术研究自身意义而言，风水研究将进一步促进知识的相对化进程。

麗水・温州地区の怪
― 山魈・五通・無常の伝説およびその他―

橋谷　英子

　1992、93年の前回調査報告では、「山魈・五通・無常の伝説…」と題して、迷信としてほとんどまともに記録されて来なかった妖怪、鬼神の類について、浙江各地の調査地で聞いた話を紹介した。当初の予定では、山に住む妖怪について主に調べるつもりで夔の末裔とも言われる山魈を題名の最初にあげたが、この時の本調査は、結局、沿海平野部の寧波地区で行われたため、山魈についての材料は、一年目のかけ足予備調査の時のわずかな記録に依ったものだけだった。

　今回の調査地は、浙江省南部で福建省に隣接する温州地区と山地の麗水地区だった。温州地区はそもそも前回の予備調査で初めて山魈について聞いた地であり、また麗水地区は雷国強氏、呉真氏などの論考①もあるように、山魈信仰がいまだ生きている地域である。予備調査だけで終わった前回の記録を補っ

---

　①　雷国強「宜平山区山魈信仰習俗考察」（『民間文芸季刊』1990・4）、「浙江山魈伝説的新発見」（『中国民間文化』1993・3）、陳真「大山裏的鬼神世界――浙西南山区 信仰民俗調査」（『中国民間文化』2集 1991・7）。「大山裏的鬼神世界――浙西南山区信仰民俗調査」では、浙江西南地方の山魈信仰について次のように述べる。
　「山魈は独脚鬼ともいう。山の民が最も恐れ敬い、また憎む「山鬼」である。時に応じて祀らねばならず、また用心しなければならない悪鬼である。山地に最も広くたくさん流布しているのは山魈の伝説と昔話である。これらの伝説から山魈は神話の夔であることがわかる。山魈は山中にいる古い鬼で山民に広く祀られている。山魈の祀り方には次の三種がある。
　1. 廟で祀る　山区の山道の傍や林の奥、絶壁の下などに石を三つ組合わせたものを見かけるが、これが山民が山魈のために作った廟である。「山魈廟」または「山魈庵」という。山で山魈廟を見たら、持っている弁当を少し廟の周囲に撒く。これで山魈を祀ったことになる。きのこ栽培、炭焼などで、山に小屋掛けして泊り込まねばならない時は、必ず小屋のそばに三つの石で山魈廟を作り、普段はご飯を供え、一日と十五日には線香を供えて、仕事のじゃまをしないよう、人を傷つけないように祈る。

て、もっとはっきりした山魈像をつかみたい、さらには五通や山にいるその他の神怪についても整理したい、と考えて今回の調査に臨んだ。

ところが、幹線道路については、この数年間で奇跡的なまでに交通事情が改善されたものの、山奥の村に通じるような道は、車両通行量は増えたのに、道路の補修はほとんど為されておらず、前回とほとんど変わらないか、むしろ劣悪になっている状況さえ生まれており、交通不便のために今回も予備調査だけで断念しなければならない村の続出となった。結局、本調査地には、92年の前回の予備調査でも訪ねた温州地区永嘉県の廊下村と、甌海の沢雅鎮（ただし前回は呉坑村、今回は周呑村、黄坑村および隣接の藤橋鎮寺西村）を選んだ。麗水地区にしなかったのは、麗水の山魈については、上記のようにすでに中国人研究者による報告、論考があることと、予備調査地の中には、交通不便のためにそのまま本調査地として再訪できる村がなかったことによる。

以下、本稿も、前稿に倣って山魈、五通、無常、その他の神怪の順に、地域ごとの伝承の違いに注目しながら述べていくことにする。

1. 山魈（サンショウ）

(1) 麗水地区の山魈

麗水地区については、予備調査4日間のわずかな材料による。幸い、麗水地区の山魈伝承については、前記のようにすでに詳しい報告があり、また麗水地

前頁注の続き

2. 野外で祀る 通いで出かけ、山ではお昼を食べるだけの場合は、野外の方式で祀る。この祀り方はごく簡単で、弁当を木に掛けておくのである。まず山魈にごちそうする、という意味である。山で食事をする時は、箸を持って行ってはいけない。木の枝を折って箸代わりにする。食べ終ったら捨てる。食べる時は、ご飯を少し周りに撒く。これが祀りだ。一人で山に入る時は、果物を少し持って行き、山の登り口や別れ道に少し置いて行くのも山魈の祀り方だ。

3. 罵って祀る 山魈は人を罵るのが好きで、人に罵られるのを恐れる。山の民は山中に山魈廟を作ったら、まず最初は罵って祀ったことにする。山魈廟の周囲に大小便をしながら、大声で山魈を罵る。「独脚児、来られるものなら食べに来い」と大声でどなる。罵って祀りに代えるというのは、奇妙でおもしろい。ただし、廟を作ったその日だけで、平生は決して山魈を罵ってはいけない。山魈は罵って祀られた後では、じっとおとなしく廟の中にいて、人に災いをもたらさない、という。」

区で山魈を研究されている唐宗龍氏から直接話をうかがうこともできたので、それらを参考にしながら、考えていきたい。

○山道を四、五人で歩いている時、途中でだれかいなくなるようなことがあると、山魈に連れ去られたという。こういう時は、ドラをたたき「山魈娘（山魈の母）」の悪口を言いながら捜す。山魈は親孝行だから悪口に我慢できず人を返すが、見つかった人は、体中泥だらけで、目耳鼻口にミミズや泥を詰められている。山魈はミミズをうどん、カエルを鶏として食わせる。捕まえられていた人はぼうっとして何も覚えていない。自分が知っているいちばんひどい例では、近所に、小さい時、とても賢かったのに、四歳の時に捕まえられて帰ってきて以来、まるでバカのようになり、リリルルとわけのわからない山魈言葉しか話せなくなった男がいる。

○山中で山魈を避けるにはせきをしながらぐるりに小便をする。汚いので恐れて逃げる。

○姿を隠す山魈の帽子があれば金持ちになれるというので、小さい時からみつけたいと思っているが見つけられない。ぼろの麦わら帽子と取り替えた人がいる、と聞いたことがある。

○山魈は小さく、すばしこい。

（梅志仁　72　農民　麗水市碧湖鎮 1996・12・19）

○独脚山魈は法術が強くて恐ろしい。天に昇ることもできる。

（梅瑤　80　会計士　景寧県大漈西岸底村 1996・12・21）

麗水地区で訪ねた村で聞いた山魈の話は以上である。景寧県大漈西岸底村では、口にするのもはばかられるようだったのでこれ以上聞けなかったし、鶴渓鎮の畬民族の村、恵明村の場合のように、山魈については一言も答えてもらえなかった所もあり、あまりにもわずかな聞き取りではあるが、「山の中にいて、人をさらったり、人の命を奪ったり、人の精神を異常にしたりする非常に恐ろしいもの」という点で、雷国強氏、呉真氏の述べるところとも一致しており、温州地区とは異なる麗水地区の山魈の特徴はうかがえる。しかしまた、「小さい」「姿を隠す帽子を持っている」という、温州地区などの「いたずら者の山魈」と共通する特徴も麗水市の梅志仁氏らの話には、出て来た。

一方、麗水文聯で麗水市および麗水地区の『民間故事集成』の編集整理を中

心になって行って来られた唐宗龍氏にうかがった麗水地区の山魈の特徴は、次のようである。

○「隠身帽」を持っているので姿は見えない。

○キツネか猿のようで小さくて変身する。

○いたずら者。子どもがちょこちょこしたり落ち着かないのを「山魈みたい」という。

○意外なことがあったり、ものがなくなると山魈のせいにする。

○林の神のようなもので、木を伐る時に、祀る。

○子供がいなくなったら山魈にとられたと考え、ドラをたたいて山中を練り歩いて「罵山魈（山魈を罵る）」をする。

○山魈は子どもにミミズや松毛虫を食わせるが、これを食べるとバカになる。

○女、子どもをからかう。

○雲和で、ある人の三十余才の外孫が集金に行って行方不明になり、後に帰ってきたが「講山魈話（山魈言葉をしゃべる）」ようになり、ルルリリと訳のわからないことしか言わなくなった。

○山魈を祭るには、家の隅や村はずれに「三塊石頭（石ころ三つ）」で山魈廟を作る。牌位を石の上に置き、秘密に祀る。

○遂昌では「独脚児」「巫通児」などと呼ぶ。

唐氏の山魈の説明が、温州と共通する「いたずら者の山魈」の特徴から始まっているのは、こちらの質問が、「いたずら者」のイメージを前提にしていたことに依る。それぞれについて、具体例を訊いて確認する暇はなかったが、最初の四条は、温州で聞いた山魈の特徴と一致する。一方、林の神以下の四条は、「山に住む恐ろしいもの」という温州とは異なる山魈の特徴（温州では「山活爺」など山魈とは別の山の神のこととして語られている）である。この唐氏の説明からも、麗水の山魈には山の中にいるものと人家の周りにいるものの二つのイメージがあることがわかる。

最後の、「独脚児」「巫通児」という呼称は、「独脚児」の方は一本足の山の神「夔」を思い出させ、また調査で訊いた景寧県大漈の独脚山魈とも通じる。「巫通児」はもちろん「五通」に通じるが、残念ながら呼び名を聞いただけで、時間がなくて具体的特徴などは聞けなかった。

(2) 温州市甌海区の山魈

　甌海区沢雅鎮周岙村では、周有龍氏に、山魈がどのように生れたのか、またどうして死んだのか、ということも含めて、さまざまなエピソードを語ってもらった。

　〇死んだ子どもの魂は村の西のはずれに集まって童子軍を作っている。童子軍の頭は法術を使え、すべての死んだ子を管理している。けれど八月十五日の月の滴①が当たると、死んだ子どもは山魈になる。山魈はこの世に一人だけ。山魈は素早く動くが、人を害したりはしない。山魈の誕生については、三歳の子どもが死んで墓に埋葬する時、母親が帽子を作ってかぶせてやったら、八月十五日に月から一滴の滴がこぼれて、墓の上に落ちて、その子どもの魂は復活したが、姿（肉体）は見えないままだった、という。

　〇山魈が人から物を盗むには帽子がいる。山魈は盗んだものをすべて瓦に記している。

　ある貧しい家が山魈のおかげで金持ちになったが、家族は山魈のおかげだとは知らなかった。ある時、子どもが言うことを聞かないで、いたずらばかりするので、母親が怒って「山魈鬼」と罵った。（子どもを叱る時に「山魈鬼」と言うのは、山魈は子どもの時に死んだものなので「短命鬼」の意味。）ところが、山魈にその言葉を聞かれてしまった。山魈は怒って、瓦に記しておいたメモを見て、よそから運んで来たものを全部もとの所に返してしまった。山魈は別の家に移り住み、その家はまた貧乏になった。以前は、どの家でも「土地公公（土地神さま）」を祀っていたものだが、山魈が移り住んだ方の家では、土地公公が主人に山魈の悪口は言わないようにと教えたので、主人は気をつけた。たまたま山魈がいた家の土地公公と移り住んだ家の土地公公とがけんかをした。山魈がいた家の土地公公は相手の家が金持ちになったのは、山魈が自分の家の財産をそっちの家に運んで行っただけ、みんな瓦に記してある、と罵った。これを耳にした新しい家の主人は、以来、一年に三回瓦を替えるようにし

---

　①　「月華」ともいう。月の滴、あるいは月の木から葉が一枚、八月十五夜に天から降って来る、という言い伝えは、南中国に広く伝わる。月華をもし見つけたら、望みごとは何でもかなうといわれ、周岙村では、中秋の晩には、月華を手に入れようと、皆、戸外をぶらぶらした、と言う。牛が食べると牛黄ができると言う。

た。その家の妻は、これらの事情を知らず、また子どもを「山魈鬼」と罵ったが、瓦を替えてあったので、山魈も何を持ってきたかわからず、この家は金持ちのままだった。

○ある時、山魈は物を盗んだが、追いかけられて、あわてて盗んだものを石臼の中に置いた。盗まれた人はあちこち捜して、米の脱穀場の石臼の中に見つけた。石臼には某年某月など十いくつの文字が刻まれていた。その人は「臼」の字を見ると「外甥が盗んだ物は舅舅（母の兄）①のところにあった」と叫んだ。だから石臼は山魈の「娘舅（母の兄）」で、物がなくなって見つからない時は「搗砣（杵）」を釣り下げてたたくという習俗がある。こうするとなくした物が出てくるという。

隣の家で物が見つからなかった時、山魈が持って行ったと考えて「搗砣」をつるしてたたいたら、物が出て来たので、山魈が返したと思った。

○ある家で雌豚を飼っていた。子豚が生まれたので、市に売りに行った。十五斤だったのに、売る時は三十斤あった。山魈が天秤に乗って重くしてくれたのだ。飼料を買う時には逆に、山魈が重りの方に乗って二百斤を百斤として買って来た。

○山魈は鶏卵の殻を酒の瓶として酒を盗むので、卵を割ったあとは殻をつぶすか殻に水を張っておく。

○以前、下村に邦傑という貧しい男がいた。買い物の時は借金をしていた。ある時、借金しようとして、ふとポケットに手を突っ込んだら十八元あった。自分が使い忘れたのか妻のへそくりだろうと思ってそのまま使ってしまった。その後、また金がいることがあって、ポケットに手を入れたら、また十八元あった。こんなことをくり返すうちに次第に金持ちになった。その家の息子は怠けて何もしなかった。人々は、あの家には山魈がいるに違いないと言った。あまり仕事もしないのに金のある家を「你家裏有山魈法（おまえのうちは山魈でもっている）」と悪口を言う。

○山魈は「小気（けち）」で、山魈にもらったものを人にあげるところを山

---

① 中国では、子どもに対して一番発言権を持つのは「舅舅（母の兄）」である。舅舅は妹の子どもの後見人として子どもの入学から結婚まで権限と責任をもつ。このような舅舅と外甥の関係がこの話の背景にはある。

魎に見られると、山魎は怒って、それまでにくれたものを取り返す。人に物をあげて、相手がそれ以上を返してくれればよいが、少ないと怒る。

〇山魎は子どもだから子どもと一緒に遊ぶのが好きだ。ある時、子どもと遊んでいたら帽子が入れ替わった。その子の母親が呼びに来たら、子どもの声はするのに姿が見えない。その時、突然子どもが抱きついて来て、びっくりした母親が思わず子どもの頭に手をやったら帽子が落ちて子の姿が現れた。母親はなおびっくりして、足を後ろに引いたとたん、山魎の帽子を踏んでしまった。女の足は不浄で汚れているから、これで山魎は死んだ。

(周有龍　64　農民・紙すき　温州甌海区沢雅鎮周呑村 1996・12・27)

周呑村は、話を語り聞くことが、まだ生きているような村で、話を語ってもらっていると、村の人が、大人も子どもも傍によって来て、一緒に話を聞いていた。(これほど顕著ではないが、温州地区の村は、どこもまだ語りが生きているようで、たいていどこの村でも、こちらが話を聞きたがっているとわかると、積極的に話をしに来てくれる人がいた。)周有龍氏は、そんな周呑村で一番の語り手とされている方で、山魎のほかにも五通や山の娘などの妖怪鬼神の話から、村の由来、石敢当の由来、羅隠秀の伝説、鳥の由来、笑い話に至るまで、こちらの希望に応じてさまざまな話をして下さった。山魎についても、一番いろいろな話が聞けたが、残念だったのは、周呑村では山魎の話は周有龍氏に限るとされていて、話は知られているのに、周有龍氏の様には語れない、と他の人たちからはしりごみされて全然聞けなかったことである。山魎が酒の醸造を手伝ってくれる話は、後述するように、同じ沢雅鎮の黄坑村でも、隣の藤橋鎮でも聞けたが、山魎の誕生から死までの話は、他の村には全然伝わっていないようだった。しかし清の郭柏蒼『閩産録異』[①]巻五には「古棺三世童男七世童女袴下布作帽…」とあり、周呑は福建移民の村であることを考えると、周呑のこの話も、福建に由来すると考えられるのではないだろうか。この本には、続いて酒を盗む事も書かれていて、沢雅一帯の山魎の話が福建の伝承の影響を受けていることを窺わせる。

次に同じ沢雅鎮の黄坑村では、呉永坤氏から以下のような話を聞いた。

[①]　川野明正氏のご教示に依る。

○子どもがすばしこくダダダッと動くのを、山魈が追いかけているという。

○山魈は帽子をかぶっているので姿はみえないが、道端に卵の殻と天秤棒が置いてあれば、山魈が休んでいるのがわかる。

○卵を使ったら殻は潰しておかないと山魈にものを運ぶのに使われる。

○「酒糟（酒麹）」から酒を醸造すると普通は三時間くらいで蒸気が出なくなる。ところが、何時間も蒸気が出続けて酒がいつまでもできることがある。これは山魈が酒麹を盗んできて、鍋の中に足してくれているのだ。山魈は卵の殻に酒麹を入れ、小枝の天秤棒で担ぐ。担いでいる山魈の姿は見えないが、卵の殻と天秤棒だけは見える。道の端を赤い液体がちょろちょろ流れているように見えることがあると、山魈が酒麹を運んでいるのだ。

○子どもが遊んでいたら、「酒麹があるから遊ばないで」という声がした。子どもがかまわず遊んでいると、卵の殻が倒れて、赤い酒麹がこぼれ出した。

（呉永坤　49　農民・紙すき　温州甌海区沢雅鎮黄坑村 1996・12・24）

山魈は子どものようなもので、姿を隠す帽子を持っており、卵の殻を物をあちこちするのに使う、というのは、周呑村の話と同様であるが、特に酒造りを手伝ってくれる様子については、詳しく聞けた。山魈が物を運ぶ様子は、わざわざ小枝と卵でその格好にして見せてくれた［図1］。黄坑村では、呉永坤氏のほか集まって来た近所の人が5、6人話に加わっていたが、手分けして小枝を捜したり卵を持って来てくれたりする様子から、山魈が身近なもので、恐れられても嫌がられてもいないことがうかがえた。

図1

補充調査で訪れた甌海区藤橋鎮寺西村は温州から沢雅鎮に行く手前に位置する村で、ちょうど平野部から山地になっていく場所にある。鎮のメインストリートは旅館もある商店街になっており、革靴工場など工場もいくつかある。まだ竹の紙すきが残る山村の沢雅鎮に比べ、すっかり温州市のベッドタウンといった趣であるが、村に残って暮らす老人たちの間には、沢雅鎮と同様の伝承がまだ生きている。山魈についても沢雅鎮と共通する話が聞けた。

　〇山魈は帽子があるので見えない。帽子をかぶっていないと、姿は子どものよう。

　〇落ち着かなくて、今ここにいたと思ったのに、すぐどこかに行ってしまうような人のことを山魈みたいという。

　〇薪が急に増えていたりする時は、山魈が手伝って運んで来てくれている。ものが急に見えなくなったりしたら、それは山魈の仕業。

　〇ある家で「饅頭（マントウ、小麦粉をこねて蒸したもの）が食べたい」と言ったら、急に饅頭が現れた。隣の家では、この時、ちょうど饅頭を作っていたが、突然饅頭が消え、いくら作っても消えてなくなった。

　〇だれかが急に金持ちになると、山魈が助けている、とうわさする。

　〇酒麹からいつまでも酒がとれる。

　〇山魈はものを運んで来た後で、瓦に記録しておくので、瓦はしょっちゅう向きを変えておかないとだめ。向きを変えれば、記録が消えるので、財産を持って行かれることはないが、そのままにしておくと、持って行かれてしまう。

　〇「搗臼頭（杵）」は山魈の「娘舅（母の兄）」なので、物がなくなった時には、杵を竹の枝でたたいて頼むと、失せ物が出てくる。（竹の枝は、家畜や子どもにお仕置きをする時にも用いるが、その時は、手元に一番近い枝が必ず右側に来るように持ってたたく。「鬼（妖怪幽鬼）」をたたく時は左側に来るようにする。）［図2］　　（金岩銀　77　農民　温州甌海区藤橋鎮寺西村 1998・8・13）

　山魈について、特に新しい話はないが、山魈が薪運びを手伝ってくれたり、饅頭を食べたいと言うと、すぐ望みどおりになる話など、山魈のいたずらの代表的な話が聞けて、ここでもまだ山魈が親しい存在であることがわかった。物がなくなった時に、杵をたたくたたき方については、臼と杵の前でたたくところを実演してもらった。

図2

(3)永嘉県の山魈

　予備調査で小渓村、東皐郷蓬渓村を訪ね、本調査および補充調査では、前回1992年の予備調査で訪ねた花坦郷廊下村を訪ねた。1992年の前回予備調査で廊下村および隣の花坦村で聞いた山魈の話については、前回の報告書(『中国浙江の民俗文化』242～3頁)に記したとおりである。廊下村と花坦村では、前回それぞれわずか二時間の調査時間しかなかったが、山魈については、財産をあちこちする話、山魈を祀っていた朱啓龍という地主の話などを聞くことができた。しかし、山魈の帽子については、もともと姿がないのだから、山魈帽はない、という話だった。

　今回、廊下村の朱国旺氏に聞いたのは次のような話である。

　〇1952年に、廊下村から5キロほどのところにある高坑村で実際にあった話だが、村に頼西鶴という男がおり、お花(阿花)という十七、八の娘がいた。お花は棒みたいに痩せていて、病人のようだった。一回に十何杯もご飯を食べたかと思うと何日も全然食べなかったりする。近所の家で鶏、魚、豚、アヒルなどごちそうを食べて、残ったものを置いておくと、たちまちどこかに飛んで行ってしまう。ある時、頼西鶴が楽清県虹擠鎮に行って、市でとても柔らかくておいしそうな牛肉を見つけた。買おうと思ったが、手持ちの金がなかったので、あきらめて帰った。家に着くと、娘のお花が「お父さん、虹擠鎮の市で牛肉を買おうとしたのにお金がなくて買えなかったでしょう。私が代わりに持って来て、そこの壁に掛けておきましたよ」と言った。頼西鶴が見ると、本当に牛肉が壁に掛けてあった。西鶴がこのことを近所にしゃべっても、信じる者は

ほとんどなかった。二人の男が（確かめようと）ある晩、八時か九時頃、西鶴の家を訪ねて来た。お花はちょうど竈の前で火をおこしていた。二人はお花の横に腰を下ろすと、「お花、腹が減ったからわしらに何か食べさせてくれないか」と話しかけた。お花は黙って目を閉じた。神経を集中している様子はまるで眠っているようだった。まもなく天井から吊り下げてある野菜籠が突然ガタガタ揺れた。お花は目を開けると、「籠の中にお菜が五皿入っているわ」と言った。籠を下ろしてみると、言ったとおりだった。二人は、「お菜はできたが、（豚）肉がないとうまくない。肉も用意してくれ」と言った。お花はまた目を閉じたが、しばらくして目を開けると、「肉は食卓の上にあるわ」と言った。見ると、半斤（約300g）あまりの肉があった。二人がまた聞いた。「村のうまいものはみんな、あんたが盗んで食っていたのか」娘は、「みんな私がしたことよ。茶碗と箸はベッドの下にあるわ」と言った。みんなが見ると、ちゃんと箸と茶碗があった。これ以後は、近所のものにとどまらず、よその村のものまで盗まれるようになった。村人たちは西鶴に村を出て行くように迫り、西鶴一家は遠いところに引っ越して、以来消息はない。

○神さまは一日と十五日に祀るが、山魈は二日と十六日に部屋の中で祀る。

　　　（朱国旺　67　農民、元文化館職員　永嘉県花坦郷廊下村　1997・8・23）

前回、廊下村と花坦村で聞いた話同様、この話でも、山魈は姿あるものとしては捉えられていない。財産（食べ物）をあちこちする、という点では、温州甌海地区などとも共通するが、ここではお花という娘に憑いて不思議をおこしているように、山魈を祀る特定の人のために山魈は働いており、甌海などの姿を隠す帽子を持っていて気ままにいたずらをする子どものようなイメージとは違う。むしろ寧波地区などの五通のイメージに近いようである。一日後れで、しかも部屋の中で祀る、というのも、人に知られないように、こっそりと祀らなければならない淫神だからだろう。この娘が山魈を使っているという直接の説明はなにもないが、棒のように痩せていた、ということで、魔物と性的関係にあることがうかがえる。民間文学集成『寧波市故事巻』の五通の話[①]のように、山魈あるいは五通が性的関係を代償に、人の言うなりになって財産を持っ

---

　①　「五通」浙江省民間文学集成『寧波市故事巻』1989。

てくる話は多いが、話者および現地通訳など居合わす村の面々がみな男で、聞き手の私一人が女という状況では、性にまつわる部分は体よく省略されてしまう。聞き手としての力不足を実感する。

蓬渓村では麗水地区で語られた恐ろしい山魈と対応する話を聞いたが、山魈とは言わず、魈と言っていたし、また巽村では、財産をあちこちするのは、五通の話として語られていたので、これらについては、それぞれ五通や山中の神怪の項で述べたい。

2.五通・家仙・蠱

(1)麗水地区の五通

○五通を祀る人は階上で一日と十五日に香と蝋燭で祀る。

○ある晩、梅志仁の岳父の屋敷に、大ザル一杯の饅頭が現れた。蒸気がすごくて見えなかったが、五通が持って来てくれたのだ。

○五通は、椅子を竈の上に置いたり、布をはしご段からするする二階に上がって行かせたりといういたずらをする。親しくすればものを持って来てくれるが、気にいらないとよそに運んで行ってしまう。

○居民委員会主任の古い家には夜中、お化け（独脚五通、山魈と同じ）が出る。主任がベッドに寝て、うちわを使っていたら、突然、胸を押さえつけられて動けなくなった。

(梅志仁　麗水碧湖鎮　1996・12・19)

麗水地区、といっても碧湖鎮でしか、五通については返事が返ってこなかったが、碧湖鎮で聞いた限りでは、温州地区の「財産をあちこちする山魈」と、ほぼ同じであることがわかる。こっそり祀る祀り方も、先回、温州蒼南県田貢村や永嘉県の花坦村や廊下村で聞いた山魈の祀り方と変わらない。立派な堂宇の五通廟も麗水市郊外に以前あったときいたが、予備調査で時間がなくて、確認できなかった。

一方、寝ている人の胸を押さえつけたというのは、「独脚五通」と言って、梅志仁氏は一般の五通と区別し、麗水地区の「（人の命をも奪う）山魈」と同じと言っていた。ここにも山魈と五通の混乱がうかがえる。「独脚（一本足）」というのは、麗水地区では魔力が強く恐ろしいものとされるようである。

(2) 温州市甌海区の五通

○口にするとすぐにやって来る、恐ろしいから口に出せない。

(呉永坤　沢雅鎮黄坑村　1996・12・24)

○五通は器量が小さい。ものを食う時は高い場所で食べる。大きな家には住み着かず小さな家、道端、木の下、橋脚の影など薄暗いところに住む。手がすばしこく、往来の激しい道端などで悪さをする。食いしん坊で、おいしいものをとっておかないと機嫌が悪い。ある日、ひとりの人が、蝋燭とモヤシ料理をお供えした。負けてすってんてんになった博打打ちがその前を通りかかり、モヤシ料理を見て食べてしまった。その上、道が暗いので蝋燭も失敬した。「五通爺（五通だんな）」は、久しぶりに供え物にありついたと喜んでいたら横取りされて、かんかんになり、博打打ちを殺してしまおうと思い、後を追った。博打打ちは家に帰ると眠くなって寝てしまった。五通は博打打ちの頭の上にのっていたずらしようとしたが、博打打ちが寝言で（博打用語の）天地云々というと、（天地と天帝が同音なので聞き違えて）天帝を呼んでいると思い、恐くて近づけなかった。以来、五通は博打打ちを見たらすぐ逃げられるように南に向いて高いところでものを食うようになった。

(周有龍　沢雅鎮周呑村　1997・8・19)

○五通は最も恐ろしいもので、いまだかつて人を守ってくれたり、人に役立ったことはない。榕樹の下や三叉路にいて、こいつに出くわしたら本当に運が悪い、というごろつきみたいなもの。木の下や三叉路の蔭に高さ数十センチの小さな祠を造って祀ってある。中には香炉が置いてあるだけ。病気になるなど、何か不幸に見舞われると、五通の祟りではないかと思って線香を持って祀りに行く。

(潘順法　70　農民　藤橋鎮寺西村　1998・8・13)

五通は、沢雅鎮では祟り神として、忌み恐れられている。山魈について尋ねた時には、各自がてんでにわいわい説明してくれた黄坑村でも、五通と口にしたとたん、皆黙ってしまった。周呑村では、甌海文聯の呉明哲氏に案内してもらって、村の家の裏手の斜面、山道の陰になったところにある五通廟を見た。雑木の陰になって薄暗いじめじめとした場所で、言われなければ気づかない小さな祠だった。中には香炉が置いてあり、線香の燃え残りが数本挿してあるだ

けで、ほかにはなにもなかった。［図3］①

図3

◎家仙

甌海区では、この祟り神の五通とペアを組んで悪さをするものとして「家仙」の話を聞いたので、ここに挙げておく。

---

①　甌海文聯の呉明哲氏（書家、明代の瓦の研究家）が96年の予備調査の時に準備してくれた「試談甌海区沢雅鎮黄坑周岙一帯的民情習俗」の「五通神」の項には、大略次のように述べられている。
　「沢雅黄坑周岙一帯では、五通は大きな橋のたもとや大樹の傍、大きな岩の下、辻など、陰気な場所にはたいてい高さ70センチほどの五通の廟がある。石を組み合わせただけの粗末なものであるが、お参りする人は多く、特に7月15日、5月5日、9月9日、正月には多い。沢雅鎮一帯では、五通は鍋の煤の輪を人を捕まえる武器にするという。五通は、台所で竈の鍋についた煤がしっかり輪（黒鍋圏）になっているのを見つけると、盗んでしまっておき、生気のない人を見かけると、この「黒鍋圏」をかぶせる。かぶせられた人は、頭痛がして、夢にうなされ、冷や汗をかく。もやしとエビや魚のごちそうを用意して五通廟にお参りしないと治まらない。五通の力はこのように強いので、村の老人は若者に、鍋の黒い輪は必ずきれいに掃除して、人を捕まえる道具を五通に供給することのないように、と注意する。
　ある時、五通が「黒鍋圏」を携えて、榕樹の蔭に隠れて待ちぶせしていた。ところが天気が悪くて、人通りもまばらで真夜中近くようやくぼろをまとって、ふらふら千鳥足の男がやって来た。五通は、一晩待ったのも無駄ではなかったと、喜び勇んでその男に近づくと、さっと「黒鍋圏」をかぶせた。ところがそいつは博打打ちで、さんざん負けての帰り道、むしゃくしゃしているところに、何か飛んで来てかぶさった。全くの文無しで失うもののない男は、何恐れることなく、手で「黒鍋圏」をつかむと、地面に投げつけてこなごなにして、そのまままたふらふらと家に帰って行った。木の後ろに隠れて、百発百中霊験この上ない自分の武器がめちゃくちゃにされるのをすっかり見ていた五通は、怒って、夜中に男の家に忍び込んだ。ところが、男は竈をたたき、缸を投げつけ、女房と大げんかの真っ最中だった。以来、五通は博徒を避け、博徒は五通を恐れない。」

○家仙は、結婚前に若くして死んだ人がなる。六十歳以上で亡くなれば、棺や墓の準備もしてあり、家族にも順番として死を迎える用意ができているので、葬式もできるだけ盛大にする。年越しなど節目ごとに家族に迎えられ、祝いの膳にもつくが、若くして死んだ人は、誰にもかまってもらえない。祝いの膳の八仙卓には決して坐れない身分で、便所、豚小屋、竹やぶ、小さな橋の下など、人目につかない暗く引っ込んだ場所にびくびくしながら隠れ住む。うまいことをして何か手に入れた時は、一部を五通に上納する。けちん坊のことを俗に「祭家仙（家仙を祀る）」という。五通と家仙はいわばごろつき仲間で、五通が知恵を出して、家仙を手先に使う。五通を祭る時は、蝋燭も太いものにし、酒も三杯供えてから更にもう一回注ぎたすが、家仙の場合は小さな蝋燭で酒も一杯だけにする。五通にはひざまずいて三回拝むが、家仙には立ったままでよい。五通には、豊作、平安、ブタや牛の肥育などを祈願する。家仙は「黒戸口（正式の戸籍が無いヤミの存在）」だから、「おとなしくしていれば許すが、さもないと」と罵って脅す。お供えの紙銭も五通には「元宝（馬蹄銀）」にするが、家仙は小銭でよい。

（周有龍　甌海区周呑村　1997・8・19）

○六十歳以下で死んだ人は「短命鬼」になる。陰の気が落ち着いていないので、死に切れず、隙をうかがっては、この世にやって来て騒ぎをおこす。家が栄えていれば、運に勢いがあるので、入ってこられないが、落ちぶれるとやって来て騒動を引き起こす。家に病人が出て、法師（道士）にお祓いをしてもらって、「家仙に触られた」と言われたら、その家仙は男か女か、年齢は幾つか、尋ね、一族の中にその条件に合う死んだ人を捜す。誰々の母とか嫁などとわかったら、三牲福礼（豚、鶏、魚などのごちそう）と紙銭で祀る。急がないと、祟られた人の魂を鬼怪に売られてしまう。

（潘錦雲　70　元小学教師　甌海区藤橋鎮寺西村　1998・8・12）

（3）温州地区永嘉県の五通

○村の下の方に一軒離れて建つ家に、ある時、鼻水をたらし、とても醜い顔で、目は赤く目くそだらけで、ぼろぼろの服をまとった男がやって来た。男は住まわせてくれと言い、食事も一緒にさせてくれと言った。この家の人はとても善良で、言われたとおりにしてやった。そのうちにその男（五通爺）がよそ

の家の物を持ってきてくれるので、この家はだんだん金持ちになり、家も建て替えた。ところが事情を知らない息子の代になると、汚い人が、なぜいつも一緒に食事をするのかといぶかって、追い出してしまった。

　すると、男はそれまでに持ってきたものも全部一緒に運んで行ってしまい、家はまた貧しくなった。

（黄布贅　村書記　永嘉県小渓村　1996・12・28）

　〇祖母と嫁が夜なべ仕事に棉を紡いでいた。おなかがすいてきたので、「杭州の小龍包（スープ入りの一口サイズの肉まん）を食べたい」などと話していた。ところが、これを五通が聞いていて、嫁が鍋のふたを開けたら蒸籠一杯の小龍包が出てきた。その後、また夜なべをしていておなかがすいて来たので、思わず嫁が「何か食べたい」と言うと、姑が怒って「こんな夜中に食べたいなんて、くそでも食らえ」と罵った。鍋のふたを開けるとくそが入っていた。

（黄布贅　小渓村　1996・12・28）

　〇五通は五人の兄弟で、それぞれ東西南北中央を司る。体の具合が悪い時には、線香、蝋燭、酒を供えて祀る。

（朱国旺　永嘉県廊下村　1997・8・27）

　小渓鎮巽村の書記黄布贅氏は、村の責任者として、村の老人たちから話を聞くのについて来てくれたが、話者として頼んであった方たちが、なかなか積極的に話してくれず、困っていたら、自分の体験だと言って、いろいろな話を始めて下さった。特に不思議な現象、迷信にかかわるようなことについては、今回の調査中、一番いろいろなことをご存じで初めて聞く話がたくさんあった。（余談になるが、一般に村の書記や村長は村の中では知識人、物知りで、また人に話すことにも慣れているためか、廊下村や藤橋鎮でも、話者としてはもちろん登録されていない書記や村長が、調査について来て、話者の老人が言葉に詰まったりすると、代わって詳しく話してくれる場面がよくあった。村の幹部であるから当然、共産党員だと思われるが、特に迷信についてしゃべることにタブーはないようだった。）

　黄布贅氏の五通の話のうち、初めの話は、日本の鼻たれ小僧様とそっくりである。財産を運んでくるというのは、温州の山魈、寧波などの五通と共通するが、このように醜い姿で現れるという話は、前回の調査も含めて、初めて聞い

た。浙江各地の『民間故事集成』などにも見られないようである。いずれにしろ、永嘉県の五通は、甌海沢雅鎮一帯の疫病神の五通とは異なり、むしろ寧波などの五通に近いようである。

　五通を五人兄弟とするのは、『聊斎志異』の「五通」や林蘭『鬼的故事』[①]の「五通菩薩」にも見られる。廊下村で聞いた話は、短くて詳細がよくわからないが、甌海区の五通同様、祟りをして祀りを要求するのだろう。

　五通についても、山魈同様、好色という性格が予想されるが、山魈の項でも述べたように、話者はほとんどが男、聞き手は女という関係からか、性にかかわる話は残念ながら聞き出せていない。

　◎蠱

　山魈や五通と同様に、こっそり祀って財産を持ってきてもらうものに、蠱がある。ただし、蠱は祀るのに、犠牲者の提供を余儀なくされるという迷信としては最も忌まれるべき信仰である。[②]せいぜい数日の調査で話してもらうのは難しいだろうと、今まで話題にしたことはなかった。ところが藤橋鎮で山魈のことを尋ねるつもりで質問を始めたら、蠱についての次のような話が返って来た。今まで、話題にしたこともなかったので、いったいどれほど信仰の広がりがあるのかなど、何もわからないが、参考までに載せておく。

　〇蠱を得るにはさまざまな虫や蛇を端午の節句に捕まえて四つ辻に埋める。蠱は財産を運んできてくれるが、三年に一度、人を食わせなければならない。

---

　　① 　林蘭『鬼的故事』「五通菩薩」1930　北進書局　上海
　　② 　葉国慶「金蚕鬼的伝説」（『民俗』13・14期、1928、広州）に福建の蠱について次のように紹介されている。
　「福建省龍渓、南靖頂一帯には金蚕を飼う者が多い。金蚕は、音はすれども姿は見えず、というもので、人の為に働いてくれる。たとえば、田植えをしてほしければ、まず手本に一本植えて見せさえすれば、後は全部金蚕がやってくれる。金蚕はきれい好きで、金蚕のいる家はいつも塵ひとつなく掃除されている。ある家を訪ねて、入口の框を蹴ってみて、舞い上がった埃がたちまち消えたら、その家は金蚕を飼っている。金蚕を手に入れるにはムカデやサソリなど十二種の虫や蛇を四つ辻に埋め、数日後、取り出して香炉に入れればよい。金蚕は人が好物で、数年に一度、必ず人一人食う。年末には、金蚕を飼っている家の主人は金蚕と決算をするが、この時、儲けが少しでもあると、人を食わさなければならないので、茶碗をひとつわざと割って、二十も割ってしまったと嘘をついて、来年はきっと人を食わせるからと言って、ごまかす。金蚕を飼い切れなくなったら嫁に出すが、金蚕が出て行こうとしないと、どうにもならない。嫁に出す時は、銀子と花粉と香炉の灰（これがつま

ある家で、困って、嫁を食わせてしまおうとしたが、これを知った嫁は、蠱が鍋の中で寝ているところを、前掛けでさっと覆ってしまい、下からどんどん火をたいて焼き殺した。夜は必ず鍋に少し水を張っておき、朝になると捨てる習慣は、蠱が住み着かない用心のためだ。蠱はお茶の中で育つ。蠱を養い切れなくなって追い出そうとする時は、蠱がお茶に毒を入れるかもしれないから、お茶は飲まない。

(潘順法　藤橋鎮寺西村　1998・8・12)

3. 無常

　無常については、麗水では、今回、特に何も話は聞けなかった。一方、永嘉県では、前回 92 年にも花坦村と廊下村で、姿を隠す帽子を持っていて、背が高くなったり低くなったり変化する白無常の話を聞いた（前回調査報告 208～9 頁）が、今回も廊下村、東皋郷蓬渓村と小渓村で同様の話を聞いた。また温州甌海区藤橋村でもほぼ同様の話を聞いた。

　〇廊下村に入る手前、下殿の周り、今、谷龍寺（温州の人が土地を借りて最近開いた寺）があるところは、以前は大きな楓樹がうっそうと茂っていて、寂しく薄気味悪い場所だった。子どもの時はいつも走って通り抜けたが、白い服のようなものが木の上に見えた。白無常は白くて背の高い帽子をかぶっている

续上页注释

り金蚕である）をそれぞれ包みにして、道に置く。金蚕を飼いたいと思う人は、銀子も含めて持っていけば良い。事情を知らない者が、銀子だけ取って行くと、金蚕も一緒について行く。金蚕は釜で寝るのが好きなので、今、人々がご飯を炊いた後、釜に必ず水を張るのは、金蚕が来ないように防いでいるのだ。

　また、次のような話もある。

　ごろつきが、道で、銀子と花粉と灰の包みを見つけた。ごろつきは、これは金蚕を嫁がせようとしているとわかったが、金蚕は欲しくなかったので、銀子だけ拾いあげると、必死に駆けた。河を泳いで渡れば金蚕はついてこられないと思ったが、泳ぎ出した時には、金蚕はとっくにごろつきの笠の上にのっていた。川の中ほどまで来た時、笠は流され、金蚕も一緒に流されて行った。笠は別の人に拾われ、その人は岸辺の木にかけた。木は枯れてしまった。さて、ごろつきの方は、拾った銀子を元手に金持ちになっていたが、ある時、息子と川の辺りに遊びに来た。息子が、枯れ木を見て、枯れているわけをたずねたので金蚕の話をした。ところが、金蚕はまだその木にいて、この金持ちがあの時のごろつきと知って、すぐに男の魂を食べに来た。金持ちはだんだんやせ細って死んでしまった。」

が、これを盗むと金持ちになれる。

中国浙南民俗文化

(朱丐忠　44　農民　永嘉県廊下村　1998・8・7)

○白無常鬼は高くて大きい帽子をかぶっており、村の入口の風水樹である樟樹の上などにいる。夜、一方の足は樟の樹の上でぶらぶらさせながら、一方の足は田の中に漬けて、舌をだらりとたらしていたりする。通りがかりに白無常鬼に出くわすと、ぞっとする。

(謝選鋭　70　永嘉県東皋郷蓬渓村　1996・12・29)

○黄無常とも白無常ともいう。白い服に白い帽子で、急に大きくなったり小さくなったりする。夜、現れて人を驚かす。

(黄布贄　永嘉県小渓村　1996・12・28)

○無常鬼は背の高い帽子をかぶり、長い舌をだらりとたらしている。神出鬼没で、運が悪いと出会ってしまう。「廟」の屋根の上に坐っていながら、下の池に足をつけて洗っていたりする。地面に下りてくると普通の背丈になっている。手足は異常に長く、もし何か欲しいものがあると、そっちに向かって手がするする伸びる。大きな扇子を持っていて強い風を起こす。ひと煽ぎで山まで吹き飛ばされる。夜、よく池の辺りにいて、びっくりさせられた。

(潘順法　70　農民　藤橋鎮寺西村　1998・8・13)

白無常は、寧波地区などでは、恐ろしいけれど困っていれば助けてくれる、一種の財神とも見なされ親しみさえもたれているようだったが、温州地区では、人を脅すばかりの恐ろしいもの、出会うのは不運という嫌われ者のようである。(『玉暦至宝鈔』などの無常の絵を見ても［図4］、白無常はうちわを持っている。高い木の上にいる姿を考えると、日本の天狗のイメージによく似ている。)

図4

・291・

4. 山にいる神怪

　麗水地区の山魈は、山に来た人をさらって精神を異常にさせたり、時には命を奪う恐ろしいものであるが、甌海や永嘉県にも、名前は違うが、同様の恐ろしいものや、いたずらをして人を迷わすものなど、さまざまな不思議なものがいる。それらを紹介する。

　◎山活仏爺・山皇爺（土地公公、山姑娘）

　甌海区沢雅鎮で山活仏爺と呼ぶ山の神は田の神でもあり、また木の上に居たりするというのは白無常とも共通する。

　○山活仏爺は、田植えと耕牛のことを司る。田植え前には、山活仏爺をまず山頂で祀り、空き地に苗を一本植えてくる。竹の籠に肉、豆腐、もやし、青菜など4種の料理と塩を載せて田の端に置き、線香、蝋燭、酒三杯、箸三膳、黄毛紙十巻（竹をすいて作った紙、燃やして先祖や神を祀る）で祀る。祀らないと収穫が悪く、牛も病気になる。木の上や岩の上にいる。大きな木は山活仏爺が坐っているかもしれないから、やたらに切ってはいけない、と言う。白い服に白い高い帽子姿で、背が高い。

　　　　　　　　　　　　　　　　　（呉永坤　沢雅鎮黄坑村　1996・12・25）

　○「花会（36種のものから一つ選んで賭ける賭博の一種）」の前に賭博師がどれに賭けたらいいかを占おうと、占い師に山活仏爺を招き下ろして祈願させたら本物が現れて、肝をつぶした。

　　　　　　　　　　　　　　　　　（呉永坤　沢雅鎮黄坑村　1996・12・25）

　○若い嫁がきれいな格好をして里帰りしたら、途中の山道で腕輪を奪われた。里からの帰りに、そこを通ったら、腕輪が山の上から転がって来て返された。その嫁は三年間病の床に臥し、その後も力仕事はできなくなって、37歳で死んだ。その息子が今、60歳位。派手な服を着ると山活仏爺にからかわれるので、里帰りには地味な青い服を着る。

　　　　　　　　　　　　　　　　　（呉永坤　沢雅鎮黄坑村　1996・12・25）

　○人が亡くなった後、すぐに墓を作って埋葬したりするのは、山皇爺が山の気が壊されるとして嫌がるので、三年間は、棺に入れたまま祠堂や郊外の草堂（雨風を防ぐように造った小屋）に安置する。

(潘錦雲　藤橋鎮寺西村　1998・8・12)

○山で畑を作る人は、畑の隅に石を三つ重ね、香を立て、加護を求めて山皇爺を祀る。稲が実るとご飯を持って行って祀る。

(黄布贅　小渓村　1996・12・28)

○稲を植えた後で鳥や鼠の害が出た時には、線香三本と豚肉、「米餅（晩稲で薄く丸い形に作る）」で山皇爺を祀り、加護を祈る。

(朱国旺　廊下村　1998・8・10)

○「土地公公（土地神）」には、家を管理するのと山を管理するのがいる。どの家にもいて、金持ちは塑像を作って祀る。土地に何かする時、たとえば家を建てたり、墓を作ったりして土地を掘り起こす時に祀る。古い風水樹を切る時も祀る。

(周有龍　沢雅鎮周呑村　1997・8・20)

◎魃・山鬼

○叔伯の謝選鋳は山に薪とりに行ったまま、夜、帰ってこなかった。銅羅をたたいて捜したら、夜が明けてから岩穴にぼんやりじっとしているのを見つけた。耳や口に泥を入れられていた。以後、返事はするがまともにしゃべれなくなった。村の人は魃に惑わされたと言う。妻と娘二人がいた。五十過ぎで後妻を迎えたが、後妻は逃げて謝は自殺した。

(謝仙魏　63　小学教師　東皋郷蓬渓村1997・12・29)

○ある時、山に薪採りに行った人が帰ってこないので、翌日、皆で捜しに行ったら、梅坑の洞窟で鼻に泥を詰められて死んでいるのが発見された。洞窟には、山鬼がいるから、入っていく時には、必ずたいまつを持って入る（懐中電灯ではだめ）。

(金岩銀　藤橋鎮寺西村　1998・8・13)

○1956年、山奥の谷川で魚を捕っていた人が急にぼーっとして、目の前に、一枚の大きくて白い布があるように思い、ふらふらとついて行ってしまった。村人がたいまつをかかげてドラをたたき、名を呼んで捜したら、崖下に逆さまに頭を下、足を上にして立てかけられ、鼻や口に泥を詰められていた。雑草を周りに集めて燃やして暖め、助けた。迷山鬼に迷わされたのだ。

(黄布贅　小渓村　1996・12・28)

○「神通（神がかり状態になって、人に尋ねられたことなどに答える。

男）」の董顕林が老人と二人で山に入って木を伐っていた。老人が前で董が後ろだった。老人の方に董が上ってくるのでどうしたのかと聞いたら、「父さんが呼んでいる」という。董の父は三年前に死んでいるので、てっきり迷山鬼にあったのだと思い、董を三つ殴ったら目が覚めた。神通は力が強く仕事は速くどんな場所にも上って行ける。

（黄布贅　小渓村　1996・12・28）

◎山和尚・游山和尚ほか

〇山和尚の名を、山で口にしたり、その悪口を言ったりすると、山から帰った後、熱を出したり、むちゃくちゃを言ったりする。日暮れ頃、ding dang ding dangと鉦をたたく音がする。

（朱国旺　廊下村　1998・8・10）

〇游山和尚は、夜、dingdingと和尚が鉦をたたくような音で鳴く。姿は見えない。だまされてついて行くと山の中で迷子になる。山の中では、大声で話さない。子どもの名は呼ばない。「Weiwei」と言う。

（黄布贅　小渓村　1996・12・28）

〇投石鬼は、山の上から砂利を投げる。すぐに「你的爸死掉了、破藍子（投石鬼の母）死悼了（おまえの父ちゃん死んじまった、ぼろ籠も死んだ）」と罵るとやむ。山の中を歩いていて石に当たって死んだ人がなるという。

（黄布贅　小渓村　1996・12・28）

〇「白胡孫（白猿）」は、夜、出て来て物を盗んだり人をからかう、ぴょんぴょん跳ぶ。小石をぱっと撒いて目くらましをする。姿は見えない。

（梅志仁　麗水碧湖鎮　1996・12・19）

〇神灯は、赤ら顔で目が大きく、長いひげの大男。ちょうちんを持ってあちこち動く。相手にしなければそれまでだが、左手で指さすと付いてくる。はじめは小さいがだんだん大きくなり、また散っていく。神灯の後ろを一人で歩いていて、前に向かって「你是什么人？ 譲我看看（誰だ、こっちを向け）」と言うと、振り向く。びっくりさせられる。

（黄布贅　小渓村　1996・12・28）

○山の上に灯りが見える。輿を担いで行列が山の上から降りてくるように見える。鬼の仕業だ。

（朱国旺　廊下村　1997・8・23）

◎弯山的媛子・山姑娘

○新湾というところに、いつもピンクの服を着ているきれいな働き者の18歳の「媛子（未婚の娘）」がいた。以前、人々はむしろに寝たが、夏は龍鬚草で編んだむしろが特に涼しい。媛子は、むしろを編もうと山に龍鬚草を刈りに行って、転落して死んでしまった。両親は悲しみのあまり、毎日、家の前で泣き続け、山に向かって「嬢や、どこにいるの」と呼んだ。すると「ここよ」とこだまが答える。母さんが毎日泣き続けるので、閻魔王も、平生、勤勉だった媛子の死を哀れんで、媛子の魂を呼びだし、死んだ山で子どもたちを見守らせることにした。

媛子は毎日、山から新湾を見守っていた。もともときれい好きだった媛子は、いつもきれいな服を着て見回りに出かけた。

山の龍鬚草は、媛子が亡くなってから、子どもたちも刈りに行かなくなって、おい茂っていた。一人のおばあさんが、若い者が行かないなら自分が行こうと、恐れず山に草刈りに入って行った。おばあさんは、泥んこになった足を山頂の小川で洗った。見ると、そばに藤の蔓があったので、そこに足の纏足ひも（中国では、以前、女の人は纏足していた、纏足用の包帯のような布）を干した。実はこの蔓は、媛子が洗濯した服を干すのに使っているものだった。媛子はふと気がつくと服が見えなくなっているので、慌てて見に来たが、纏足ひもが覆うように干してあったので、服を見つけられなかった。やがておばあさんが纏足布を取りに来てみると、下から美しい服が現れた。さっきは何もなかったのにびっくりしたけれど、うまいことをしたと思って服を持ち帰り、自分の媛子にやった。媛子は喜んで服を着たが、とたんに泣き出して山に向かって走りだし、それっきり行方知れずになった。

遠くの山に赤や緑の布のようなものが見えると、新湾媛子が服を干しているといって、恐れる。

（周有龍　沢雅鎮周岙村　1997・8・25）

○赤や緑のふとんを干すと、山腹にも同じ色のふとんが現れるが、行ってみ

ると、なにもない。山で死んだ娘が干していると言い、これが見えると、恐ろしい。

(呉永坤　49　沢雅鎮黄坑村 1996・12・25)

○山奥の焼き物の窯の前、瓦けがころがっているところや墓に、色とりどりの服が見えることがある。女鬼がいると思った。山姑娘とは言わない。

(金岩銀　藤橋鎮寺西村　1998・8・13)

○山で仕事をしていて暑気あたりになると「山姑娘（山の娘）」に会ったと言って供え物をする。肉は塊のままにする。それ以外のお供えは土地公公の時と同じで、土地公公も併せて祀る。そうしないと山姑娘に知らせてくれない。紙錢は山姑娘はただ「草紙（竹をすいた紙）」でよいが、土地公公にはひし形の銀紙か銀粉を紙の中央に塗った正式のものを供える。

(周有龍　沢雅鎮周呑村　1997・8・20)

5. 水中にいる神怪

今回も、前回の調査と同じく、溺死者がなるという水鬼の話をたいていの村で聞いた。

　　◎水鬼

○「懶孵鶏（水鬼）」は身代わりを捜すので、河を渡る時は、ごまを撒き、懶孵鶏がごまを拾っている間に逃げる。

(梅志仁　麗水碧湖鎮　1996・12・19)

○ビール工場横の池の前の道によく二羽のアヒルがいるが、これは懶孵鶏（水鬼）で、ついて行くと溺れる。

(梅志仁　麗水碧湖鎮　1996・12・19)

○髪は長くてザンバラにして、簑を着て、よだれをたらし、舌を出している。女の人の化粧道具を入れるかご（死んだ人の魂を入れる）を腕に掛けている。

(黄布贅　小渓村　1996・12・28)

○いかだ流しが水鬼潭まで来たら大きなスッポンが見えたので、捕まえようとして水に跳び込み、二人とも溺れ死んだ。三年に一回、人が死に、どの潭にも一人ずつ水鬼がいる、という。

(黄布贅　小渓村　1996・12・28)

○河水鬼は、ざんばら髪で簑を着ている。正午に浮かんで来て、人を水の中に引きずり込むと言われ、この時間に泳ぐのはタブーになっている。河水鬼は魚や花や赤トンボに化けて人を誘う。追いかけているうちに水に溺れてしまう。特に赤トンボは、河水鬼の化けたものだから捕まえてはいけない、と子どもの時に大人に言われた。

(潘順法　藤橋鎮寺西村　1998・8・13)

○漁師が夜釣りをしていると水鬼がやって来て、友達になった。ある時、水鬼が「明日の午後、河に泳ぎに来る人がいるから、溺れさせて、自分は生まれ変わる」と言う。漁師が翌日気をつけていると、泳ぎに来た人がいるので、注意して河に入るのをやめさせる。翌年、水鬼はまた漁師に「明日の午後、女の人が洗濯に来るから、溺れさせる」と言う。漁師はまた注意して、女の人に難を逃れさせる。三年目、水鬼は「明日、子どもが蓮の花を取りに来る」と言い、もう自分のじゃまをしないでくれ、と言うが、漁師は子どもを助ける。水鬼は四年目に、三年間人を溺死させなかったので、土地神に封じられた。五月の開帳の日、漁師はお供えを持って御参りに行った。

(章方松　甌海区永昌鎮　43　1998・8・13)

6. その他

以下は、山魈などの話のついでに出てきたもので、系統的に聞いたものではない。たまたまこんな話があった、というだけのものであるが、参考までに挙げておく。

◎狐狸精（キツネの精）

○この村にはいないが、鎮にいる。男のもとに通ってきて、男は弱って死ぬ。

(黄布贅　小渓村　1996・12・28)

○オスのキツネの精は女につき、メスのキツネの精は男につく。オスの精がついても人の命に別状ないが、メスの精がつくと危険。村に商売をしている女がいたが、キツネの精がやって来ると、突然眠り出す。夫がいても真っ昼間でも旅館に行ってベッドに入る。キツネの精の姿は人には見えないが、ベッドに毛が残っている。

同じ村の阿三から聞いた話だが、龍泉寺の前に、幹の太さが一抱えもある大

きな樟があるが、ある時、風もないのにその幹が突然、地震みたいに激しく揺れだし、怖くてつっ立っていたら、猫みたいなものが木から飛び降りるのを見たが、あれはキツネの精だった。

(潘順法　藤橋鎮寺西村　1998・8・13)

ほかに張閣老が幼時、キツネの精に助けられて勉学に励んだという伝説を周呑村で聞いた。①

◎野猫精

○村の上の方の古い家に野良猫が住み着いていつも跳び回っていたが、踊っているうちにしっぽが出てきた。

(黄布贅　小渓村　1996・12・28)

◎茅坑姑娘［便所娘］

○トイレに落ちて死んだ子がなる。トイレの隅にかわいい女の子が坐っていて、トイレに入って来た小さい子を脅したり、トイレに落としたりする。いとこも見た。賭けの花会をする時には、道士を呼んで茅坑姑娘を招き下ろす。

(潘錦雲　藤橋鎮寺西村　1998・8・13)

便所の神様茅坑姑娘は、紫姑神として、古く『荊楚歳時記』にも正月十五日の晩に招いて占いをすることが見える。紫姑という名前では出てこなかったが、茅坑姑娘を招いて占うことは、95年に訪ねた舟山で、今でも行われていると聞いた。

まとめ

前回の調査報告書に「山魈・五通・無常の伝説およびその他」を書いた後に、川野明正氏が「雲南省の五通神信仰− 保山市五郎廟と独脚五郎・五郎神の精怪伝承− 」②を書かれ、その中で雲南の五通神信仰は浙江省出身者に祀られることが多いこと、五通は赤い帽子をかぶっているとされることなどについても述べられていた。今回は、調査地が麗水、温州という山地なので、前回の調

---

① 張閣老は甌海出身の明の嘉政の進士張聰（1475- 1539）。張閣老と呼ばれて、甌海では多くの伝説が語られている。たとえば『中国民間文学集成浙江省温州市甌海県巻』1989、18～76 頁。
② 「人文学報」292 号東京都立大学人文学部　1998 年。

査を十分補えるだけの山魈の話が聞けるものと期待していたが、迷信にかかわる話であり、また現在も信じられている場合にはやたらに口外することを忌まれて、数日通っても期待したほどには話を聞けなかった。特に残念だったのは、前回は蒼南県のショ族の村で、赤い帽子の話など、いたずら者の山魈の話を何人もから聞けたのに、今回訪ねた麗水地区景寧県のショ族の村では、山魈についてはなにも聞けなかったことである。

今回、調査地となった麗水、温州甌海、永嘉各地の山魈、五通の伝承については本文に述べたとおりである。

麗水の山魈は、山の中の怪としての凶暴な性格を備えている。小さいいたずら者はこれも山魈と呼ばれたり、あるいは五通と呼ばれる。甌海では山魈はいたずら者として親しまれるが、五通は人に祟りをしてお供えを求めるものとして、忌み嫌われる。永嘉では山魈は財産を殖やしてもらおうとひそかに祀られる淫神で、五通の方がいたずら者とされる。永嘉の伝承は、むしろ寧波地区の伝承につながるようであるが、甌海の伝承は福建につながるのではないだろうか。

一方、無常は村はずれの風水樹などの上にいて、足だけ下の水につけていたりする。寧波地区のように財神とする伝承は無く、出くわしたら不幸、という恐ろしいもの、日本の天狗のようなものとして考えられているようである。

今回は調査地がほとんど山地であったため、山の中にいる怪については、いろいろ聞けたが、特に、山の神でありながら農耕の神でもある山活仏爺や、山で死んだ娘がなったという弯山嬡子（弯山の娘）という山姑娘などについては、改めて調べてみたい。

摘要

丽水、温州地区的鬼怪
―― 有关山魈、五通、无常的传说

桥谷英子

这次我主要在瓯海区泽雅镇与永嘉县廊下村进行考察。本篇文章里介绍的是有关山魈、五通及其他山里鬼怪的传说。丽水、温州地区多山地，有关这类传说内容丰富。

在瓯海区泽雅镇一带我访问了吴坑村（1992 年）、黄坑村、周岙村、藤桥镇寺西村这四个地方。泽雅镇一带的传说与丽水地区相比，不同的是丽水地区多捉弄人甚至使人丧命的山魈，而泽雅镇一带传说中的山魈则具有头戴隐形帽子，形似小孩之外，性格也酷似小孩之特点。比如这里的山魈有用鸡蛋壳把东西弄来弄去，还喜欢帮人酿酒等习性。在周岙村有一位姓周的周有龙先生很善讲故事，据他的讲述我们可以明白这一带的山魈原本是由一个三岁死去的小孩变成的。有一年的八月十五，"月华"掉落于他的帽子上，山魈就这样诞生了。所以这一带的山魈爱玩耍，具有小孩性格。我认为周所讲述的有关山魈诞生的传说与清代郭柏苍《闽产录异》上的记述宗出同源无不有相关之处。周岙村是福建移民的村子，周先生讲的这个传说可以认为从福建流传于此地的。

永嘉县廊下村曾于 1992 年访问过一次。听过有一个地主用石头做的假猪头拜山魈的传说。这次访问又采访到有关一个少女与山魈的故事。少女善通用山魈从邻居家弄些好东西来。廊下村的山魈无踪无影，所以就没有戴帽子、孩子气之说了。相反的是一种邪祟财神，与祭拜人之间形成了一种固定关系。所以祭拜人则需秘密祭拜山魈，而山魈只给这些人弄财，这与宁波地区五通相当类似。

从以上所述的有关山魈的传说中，我们可以看出这些传说虽流传于相邻接的区域，但从山魈所表现的性格特征来看，都各不相同甚至相距甚远。像这样在一个近邻区域，出现同一传承对象的不同传承内容的传播现象，将是一个十分值得

进一步探讨的问题，我也将作为以后进一步研究的课题。

除了山魈之外，还有游山和尚、投石鬼、白猁狲、神灯、山姑娘（弯山媛子）等山里神怪的传说。

黄桂村畲語について

矢放　昭文

　小稿では、黄桂村滞在中に収録し現在整理中の畲語資料に基づき、そこからうかがえる声母と語彙の特色を一部報告することにしたい。

1. 声母については黄桂村畲語では以下の通りに帰納される。

声母	p	pʰ	m	(f)	w
	t	tʰ	n	l	
	k	kʰ	h		ŋ
	ts	tsʰ	s		
	tɕ	tɕʰ	ɕ		ø

　唇音系列「p　pʰ　m　(f)　w」のうち、f声母については普通話を使用するときにのみ現れるものであり、普通話教育の進展に伴い本来の音系に加わったものと判断される。

　「反正 fan˥ tɕian˧」に対して「饭 pʰoan˩、放 pioŋ˧、孵 pʰiu˨、风 piuŋ˩、蜂 pʰiuŋ˦」という例にみられるように、中古音唇音声母字のうち、普通話で唇歯音に発音されるものが黄桂村畲語では無気もしくは有気の両唇破裂音に発音されていることがその証左である。この現象は山根村畲語にも見られ、浙江畲語の特色のひとつと言える。

　中古音微母字については「晚 oan˥」のようにゼロ声母化している例もあるが、「闻 mɛn˩、微 mi˥」のごとく両唇鼻音に止まる例が多い。「微 mi」については福建側の畲語では「mbi-」のごとく非鼻音化している字音が通例であるが、この点で畲語は独自の展開をしている、と言えるであろう。

　牙喉音系列については、普通話で口蓋化している字音も、黄桂村畲語では一部を除いて口蓋化しておらず、この点でも官話系統の方言とは様相を異にして

いる。具体的例としては「鸡 kiai˥、橘　ki˩、茄 kʰy˩、今 kɛn˥」等が挙げられる。

中古音疑母字についてはŋ声母にとどまっているものが多い。例えば「牛 ŋau˩、午 ŋ˩、五 ŋ˩、蚁 ɲi˩」等である。

舌歯音については歯音三等と舌音三等が合流して舌尖音化しているが、舌音の一部は黄桂村畲語では舌頭音に発音されている。「啄 tʰoŋ˥、中 toŋ˥」等がその例である。

2. 語彙については山根村畲語と同様に客家語的特色の濃厚なものが多数見られる。

「我　ŋoai˩」「今天　kɛn˥ pu˦ni˥」「昨天　tau˦pu˦ ni˥」

「房子　lau˦（寮）」「蜘蛛　lau˦kʰio˩」「鸟窝　tau˥kʰou˦」

「麻雀　ma˥ tsin˦tau˥」「奶　nɛn˩」「站立　kʰi˥ loi˦」

「泥土　uoŋ˦nai˦」「吃饭　ɕi˥ pʰoan˩」

また山根村畲語と同様、他の客家語には見られない独自の語彙も見られる。常用語の中で特に重要な「去（行く）」と言う語彙であるが山根村、黄桂村ともに「　ɕy˩　」と言う語形を持つ。これは周囲の呉語や福建側の畲語にも見られない特異な語形であり、福建・浙江畲語の重要な語彙であるといえる。

以上、黄桂村畲語の特に際立った特質の一部を報告した。山根村、黄桂村畲語の総合的な特質については別の機会に報告したい。

3. **資料編**

(1) **代词**

01)	我	ŋoai˩
02)	你	ni˩
03)	他	ki˥
04)	咱们	ti˥ ko˩
05)	我们	ŋoai˥ nin˩
06)	你们	ni˩ ia˥ ni˩
07)	他们	ki˥ a˥ nin˩
08)	大家	tʰa˥ li˩
09)	别人	pʰiɛ˥ nin˩
10)	谁的	nan˥ kuai˦
11)	我的	ŋoai˥ kɛ˦

(2) 指示词

12)	这个	koai˩ koai˥
13)	那个	ŋ˩ koai˥/nai˩ koai˥
14)	哪个	nau˥ koai˩
15)	这个	kua˩ to˥
16)	那些	nau˥ ti˥
17)	哪些	nai˩ ti˥
18)	这里	kuai˩ ti˥
19)	那里	nai˩ ti˥
20)	哪里	no˥ tau˩
21)	这么（甜）	tʰaŋ˩ ɕien˥
22)	那么（甜）	koa˩ sɛ˥ tʰaŋ˥
23)	这么（说）	tso˦ tso˥ koŋ˥
24)	那么（说）	ŋ˦ sɛ˥ koŋ˥
25)	怎么办	tso˦ tso˥ hau˥
26)	什么	ɕi˩ no˥
27)	为什么	wɛi˩ tso˥ tso˥
28)	别的东西	pʰioŋ˦ yo˦ no˥
29)	别处	pʰiɛ˦ tʰaŋ˥
30)	自己	ti˥ ko˥
31)	多少个	tso˥ ho˥ ki˥ to˦ koai˦
32)	那时候	nan˥ ho˥
33)	这时候	ko˦ ho˥
34)	现在	tɕi˩ ɕi˥ ko˥ ho˥
35)	什么时候	nan˥ ho˥
36)	多久	ki˥ to˦ kiu˥

(3) 副词

1)	以前	ta˥ ɕiai˦
2)	后来	yi˥ ɕiu˦
3)	刚才	tɕiaŋ˥ ho˥

4)	刚到	tɕiaŋ˧ loi˧
5)	一向	yi˧ ho˨
6)	常常	loa˧ lau˧ loi˨
7)	正在	tɕiaŋ˦ ho˧
8)	赶快	ɕiai˩ ɕiu˧ ɕy˩
9)	别总说	mo˩ tsoŋ˧ koŋ˦
10)	马上	ɕiai˩ ɕiu˧
11)	一下子	yi˧ ho˧ tsoi˧
12)	很好	ho˧ ɕiɛn˧
13)	最	tiŋ˩ ho˦
14)	更好	kʰaŋ˩ ho˦
15)	太小了	tʰai˩ sai˩
16)	有点儿	ho˩ ti˧
17)	都去	to˧ ɕy˦
18)	一共	tso˩ ho˧
19)	只好	tɕ˩ ɕi˩
20)	刚好	tɕiaŋ˩ ho˧
21)	特地	tsoʔ˧ ka˩ tɛ˦
22)	反正	fan˧ tɕiaŋ˩
23)	偏（不去）	toan˧ m˩ ɕy˦
24)	恐怕	tsɯ˧ haʔ˨
25)	一块儿	tso˧ ho˧
26)	故意	tsoʔ˧ ka˩ tɛ˦
27)	（借）给（我）	tsa˧ pun˩ ŋoai˩
28)	和（你不同）	non˧ ni˩ ma˩ yi˧ yoŋ˥
29)	白（干了）	pʰa˩ tso˦
30)	不（去）	ŋ˩ ɕy˦
31)	不是	ŋ˩ ɕi˩
32)	没（去）	mɛi˩ ɕy˦
33)	没有（钱）	mao˩ tsʰaŋ˦

34) 不必（去）　　　ŋ˩ sat˥ ɕy˥
35) 别（去）　　　mo˩ ɕy˥
36) 得（去）　　　tsʰo˥ ɕy˥
37) 拼命　　　　　ki˥ miaŋ˥ tsao˩
38) 更加　　　　　ɕia˧ ɕiu˩

(4) 介词

01) 被（他吃了）　po˥ ki˥ ɕi˧ lə˩
02) 把（门关上）　nan˥ mən˧ wɛn˥ tai˥
03) 放在哪里　　　pioŋ˧ na˧ tsau˧
04) 从明天起　　　tʰan˧ ni˧ ɕi˥
05) 照这样做　　　tsiu˥ ŋoai˥ ka˧ ɕia˥ tsou˥
06) 沿着这条路走　soi˧ ka˧ tʰa˥ lo˧ haŋ˧
07) 替他借书　　　non˥ kɛ˧ tsa˧ ɕy˥
08) 向他借　　　　mon˥ ki˥ tsa˥
09) 往前走　　　　mon˧ ɕien˩ haŋ˧
10) 从小　　　　　ɕioŋ˧ ɕiao˥

(5) 方位词

01) 前面　　　　　ɕian˩ tʰau˧
02) 后面　　　　　ɕi˥ tʰau˧
03) 左边　　　　　tsa˩ pan˧
04) 右边　　　　　sɛn˧ pan˧
05) 里面　　　　　no˥ to˥
06) （水）里面　　ɕy˥ no˥ to˥
07) 外面　　　　　kʰo˥ pan˧
08) 上面　　　　　mon˧ tʰau˧
09) 下面　　　　　kʰo˥ hou˥
10) 底下　　　　　nai˩ ka˥ tʰai˥
11) 中间　　　　　toŋ˥
12) 旁边　　　　　ŋ˧ kin˥
13) 隔壁　　　　　ko˥ pia˥

14) 对面	tui˥ miɛn˧	

(6) 量词

01) 一个人	i˥ kua˥ nin˩	
02) 一只鸡	i˥ ko˥ kia˥	
03) 一头猪	i˥ ko˥ tɵy˥	
04) 一朵花	i˥ puʔ hoa˥	
05) 一条鱼	i˥ haŋ˩ nyʔ	
06) 一头牛	i˥ ko˥ ŋauʔ	
07) 一条狗	i˥ ko˥ kauʔ	
08) 一棵树	i˥ tɛu˥ ɕy˧	
09) 一丛草	i˥ pʰiɛn˥ tsʰau˩	
10) 一顿饭	i˥ toŋ˧ pʰoanʔ	
11) 一支烟	i˥ haŋ˩ iɛn˧	
12) 一套衣服	i˥ tʰoŋ˥ san˥	
13) 一条被子	i˥ iaŋ˧ kuən˧	
14) 一顶蚊帐	i˥ tsʰoŋ˩ man˩ tɵyoŋ˧	
15) 一把刀	i˥ pa˥ tau˥	
16) 一幢房子	i˥ toŋ˩ lau˥	
17) 一个箱子	i˥ ko˩ ɕioŋ˥	
18) 一辆车	i˥ pu˩ tɕʰa˥	
19) 一条船	i˥ pu˩ ɕyən˩	
20) 一件事	ho˥ ioŋ˩ su˧	
21) 一伙人	i˥ poan˥ ninʔ	
22) 一叠纸	i˥ tɕioŋ˩ tɕi˧	
23) 一棒花生	i˥ pʰoŋ˩ lo˩ saŋ˧	
24) 一片树叶	i˥ tɕʰiŋ˥ ɕy˩ io˩	
25) 一截木头	i˥ ton˩ ɕy˧	
26) 一畦菜地	i˥ ɕioŋ˥ ɕia˥	
27) 一丘田	i˥ ɕiu˥ tʰɛn˩	
28) 一户人家	i˥ lau˩ nin˩	

29) 一滴眼泪　　　　　　i˧ taŋ˧ nian˧ ti˩
30) 一窝狗　　　　　　　i˧ kʰo˥ kau˧
31) 说一遍　　　　　　　koŋ˧ i˧ tau˧
32) 走一趟　　　　　　　haŋ˩ i˧ tɕʰi˧
33) 一阵雨　　　　　　　i˧ ɕiɛ˩ ɕy˧
34) 一泡尿　　　　　　　i˧ toŋ˧ nau˥
35) 一块砖　　　　　　　i˧ kʰuai˧ kyən˥
36) 一扇门　　　　　　　i˧ ɕiɛ˩ mən˧
37) 一只碗　　　　　　　i˧ koai˧ uon˧
38) 一口锅　　　　　　　i˧ kʰiu˧ uo˩
39) 一条蛇　　　　　　　i˧ haŋ˩ ɕia˧
40) 一杆秤　　　　　　　i˧ koan˧ tɕʰiŋ˩

(7) 词语组合和短句

01) 把饭吃了　　　　　　　　ɕi˧ pʰoan˥
02)（屋里只有）两三个人　liɛŋ˧ son˧ koai˧ nin˩
03)（我）吃了饭了　　　　（ŋoai) pʰoan˥ ɕi˩ ku˩ la˥
04)（收音机）坏了　　　　mao˩ soai˧ la˧
05)（你）骗不了我　　　　ni˥ mai˩ piɛn˥ te˩ ŋoai˩ tʰa˥
06)（外面）下着雨　　　　loʔ˩ ɕy˧
07) 坐着吃　　　　　　　　tsʰo˥ ŋ˩ ɕi˧
08) 站着，别动　　　　　　kʰi˧ ŋ˩ mo˧ toŋ˥
09) 说着说着就笑起来了　koŋ˧ koŋ˧ tɕiu˩ sa˧ la˧
10) 给他猜着了　　　　　　pɔ˧ ki˧ tsʰoai˧ tso˩ la˩
11)（他）睡着了　　　　　ki˧ fuɛn˧ tso˩ la˥
12) 赢得了赢不了　　　　　iaŋ˥ te˩ loi˩ iaŋ˥ m˩ loi˩
13) 吃不下饭　　　　　　　ɕi˧ m˩ loʔ˩ pʰoan˥
14) 不能喝酒，不能久坐　mo˩ haʔ˧ ɕi˩ tɕiu˧ mo˩ haʔ˧ tsʰo˧ kiu˧
15) 红的是他的　　　　　　tɕʰa˥ ka˧ ɕi˩ ki˧ kɛ˧
16)（你）能来，不能来　（ni) ˧ hau˧ laŋ˩ m˩ lai˩
17) 晓得不晓得？　　　　　ɕiu˧ ti˧ m˧ ti˩

18）（你路熟）你前走　　　（lou˧ ɕiu˧ ti˩）ni˩ ɕiaŋ˦ haŋ˧

19）再吃一碗　　　tsai˧ ɕi˦ uon˧

20）让他先吃　　　tɛ˧ ki˩ taŋ˧ ɕian˦ ɕi˦

21）（辣椒）太辣了　　　（laʔ˦ tɕau˧） loa˦ ɕien˧

22）（事）做完了　　　（ɕie˦） tso˥ lau˧ la˦

23）（到处）找遍了　　　moa˥ tsi˦ sin˦ tʰa˧ io˦

24）（已经）说好了　　　koŋ˧ hau˧ lɛ˦

25）（东西太多了）装不下　　　noʔ˧ tʰai˧ to˥ mai˦ kʰoŋ˧ tɛ˦ lo˥

26）来得及吗？　　　loai˦ ti˧ toai˧ ŋ˦

27）这个比那个大　　　koai˦ ka˧ pi˧ nai˦ ka˧ kʰao˦ tʰoai˥

28）两个一样大　　　liɛoŋ˧ ka˧ i˧ ioŋ˥ tʰoi˦

29）给我一本书　　　tɛŋ˧ ŋoai˩ i˧ poan˧ ɕy˥

30）一点儿不懂事　　　i˧ tiŋ˥ to˧ ma˧ ti˦

31）我告诉过他　　　ŋoai˩ no˧ ni˦ koŋ˧ ki˦ ku˦

32）（他）不知道多好！　　　m˧ ti˦ kʰao˦ nao˧

33）（咱们）看电影去吧！　　　ŋoai˩ tʰai˧ teu˦ iŋ˧ nei˧ ni˩ ɕy˦

34）（你）上哪儿去？　　　ni˦ oŋ˦ na˧ tsau˧ ɕy˦

35）让我看看　　　tɛŋ˦ ŋaai˧ nia˥ tʰai˧

36）慢慢儿走　　　kʰan˧ ma˧ tsɛŋ˧ haŋ˦

37）把手洗洗干净　　　ɕiu˦ sa˧ sa˥ koan˧ ɕiŋ˥

38）把盖子拧紧　　　no˧ kuai˧ tsue˧ kin˦ tɛ˦

39）短短的绳子　　　tan˧ tan˧ kɛ˦ ɕiŋ˦

40）一样长的绳子　　　yi˧ yoŋ˥ tsʰoŋ˩ kɛ˦ ɕiŋ˦

摘要

黄桂村畲语的一些特点

矢放昭文

　　本文报告的内容，就是关于黄桂村畲族语言的两三个主要特点以及有些重要的词汇。一般认为畲族所说的汉语方言很接近客家方言，但是进一步详细调查的报告，我们目前看不到。随着中国农村社会的巨大变化，他们的语言也发生很大变化，浙江畲族社会也不例外。因此，作为汉语语言历史的具体演变材料，我们能够认为把他们的语言详细地记录对这方面的研究有着很重要的意义。

```
中国浙南の民俗文化
―環東シナ海(東海)農耕文化の民俗学的研究―

   1999年3月15日発行

編集・発行    福田  アジオ
          神奈川大学大学院歴史民俗資料学研究科
          〒221-8686  横浜市神奈川区六角橋3-27-1
  印   刷    有限会社 新 疆
```